FRANCHISE HANDBOOK

フランチャイズ
ハンドブック

第**4**版

一般社団法人日本フランチャイズチェーン協会 編

発行所：碩学舎／発売元：中央経済社

序

　日本におけるフランチャイズ・システムは半世紀以上の歳月を刻み、フランチャイズ・ビジネスは今日に至るまで堅調な発展を遂げています。当協会が発表した最新のフランチャイズチェーン統計調査では、1,285チェーン、25万店舗、売上高28兆円という規模にまで成長しました。

　フランチャイズ・システムは地域密着型のビジネスモデルとして、社会インフラ、経済の活性化や雇用の創出、安全・安心の提供、消費者の利便性向上など国民生活に不可欠な存在となりました。また、近年では人材不足、物価高騰、デジタル化への推進など社会的環境が大きく変化する中、フランチャイザーとフランチャイジーが理念を共有し一体となって取り組み、高齢化社会における宅配サービスの充実や、災害時の地域支援など、社会的な課題解決にも貢献しています。

　本書『フランチャイズハンドブック（第4版）』では、中小小売商業振興法および同法施行規則ならびにフランチャイズ・システムに関する独占禁止法上の考え方（フランチャイズ・ガイドライン）の改正を踏まえ、関連法令を網羅的に解説しています。また、最新の判例情報を充実させ、新たに中東地域におけるフランチャイズ法を掲載しました。さらに、半世紀にわたるフランチャイズ業界の歴史を振り返る年表や用語集を収録することで、フランチャイズに関わる皆様の実務に役立つ一冊を目指しました。

　本書を参考に、フランチャイズ・ビジネスの理解を深め、皆様の事業の成功に繋げていただければ幸いです。

2025年2月

一般社団法人日本フランチャイズチェーン協会

目次

序 ——————————————————————————————————————— *1*

第1部 フランチャイズ・システム総論

第1章　フランチャイズ・システムの現状————————————*10*

第1節　経済の中のフランチャイズ・システム ……………………………… *10*

第2節　基本的な用語 ……………………………………………………………… *11*

第2章　フランチャイズ・システムの概念————————————*13*

第1節　フランチャイズ・システムの二類型 ………………………………… *13*

第2節　フランチャイズ・システムと類似業態 ……………………………… *14*

　　1．ボランタリーチェーンとフランチャイズチェーン・*15*

　　2．パッケージライセンスとフランチャイズ・システム・*15*

　　3．マルチ販売組織とフランチャイズ・システム・*16*

第3節　フランチャイズ・システムの定義 …………………………………… *17*

第3章　フランチャイズ・システムの発展史 ————————*19*

第1節　アメリカ ………………………………………………………………… *19*

　　1．フランチャイズ・システムの誕生・*19*

　　2．「フランチャイズ・ブーム」と「フランチャイズの危機」・*20*

第2節　日　　本 ………………………………………………………………… *21*

　　1．日本のフランチャイズ・システムの起源・*21*

　　2．小売業の近代化・*21*

　　3．メガフランチャイジーの出現・*22*

第3節　世界的な普及 …………………………………………………………… *23*

　　1．ヨーロッパなど・*23*

　　2．体制移行国・*23*

　　3．アジア諸国から中東へ・*24*

第4章　フランチャイズ・システムの機能————————————*26*

第1節　「資源制約」問題の解決 ……………………………………………… *26*

第2節　適切なインセンティヴ(動機づけ)の設定 ………………………… *27*

第5章　フランチャイズ・システムの法規制 ————————*29*

第1節　フランチャイズ法の類型 ……………………………………………… *29*

　　1．フランチャイズ法の歴史・*29*

2．第一類型(開示書類の登録型)・29
　　3．第二類型(開示書類の交付義務型)・30
　　4．第三類型(フランチャイズ関係の規制型)・31
　　5．第四類型(典型契約型)・31
　　6．第五類型(産業振興型)・32
　第2節　日本のフランチャイズ法 ……………………………………………32
　　1．中小小売商業振興法にもとづく開示・33
　　2．独占禁止法の適用と不当なフランチャイズ契約・34
　　3．裁判外紛争解決手続(ADR)・35

第6章　フランチャイズ・システムの国際展開 ────38
　第1節　日本と国際フランチャイズ ……………………………………………38
　第2節　国際フランチャイズ展開の手法 ………………………………………38

第7章　フランチャイズ・システムの将来展望 ────41

第2部　フランチャイズ・システム関連法

第1章　フランチャイズ・システムの中核となる法令とガイドライン ────44
　第1節　中小小売商業振興法(抜粋) ……………………………………………44
　第2節　中小小売商業振興法施行規則(抜粋) …………………………………47
　第3節　私的独占の禁止及び公正取引の確保に関する法律 …………………50
　第4節　不公正な取引方法 ………………………………………………………78
　第5節　フランチャイズ・システムに関する独占禁止法上の考え方について ………………………………………………………………………81

第2章　フランチャイズ・ビジネスに関連する判例集 ───99
　　Ⅰ．判例を分析・検討するに当たっての留意点 ─────── 99
　　Ⅱ．民事事件 ────────────────────── 100
　第1節　標章の使用 ………………………………………………………… 100
　　1．フランチャイザーのフランチャイジーに対する差止め─── 100
　　(1)　大阪地判平成17年5月26日(裁判所ウェブサイト、フランチャイズエイジ2007年1月号20～24頁)
　　(2)　知財高判平成27年9月15日(裁判所ウェブサイト、フランチャイズエイジ

3

2016年 5 月号20〜23頁）

　2 ．フランチャイザーの第三者に対する差止め————————— *102*

　　（3）　大阪高判平成10年 1 月30日（知財集30巻 1 号 1 頁、フランチャイズエイジ
　　　　2007年 7 月号28〜31頁）

　3 ．店舗外観の模倣————————————————————— *103*

　　（4）　大阪高判平成19年12月 4 日（裁判所ウェブサイト、大阪地判平成19年 7 月 3
　　　　日判時2003号130頁）

　　（5）　東京地決平成28年12月19日（裁判所ウェブサイト）

　　（6）　知財高判令和 4 年 9 月14日（フランチャイズエイジ2024年 1 月号）

第 2 節　加盟希望者の募集 …………………………………………… *104*

　1 ．説明義務————————————————————————— *105*

　　（7）　東京地判平成11年10月27日（判時1711号105頁、フランチャイズエイジ2014
　　　　年 5 月号21〜24頁）

　　（8）　東京地判令和 3 年 7 月28日（フランチャイズエイジ2022年 9 月号）

　2 ．情報提供義務——————————————————————— *106*

　　否定事例

　　（9）　東京地判平成14年 1 月25日（裁判所ウェブサイト）

　　(10)那覇地判平成17年 3 月24日（判タ1195号143頁、フランチャイズエイジ2006年
　　　　9 月号18〜22頁）

　　(11)東京地判平成25年 3 月27日（Westlaw.Japan2013WLJPCA03278004、フラン
　　　　チャイズエイジ2015年 7 月号24〜27頁）

　　(12)東京地判平成25年 7 月18日（フランチャイズエイジ2016年 1 月号26〜29頁）

　　(13)東京地判平成27年 6 月18日（フランチャイズエイジ2017年 7 月号）

　　肯定事例

　　(14)千葉地判平成19年 8 月30日（判タ1283号141頁、フランチャイズエイジ2009年
　　　　3 月号28〜31頁）

　　(15)大津地判平成21年 2 月 5 日（判タ2071号76頁、フランチャイズエイジ2011年
　　　　1 月号22〜25頁）

　　(16)大阪地判平成22年 5 月12日（判タ1331号139頁、フランチャイズエイジ2011年
　　　　3 月号28〜31頁）

　　(17)横浜地判平成27年 1 月13日（判時2267号71頁、フランチャイズエイジ2016年
　　　　3 月号24〜27頁）

　　(18)東京地判平成29年12月21日（フランチャイズエイジ2018年 7 月号）

　　(19)東京地判平成30年 3 月28日（フランチャイズエイジ2019年 3 月号）

　　(20)東京地判令和 2 年10月 9 日（フランチャイズエイジ2022年 1 月号）

　3 ．保護義務————————————————————————— *114*

　　肯定事例

4

(21)東京高判平成11年10月28日（判タ1023号203頁、フランチャイズエイジ2006年
5月号22〜25頁）

(22)福岡高判平成18年1月31日（判タ1216号172頁、フランチャイズエイジ2006年
11月号20〜23頁）

(23)仙台地判平成21年11月26日（判タ1339号113頁、フランチャイズエイジ2011年
11月号26〜29頁）

否定事例

(24)東京地判平成23年1月26日（Westlaw.Japan2011WLJPCA01266004、フラン
チャイズエイジ2012年7月号30〜33頁）

第3節　出　　店 ……………………………………………………… *116*

(25)福岡地判平成23年9月15日

第4節　経営指導、研修など ………………………………………… *117*

(26)千葉地判平成19年8月30日（判タ1283号141頁）

第5節　契約終了後の競業避止義務 ………………………………… *118*

肯定事例

(27)東京地判平成16年4月28日

(28)東京地判平成17年1月25日

(29)大阪地判平成22年1月25日

(30)新潟地判新発田支部平成23年2月25日（未公表）

(31)大阪地判平成26年12月26日

(32)東京地判令和4年3月2日（フランチャイズエイジ2024年1月号）

信義則上否定された事例

(33)大阪地判平成22年5月12日

(34)横浜地判平成27年1月13日

(35)東京地判平成27年10月14日

(36)東京地判令和3年12月7日（フランチャイズエイジ2023年1月号）

第6節　契約の終了 …………………………………………………… *125*

1．更新拒絶について契約を継続し難いやむを得ない事由を必要とする判例― *125*

(37)名古屋地判平成2年8月31日

(38)東京高判平成24年10月17日

(39)東京地判平成30年3月22日（フランチャイズエイジ2018年11月号）

(40)東京地判平成30年8月10日（フランチャイズエイジ2020年3月号）

2．更新拒絶について契約を継続し難いやむを得ない事由を不要とする判例― *127*

(41)名古屋地判平成1年10月31日

(42)東京地判平成21年9月17日

3．フランチャイズ契約の解除―――――――――――――――――― *128*

(43)東京地判令和元年7月16日（フランチャイズエイジ2020年9月号）

5

第7節　コンビニエンスストア関連 ……………………………………… 128

1. 廃棄ロス原価とチャージ ――――――――――――――――――――― 128
   (44)最高裁平成19年12月27日
2. 収納代行サービス等の実施、深夜営業の要請と優越的地位の濫用 ―― 129
   (45)東京地判平成23年12月22日
3. 報告義務 ――――――――――――――――――――――――――― 130
   (46)最高裁平成20年7月4日
4. 仕入割戻金の収受 ―――――――――――――――――――――――― 131
   (47)東京地判平成25年11月12日
   (48)東京高判平成21年8月25日(未公表)
5. 見切り販売・販売価格の拘束 ―――――――――――――――――― 133
   (49)福岡高判平成25年3月28日
   (50)東京高判平成24年12月25日
6. 返　　品 ―――――――――――――――――――――――――――― 135
   (51)札幌地判平成30年4月26日、札幌高判平成31年3月7日(フランチャイズエ
   イジ2020年5月号)

第8節　そ の 他 ………………………………………………………… 136

1. 本部の営業政策 ―――――――――――――――――――――――― 136
   (52)東京地判平成18年2月21日
2. ブランド価値維持義務 ―――――――――――――――――――――― 136
   (53)東京地判平成22年7月14日
   (54)東京地判平成26年3月27日
3. 名板貸し ――――――――――――――――――――――――――― 137
   (55)東京地判平成2年2月28日
4. 店舗事故 ――――――――――――――――――――――――――― 138
   (56)大阪高判平成13年7月31日
   (57)名古屋地判平成25年11月29日
5. 違 約 金 ―――――――――――――――――――――――――――― 139
   (58)横浜地判平成29年5月31日(フランチャイズエイジ2017年11月号)
6. 破産時の在庫商品買い取り ―――――――――――――――――――― 140
   (59)東京高判平成30年11月15日(フランチャイズエイジ2019年7月号)
7. フランチャイジーの労働者性 ―――――――――――――――――― 141
   (60)東京地判令和4年6月6日

Ⅲ. 独占禁止法、下請法など ――――――――――――――――― 143

1. 優越的地位の濫用 ―――――――――――――――――――――――― 143
   (61)公正取引委員会平成21年6月22日
   (62)公正取引委員会平成24年2月16日
2. 企業結合 ――――――――――――――――――――――――――― 146

(63) 公正取引委員会平成26年事例9

3．下請法〜減額など〜————————————— 146

(64) 公正取引委員会平成28年8月25日

(65) 公正取引委員会平成24年9月25日（公正取引委員会ウェブサイト、フランチャイズエイジ2013年1月号22〜25頁）が参考になる。

4．消費税転嫁対策特別措置法〜減額〜————————— 147

(66) 公正取引委員会平成26年9月24日

《判例リスト》 ……………………………………… 148

第3部 海外の規制と倫理綱領

第1章　海外の法律と自主規制————————————— 154

第1節　世界のフランチャイズ法 …………………………… 154
第2節　先進国のフランチャイズ法 ………………………… 156
第3節　アジア・新興国のフランチャイズ法…………………… 169
第4節　中東のフランチャイズ法 …………………………… 178
第5節　フランチャイズ協会の活動とフランチャイズ法 ………… 181
第6節　世界各国・地域のフランチャイズ協会団体リスト ……… 185

第2章　倫理綱領————————————————— 190

第1節　世界フランチャイズ協議会　倫理綱領 ……………… 190
第2節　ヨーロッパフランチャイズ連盟　倫理綱領 ………… 193
第3節　アジア太平洋フランチャイズ連盟　倫理綱領 ……… 200

第4部 統計資料・年表

第1章　統計資料————————————————— 206

第1節　日本のフランチャイズ統計50年間の推移 …………… 206

第2章　フランチャイズ関係年表

第1節　前史 …………………………………………… 215
第2節　53年史・JFAの歩み ………………………………… 216

第5部 フランチャイズ用語集 ——————— 243

第1部

フランチャイズ・システム総論

第1章 フランチャイズ・システムの現状

第1節　経済の中のフランチャイズ・システム

　フランチャイズ・システムは、国内外の経済の中で、大きな位置づけを持っている。日本では、（一社）日本フランチャイズチェーン協会（JFA）が毎年統計調査を行っているが、2022年度の調査（2023年6〜7月に実施）によると、日本のフランチャイズ産業の規模は、全業種を合計して1,282チェーン、店舗数約25万店、売上高27兆円という規模に達する（表1-1-1）。財務総合研究所の法人企業統計調査では、同じ2022年度の売上高は1,578兆円とされているので、フランチャイズ産業は1.7％程度を占める計算になる。

　フランチャイズ・システムの母国であるアメリカを見てみよう。アメリカの業界団体である国際フランチャイズ協会（IFA）が公表した2023年の統計を見ると、アメリカ国内のフランチャイズ店舗数は80万6,270店、生産高（商品・サービスの売上高）は8,585億ドル（134.5兆円）、フランチャイズ産業としての国内総生産（最終製品・サービスの市場価値）は5,230億ドルとのことである（表1-1-2）。アメリカ経済全体の国内総生産（GDP）は、2023年の第4四半期に約28兆ドル（4,400兆円）と報じられているので、フランチャイズ産業が占める割合は1.87％と、日本にほぼ等しい。

表1-1-1　日本のフランチャイズ産業（2022年）

	チェーン数	店舗数	売上高（百万円）
総計	1,282	429,316	26,987,973
小売業	305	106,451	20,058,975
（うちコンビニエンスストア）	16	57,451	11,516,996
外食業	545	50,982	3,985,151
サービス業	432	91,883	2,943,847

出典：2022年度JFAフランチャイズチェーン統計調査（Franchise Age 2023年11月号）

表1-1-2　アメリカのフランチャイズ産業（2023年）

店舗数	雇　用	生産高	国内総生産
806,270店	866万5,517人	8,585億ドル （134.5兆円）	5,235億ドル （82.4兆円）

出典：International Franchise Association, "2024 Franchising Economic Outlook"

　ここで「フランチャイズ産業」という言葉を使ったが、フランチャイズ・システムは多種多様な業種で用いられるビジネスの仕組みである。「業種」ではなく、「業態」であると言ってもよい。アメリカのフランチャイズについてIFAの統計は、ビジネスサービス、ホームサービス、宿泊、対人サービス（健康、美容、育児など）、ファストフード、不動産、小売り・物販、レストランの8業種に分けて数値を出している。JFAは以前から、フランチャイズ・システムが適用される業種を小売業、外食業、サービス業の3分野に大別してきた。

第2節　基本的な用語

　フランチャイズ・システムという業態の基礎は、フランチャイズ契約である。フランチャイズ契約の当事者のうち一方は、フランチャイズ・システムの主宰者として、ビジネスモデルを考案し、そのためのノウハウなどを開発するとともに、他社と差別化するブランドやマークを保有する企業であり、これを「フランチャイザー」と呼ぶ。相手方は、フランチャイズ契約にもとづいてノウハウなどの提供とマークのライセンスを受け、店舗運営や消費者向けのサービス提供など現場に責任を持つ企業であり、「フランチャイジー」と呼ばれる。フランチャイザーとフランチャイジーは、あくまでも独立の事業者同士であるが、フランチャイジーは同じマークを使用し、また多くの場合には店舗や従業員などの外観も統一するので、すべてのフランチャイジーが一つのフランチャイズチェーンに属するということを消費者や社会に対して印象づけられる。この点に、フランチャイズ・システムの大きな特徴が存在する（図1-1-1）。

　日本語では、フランチャイザーを「本部」、フランチャイジーを「加盟店」とか「（加盟店の）オーナー」と呼ぶこともあり、法令上も、中小小売商業振興法がフランチャイジーの意味で「加盟者」という用語を使っている。しかし、フランチャイズチェーンを、独立した事業者間の取引というよりも一つの組織として感じさせる

図1-1-1　フランチャイズ・システムの特徴

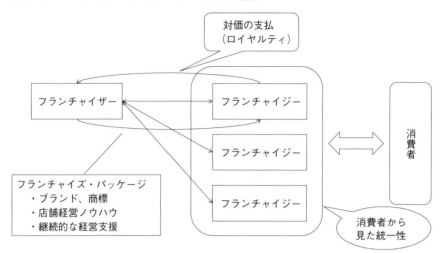

ニュアンスがあるので、あまり適切ではないように思われる。

第2章 フランチャイズ・システムの概念

第1節　フランチャイズ・システムの二類型

　世界経済の中で重要な地位を占めているにもかかわらず、不思議なことに、「フランチャイズ・システムとは何か」という基本的な問題は、いまなお明確になっていない。その理由は、フランチャイズ・システムが、流通システムの一形態として発達してきた後に、他の業種にも幅広く展開していったからである（歴史的な発展については、第3章で詳しく説明する）。

　「流通」とは、製造された工業製品や採取された一次産品を販売し、最終消費者の手元に届ける過程をいう。歴史をさかのぼると、卸売商や小売商といった商人が流通システムを担ってきた。流通システムとしてのフランチャイズ・システムは、そのような独立の商人に代えて、製造業者から販売業者に対してブランド（マーク、商標）を与え、ときには販売方法についても指図をする仕組みを作り上げた点に新しさがあった。製造業者という上流からのコントロールと、その手段としての商標の貸与が特徴であるため、このようなフランチャイズ・システムを「商標（トレードマーク）フランチャイズ」と呼ぶ。

　20世紀の半ば以降に大きく発展したサービス産業では、商品の取引とは違い、「製造」と「流通」を区別することは意味がない。サービスを提供することは、最終消費者と対面する事業者にしかできないからである。しかし、提供されるサービスをあらかじめ規格化しておき、あたかも大量生産された商品のように、どこでサービスを受けても同じ内容・品質となるようにすることはできる。そのように規格化されたサービスをブランドによって差別化していくと、ブランドによって差別化された商品について、販売方法を製造業者が指図するという「商標フランチャイズ」と似た状態になる。そこで、「商標フランチャイズ」の手法を応用し、規格化されたサービスをブランド（マーク、商標）とともにライセンスするというフランチャイズ・システムが誕生した。事業内容が規格（フォーマット）化されているので、「ビジネス・フォーマット型フランチャイズ」と呼ばれることが一般的である。

　二つの類型のフランチャイズ・システムは、典型的な事例をとれば違いは明らかである。商標フランチャイズの主要な事例は自動車の販売店やガソリンのサービス

ステーションであり、ビジネス・フォーマット型フランチャイズはファストフード
やホテルのチェーンなどが代表例である。しかし、両者を明確に定義づけて線引き
しようとすると、意外に難しい。たとえば、ビジネス・フォーマット型フランチャ
イズはサービス業にしか用いられないかと言えば、そうではない。むしろ、日本で
フランチャイズ・システムの象徴のように見られているコンビニエンスストアのチ
ェーンは、商品の流通業（総合小売業）に属するが、明らかに小売店の営業方法と
いうビジネス・フォーマットを本質とするビジネス・フォーマット型フランチャイ
ズに属する。

　あるいは、商標フランチャイズはメーカーという上流の事業者が構築する流通シ
ステムであることに対して、ビジネス・フォーマット型フランチャイズは下流から
流通システムを革新するものだと思われるかもしれない。日本のコンビニエンスス
トアだけを見れば、メーカーに対して強い交渉力をもってプライベート・ブランド
などを多数導入しているので、そのように言えるかもしれないが、たとえば、総合
商社が母体となってファストフードのフランチャイズ・システムを設立し、地場の
企業をフランチャイジーとするチェーンを展開するような場合に、下流から構築さ
れたシステムと評価できるかと言えば、そうではないであろう。

　結局のところ、「フランチャイズ・システム」とは何か、という本質論は、フラン
チャイズ・システムだけを見ていても明らかにはならない。さしあたり、フランチ
ャイズ・システムには「商標フランチャイズ」と「ビジネス・フォーマット型フラ
ンチャイズ」という二つの類型が存在するということ、そして、この双方を含む広
い意味で「フランチャイズ・システム」という場合と、ビジネス・フォーマット型
フランチャイズだけを指すという狭い意味で「フランチャイズ・システム」という
概念を使う場合とがあることを、認識しておけばよい。大雑把にいうと、歴史的に
商標フランチャイズからフランチャイズ・システムが発展した米国（とその影響を
強く受けたカナダ）では、商標フランチャイズを含む広い意味で「フランチャイズ・
システム」といい、日本などそれ以外の国では、ビジネス・フォーマット型フラン
チャイズだけを指して「フランチャイズ・システム」と言う傾向にある。特に日本
では、自動車の販売店網を「特約店」とか「流通系列化」と呼んできたため、商標
フランチャイズを「フランチャイズ・システム」に含めることは、ほとんどない。

第2節　フランチャイズ・システムと類似業態

　第1節では「フランチャイズ・システム」という概念を明確に定義することは簡

単ではないという説明をしてきたが、実は、隣接する業態と比較することで、フランチャイズ・システムがそれらとどの点で異なるかを示すことは可能である。積極的に「フランチャイズ・システム」とは何かを示す代わりに、「フランチャイズ・システム」に含まれないものは何か、という消極的な概念規定を行うわけである。

1. ボランタリーチェーンとフランチャイズチェーン

まず、日本では「フランチャイズチェーン」という言葉が使われることに注目しよう。これと似た仕組みとして、「ボランタリーチェーン」というものがある。最近では数が少なくなっているが、伝統的な小売店（八百屋や酒屋など）が共同仕入れ、共同配送などにより経営を効率化したチェーン店システムをいう。

日本の「フランチャイズチェーン」とはビジネス・フォーマット型フランチャイズのことであるから、店舗経営の方法を規格化し、チェーン化することによって各店舗（フランチャイジー）の経営を効率化するシステムである点では、ボランタリーチェーンと似た点がある。しかし、ボランタリーチェーンでは、チェーン化される部分が仕入れや配送など業務の一部にとどまり、店舗経営の方法全体をフォーマット化するわけではない。その結果として、ボランタリーチェーンでは、「××チェーン」というマークが各店舗に表示されるとはいえ、それが前面に出るわけではなく、あくまでも各店舗がそのチェーンに属しているという事実を示すものにすぎない。この点で、フランチャイズチェーンでは、ビジネス・フォーマットを示すブランド（商標）がチェーンの重要な要素となることと違いがある。

以上を契約の面から言うと、ビジネス・フォーマット型フランチャイズでは、店舗経営の方法（ビジネス・フォーマット）と、それを示す商標を使用することが店舗（フランチャイジー）の義務となっている。その反面として、ビジネス・フォーマット型フランチャイズでは、フランチャイザーが継続的にビジネス・フォーマットを開発・発展させる義務を負う。これらの点は、ボランタリーチェーンには存在しないフランチャイズ・システムの特徴である。そうした性質を反映して、フランチャイズ・システムではフランチャイザー(本部)とフランチャイジー(加盟店)の二当事者契約が束ねられていることに対して、ボランタリーチェーンの契約は、全加盟店を当事者とする組合契約になっているようである。

2. パッケージライセンスとフランチャイズ・システム

外食産業を中心に、「フランチャイズ・システムよりも制約が緩いシステム」と

してパッケージライセンスという形態があると言われている。実態は必ずしも明確でないが、商標をライセンスしてチェーン店としての外観を作り、また開業時にはノウハウが提供されるものの、開業後の経営支援は行わないというシステムのようである（別料金を対価として追加的な支援を行う事例もある）。

外食産業の場合、基本的な店舗形態としてたとえば居酒屋、焼き肉、イタリアンなどの種別が決まれば、メニューの内容や酒類の品揃えなどは消費者の嗜好に応じて柔軟に調整していくことが合理的な場合も多い。コンビニエンスストアでは、各店舗に一定の自由度がある（たとえばオフィスビル内の店舗と郊外の住宅地にある店舗とでは品揃えがかなり違う）とはいえ、新商品の開発やメーカーとのコラボレーションなどはフランチャイザーが行って、チェーン全体に適用する。そのため、フランチャイザーは開業後も継続的に経営支援を行い、各店舗のフランチャイジーはその経営支援を受け入れる義務を負うことになっている。この点で、フランチャイズ・システムは、開業後は経営支援を行わないというパッケージライセンスと決定的に異なると言える。

ボランタリーチェーンとの対比で、フランチャイズ・システムは、店舗経営の方法（ビジネス・フォーマット）と、それを示す商標を使用することがフランチャイジーの義務になると述べた。このうち商標の使用はパッケージライセンスでも店舗に義務付けられるが、ビジネス・フォーマットについては、パッケージライセンスの場合、開業時に提供されるだけで、継続的に使用する義務がない（もちろんチェーンのイメージとまったく反する店舗経営をしてよいわけではない）。この点が、フランチャイズ・システムとパッケージライセンスとの決定的な違いである。

3．マルチ販売組織とフランチャイズ・システム

マルチ販売組織は、1960年代に米国から世界に広がり、数多くの消費者を苦しめてきた悪質商法である。日本では特定商取引法で「連鎖販売取引」として規制されている。その悪質性は、取引に巻き込まれた被害者に対して、取引参加者（次の被害者）を誘い込むようにプレッシャーをかけるという点にある。被害者が次の加害者となって被害を広げていくとともに、人間関係の中で被害者を次々に発生させていくため、その拡大は短期間で限界に達し、遠からず破綻が不可避になると言われる。

そのようなマルチ販売組織が「フランチャイズ・システム」を自称する事例は、実は、世界的にしばしば見られる。フランチャイズ・システムでは、あるフランチ

ャイジーに特定の地域を任せ、そのフランチャイジーが地域内に下位のフランチャイジーを設置していくというマスターフランチャイズ（日本ではエリア・フランチャイズとも呼ばれる）の形態をとる場合があるが（第6章で説明する）、マルチ販売組織が取引参加者に新たな参加者（次の被害者）を勧誘させるという部分が、これに似ているからである。

　落ち着いて考えれば、両者の違いは簡単に見分けることができる。マルチ販売組織の場合、新規の勧誘に対して与えられるインセンティヴがすべてである。だからこそ、組織の拡大が限界に達したとき、関係者が得られる利益はなくなり、組織が破綻することになる。これに対して、フランチャイズ・システムは、たとえマスターフランチャイズの形態をとったとしても、新規のフランチャイジーの勧誘は主要な収益源ではなく、フランチャイジーが経営を開始した後に継続される商品・サービスの取引関係こそが本質である。ここでも、フランチャイザーが取引関係の継続のためにノウハウの提供と経営支援を行い、フランチャイジーはそれを実施する義務を負うという関係が、フランチャイズ・システムを特徴づけるのである。

　しかし、ここでも、現実の事例に接すると、境界線上で判断の難しい事例がないとは言えない。小規模なフランチャイザーによるフランチャイズ・システムの場合、展開当初には、新規のフランチャイジーが加盟して支払う加盟金のおかげで資金繰りができるということもある。とはいえ、概念の区別として、加盟店が営業を開始した後の事業活動（商品・サービスの取引関係）が本質であるシステムは、参加者の拡大を本質とするマルチ販売組織とは異なり、フランチャイズ・システムであると整理しておくべきであろう。

第3節　フランチャイズ・システムの定義

　隣接する業態との違いを検討してきたところで、改めてフランチャイズ・システムの定義を考えてみよう。

　日本フランチャイズチェーン協会（当時は社団法人であった）は、1972（昭和47）年に「フランチャイズの定義」を作成した。現在でも、裁判例がしばしば引用するこの定義は、次のようなものである。

　　フランチャイズとは、事業者（「フランチャイザー」と呼ぶ）が、他の事業
　　者（「フランチャイジー」と呼ぶ）との間に契約を結び、自己の商標、サービス・
　　マーク、トレードネーム、その他の営業の象徴となる標識、及び経営のノウハ

ウを用いて、同一のイメージのもとに商品の販売その他の事業を行う権利を与え、一方、フランチャイジーは、その見返りとして一定の対価を支払い、事業に必要な資金を投下してフランチャイザーの指導及び援助のもとに事業を行う両者の継続的関係をいう。

この定義は、商標等の使用による「同一のイメージ」を強調している。その意味では、日本ではビジネス・フォーマット型フランチャイズだけが「フランチャイズ・システム」とされているにもかかわらず、米国の商標フランチャイズに引きずられた定義になっているように思われる。他方で、ボランタリーチェーンやパッケージライセンスとの比較で明らかになった「フランチャイジーによるビジネス・フォーマットの使用義務」と、それに対応した「フランチャイザーの継続的な経営支援義務（ビジネス・フォーマットの開発・発展義務）」が十分に表現されていない。この点は、フランチャイズ・システムの本質を正しく理解する上で大きな問題点である。

そこで、これらの点を明示的に反映し、またマルチ販売組織との違いをも意識するならば、「フランチャイズ・システムの定義」を次のように理解するべきであろう。

① フランチャイザーがフランチャイジーに対して、「フランチャイズ・パッケージ」の利用を認めるとともに、その使用を義務づけること

② フランチャイジーは「フランチャイズ・パッケージ」の利用に対して対価を支払う義務を負うこと

③ 商品・サービスの取引を目的とした契約であること

④ フランチャイジーは自己の名義及び計算においてこの取引を行うものであること

⑤ 「フランチャイズ・パッケージ」の内容に、（ a ）共通の標識及び統一的な外観の使用、（ b ）フランチャイザーからフランチャイジーに対するノウハウの付与、（ c ）フランチャイザーによるフランチャイジーの経営の継続的な支援、が含まれること

言うまでもなく、①と⑤（ c ）がボランタリーチェーンやパッケージライセンスとの違いであり、③がマルチ販売組織との違いを表現する要件である。なお、④については立ち入って説明していないが、イタリアなどに今でも見られる代理形式の流通組織（物品販売の代理商）とフランチャイズ・システムを区別するための要件として入れてある。

第3章 フランチャイズ・システムの発展史

第1節 アメリカ

1. フランチャイズ・システムの誕生

「フランチャイズ・システム」の概念がはっきりしない理由は、その発展史にあると述べた。そこで、フランチャイズ・システムがいつ、どのようにして生まれ、そして発展してきたのかを簡単に振り返ってみよう（トーマス・S・ディッキー（河野＝小嶌訳）『フランチャイジング──米国における発展過程』まほろば書房）。

フランチャイズ・システムについて書かれた文献では、19世紀後半のアメリカでシンガー・ミシンが作り上げた販売店網を、最初のフランチャイズ・システムとすることが多い。もっとも、「フランチャイズ・システム」という言葉はまだなかったようである。その後、20世紀に入ってフォードが自動車の大量生産を始めると、一段と統制された販売店（ディーラー）のネットワークが必要になった。フォードやGMをはじめとする自動車メーカーは、販売店に対して、アフターサービスや販売信用を義務づけ、専売制を導入する一方で、販売店に対する支援政策などを行っていく。こうして、1920年代の終わり頃までには、自動車の流通システムに「フランチャイズ・システム」と呼ばれる形態が定着した。現在の用語でいう「商標フランチャイズ」である。

自動車の販売店と並ぶ商標フランチャイズの代表例は、ガソリンのサービスステーションであるとされる。ブランドによって統制された販売店網を通じて大量消費社会に製品を行きわたらせるという意味では、自動車のフランチャイズ・システムとガソリンのフランチャイズ・システムは同じような流通システムであるともいえる。しかし、製品の特性には決定的な違いがあった。自動車はメーカーごとに特徴があるが、ガソリン（石油製品）は、精製事業者による品質の差が小さいのである。

そのため、石油製品のフランチャイズ・システムでは、ブランドによる差別化が大きな意味を持つことになった。ガソリンのフランチャイズ・システムは、それ自体としては「商標フランチャイズ」であったとしても、後に「ビジネス・フォーマット型フランチャイズ」を生み出す種子を宿していたと言える。

独自のサービス提供方法を開発し、それをブランドとともにパッケージ化したも

のを提供して複数店舗のチェーンをつくるという業態は、1930年代に、ハワード・ジョンソンのレストランチェーンに採用されたと言われる。当時は「システム・フランチャイズ」と呼ばれていたこの方式は、第二次世界大戦を経た1950年代に、マクドナルドやケンタッキー・フライドチキンといったファストフードのチェーンが次々に登場する中で、「ビジネス・フォーマット型フランチャイズ」と呼ばれるようになった。この頃に、現代的な意味でのフランチャイズ・システムが確立されたということができよう。

2．「フランチャイズ・ブーム」と「フランチャイズの危機」

　ビジネス・フォーマット型フランチャイズが確立された1950年代は、アメリカ社会の大きな変革期でもあった。第二次世界大戦に勝利し、大量生産・大量消費に支えられたアメリカ経済は絶頂期を迎えていた。モータリゼーションによって人々の行動範囲が拡大する中で、全米各地のどこに行っても同じような店舗があるというチェーン展開は社会のニーズにマッチするものであった。また、戦場から戻った復員兵たちは仕事を求めており、フランチャイジーとなってノウハウの提供を受け、起業することができるというビジネス・フォーマット型フランチャイズを歓迎した。これらの要因が重なり合った結果、1950年代から1960年代にかけて「フランチャイズ・ブーム」が盛り上がりを見せたのである。

　「ブーム」の中でフランチャイズ・システムは大きく発展したが、その陰では、「フランチャイズ」を名乗る詐欺的な取引や、十分な準備もなくフランチャイズ展開を開始して破綻するような事例も出現した。「ブーム」に乗って夢を抱いたフランチャイジーほど、失望したときに大きな不満を抱くことは、世の常である。こうして、1960年代末から1970年代には、「フランチャイズの危機」の時代を迎えた。危機を目の当たりにして、当時の学術論文の中には、「収益が上がっているフランチャイズ店はフランチャイザーがフランチャイジーから買い取って直営店に転換する。逆に、採算のよくない店舗はフランチャイジーの手に残されるが売上げが上がらない以上はそのうち閉店になる。だから、フランチャイズ店は、フランチャイザーが十分な資金を持たないチェーン展開の初期にしか存在しない」と論じたものさえあった。

　「フランチャイズの危機」の時代には頻繁に訴訟が起こされ、またいくつかの州では法規制が導入される。こうしたフランチャイズ法の発展については、別の項目で論ずることとする（第5章）。

第2節　日　本

1．日本のフランチャイズ・システムの起源

　アメリカのフランチャイズ・ブームは、すぐに日本にも波及した。1963年に、ダストコントロール商品のレンタル事業をダスキン（当時は株式会社サニクリーン）が、また洋菓子店のチェーンを不二家が、それぞれ展開したが、両社はどちらも独自にアメリカのフランチャイズ・システムを研究したと言われている。その後、1960年代のうちに、飲食業やクリーニングサービス業などのフランチャイズ・システムがいくつか創業した。

　こうして、自国企業によるフランチャイズ・システムの展開が先行したという点に、日本のフランチャイズ・システム発展史の大きな特徴がある。ヨーロッパでもアジアでも、フランチャイズ・システムという業態はアメリカ企業の進出とともに普及し、やがて国産のフランチャイズ・システムが生まれるという経緯をたどるのであるが、日本のフランチャイズ・システムは、それと異なる発展を遂げた珍しい事例と言える。

　なぜ日本では自国のフランチャイズ・システムが先行したかと言えば、その時点では、資本の自由化が完了していなかったからである。外食産業については、1969年になって資本の自由化が完全に実現する。すると、ケンタッキー・フライドチキンやミスタードーナツなどアメリカのフランチャイズが続々と上陸し、日本企業をマスターフランチャイジーとする形で店舗展開を進めるようになった。

　日本におけるフランチャイズ・システムの始まりは以上のように解説されている。アメリカでは商標フランチャイズとされる自動車の販売店網は、戦前から日本の自動車メーカーも同じような仕組みを構築していたが、フランチャイズ・システムとしては認識されなかった。「特約店」などの名称を用いた類似の仕組みが、家電や化粧品の流通にもつくられており、自動車の販売店を含めてメーカー主導の販売店システムは「流通系列化」と呼ばれることが一般的である。その結果、日本ではフランチャイズ・システムといえば、ビジネス・フォーマット型フランチャイズを指すことになっている。

2．小売業の近代化

　1971年にセイコーマートとココストアが1号店を出店し、フランチャイズ・システムによるコンビニエンスストアのチェーン展開が始まる。セブン-イレブンが1

号店を出店したのは1974年のことである。

この時期には、小売業の近代化が政策課題となっていた。スーパーマーケットが全国にチェーン展開する中で、伝統的な小売店が生き残ることは難しいという危機感が抱かれていたからである。スーパーマーケットは直営店による店舗展開なので「レギュラーチェーン」と呼ばれ、それに対して、小売店をチェーン化して対抗させ、生き残りを図ることが考えられた。当時は、ボランタリーチェーンの仕組みを使い、小売店が仕入れなどの共同実施により経営を効率化することが政策の中心であったが、フランチャイズチェーンも「第三のチェーン」として小売業の近代化に役立つと考えられ、政策による支援の対象に加えられた。ボランタリーチェーンやフランチャイズチェーンに対する振興策を盛り込んだ中小小売商業振興法は1973年に制定され、他方で、同じ年に制定された大規模小売店舗法（大店法）による大型店の出店規制は1974年から施行されている。

大店法による規制は、フランチャイズ・システムに思いがけない効果をもたらした。スーパーマーケットの経営母体がコンビニエンスストアの経営に参入して、規制の対象とならない小さな面積の売り場に多品目の商品を陳列するという日本型のコンビニエンスストアを開発し、展開していったのである。やがて、日本でフランチャイズ・システムを代表する業種はコンビニエンスストアであるかのような印象すら広まった。大店法は1998年に大規模小売店舗立地法に置き換えられて規制が緩和されるが、コンビニエンスストア・チェーンの拡大は続き、2010年代には、防犯や高齢者の見守り、災害時の対応など社会インフラとしての役割を期待されるまでになった。

3．メガフランチャイジーの出現

小売業近代化から日本的なコンビニエンスストアの発展まで、日本におけるフランチャイズ・システムは小売業の文脈でとらえられることが多かった。しかし、実際には外食産業やサービス産業でも、フランチャイズ・システムは広く利用されていた。これらの業種のフランチャイズ・システムは、フランチャイジーの企業規模が比較的大きく、法人がフランチャイジーとなるケースも多いなど、コンビニエンスストアのフランチャイズチェーンとは対照的な特徴を持っている。

サービス業のフランチャイズ・システム自体は1980年代以降着実に増加していたが、1990年代後半に、コンサルティング会社の出現もあって、法人がフランチャイジーとなる現象が急速に広がり始める。そうした法人フランチャイジーは、複数の

チェーンと契約したり、多数の店舗を同時に経営したりするなど、個人経営のコンビニエンスストアとはまったく違った事業運営を行った。こうして、2000年頃から、「メガフランチャイジー」という言葉がビジネス誌を賑わせるようになった。複数店舗経営は、やがてコンビニエンスストアにも取り入れられ、現在では、業種を問わず広く普及して、フランチャイジーに対する固定観念を一変させるに至っている（川端基夫『日本の法人フランチャイジー』新評論）。

第3節　世界的な普及

1．ヨーロッパなど

　日本でフランチャイズ・システムが普及した時期に少し遅れて、1970年代には、当時の西ヨーロッパやブラジル、オーストラリアなどでフランチャイズ・システムが普及していったとされている。これらの地域では、まずアメリカのフランチャイズチェーンが進出してフランチャイズ・システムという業態が広まった。いずれも市場規模が大きく、また所得水準が一定以上に達していたため、アメリカのフランチャイザーから見れば魅力的な市場だったのであろう。そして、ひとたびフランチャイズ・システムという業態が知られるようになると、それに刺激されて、地元の企業によるフランチャイズチェーンも増えていった。

　このうち西ヨーロッパでは、日本と同じように自動車産業などの販売店網について競争法（日本の独占禁止法にあたる法律）の適用が問題となっていたため、フランチャイズ・システムについても競争法の適用が議論され、1988年に当時の欧州共同体（EC）がフランチャイズ・ガイドラインを採択した。オーストラリアやブラジルでも、フランチャイズ・システムの普及に伴う紛争が顕在化した1990年代に、法規制が導入されている。

2．体制移行国

　1990年前後に、ソビエト連邦や東ヨーロッパなどの各国で社会主義体制が崩壊し、その多くが、アメリカなど西側諸国の支援を受けながら市場経済へと移行することになった。当時、体制移行国と呼ばれたこれらの国々にとっては、自由な市場経済自体は歓迎すべきものであった反面、これにより、アメリカや西ヨーロッパの大企業が完全に経済を支配してしまうという事態は避けたかった。そこで、西側企業から経営ノウハウの移転を受けつつ、自国の企業が現場の経営を担うというフランチャイズ・システムが注目されたのである。

こうした背景から、1990年代には国際機関でフランチャイズ・システムに関する文書がいくつも作られている。最も初期の取り組みとして、WIPO（世界知的所有権機関）がフランチャイズ・システムの骨子を小冊子の『ガイド』にまとめ、1993年に刊行した。

その2年後には、OECD（経済協力開発機構）が、競争法に特化した『競争政策と垂直的制限：フランチャイズ合意の場合』という250頁近い報告書を公表している。市場経済への体制移行に際しては、適正な市場秩序を維持するために競争法を制定し、実施することが求められていたので、それとフランチャイズ・システムとの関係を明らかにする必要性が認められたものと思われる。

同じ頃に、ユニドロワ（私法統一国際協会（UNIDROIT））という国際機関もフランチャイズ・システムを取り上げ、1998年に『国際マスターフランチャイズ取引のためのガイド』という刊行物をまとめた（2007年には内容をアップデートして第2版が公表された）。これは中国語や韓国語にも翻訳されている。西側企業のノウハウを利用して地元企業がフランチャイズ事業を担うという体制移行国のニーズを考えると、マスターフランチャイズがまず注目されたことは、よく理解できる。もっとも、ユニドロワはこれに続いて、国内のフランチャイズ契約を対象とした「フランチャイズ・モデル法」を2002年に採択した。これは、フランチャイズ・システムが少し普及すると法規制を導入しようとする国が多かったため、そのモデルを示そうとしたものである。

民間の国際組織では、数々の国際取引ルールを作ってきたことで知られるICC（国際商業会議所）が、『国際フランチャイズ契約モデル契約書』を公表している。このモデル契約書は、2011年に最新版が出されているが、マスターフランチャイジーを置かずに、本国のフランチャイザーが直接、地元企業をフランチャイジーとする契約を締結するという形態の国際フランチャイズ契約を対象としたものである。

3．アジア諸国から中東へ

1990年代はまた、アジア経済が大きく成長していった時期でもある。はじめは日本企業の進出によって韓国や台湾、そしてASEAN（東南アジア諸国連合）の経済が発展していたが、2000年に中国がWTO（世界貿易機関）に加盟すると、たちまち中国経済が急成長して、日本を追い抜き世界第2位の経済大国となった。

それに伴い、フランチャイズ・システムもこれらの諸国で急速に普及していった。法規制の導入は、フランチャイズ・システムの発展と厳密に対応するわけではない

が、1997年にインドネシアのフランチャイズ規制令、1998年にマレーシアのフランチャイズ法、2002年に韓国のフランチャイズ取引公正化法、そして2004年に中国の商業フランチャイズ管理弁法と相次いだフランチャイズ法の制定は、この時期にアジア地域でフランチャイズ・システムが一気に花開いたことを示していると言えよう。日本のフランチャイズチェーンもアジア各国に進出した。順調に展開できた企業も苦労した企業もあるが、総体としてみれば、日本のフランチャイズチェーンはアジアで一定の地位を占めているとみられる。

　直近では、ドバイやアブダビを擁するアラブ首長国連邦（UAE）をはじめ、カタールやサウジアラビアなどの中東諸国が経済改革に取り組み、フランチャイズ・システムを積極的に導入している。サウジアラビアには、2019年にフランチャイズ法も制定された。こうした地域にも日本のフランチャイズチェーンの進出が進んでいくことであろう。

第4章 フランチャイズ・システムの機能

第1節 「資源制約」問題の解決

　フランチャイズ・システムがこれだけ広く世界で普及しているという事実は、この仕組みが社会的に有益なものであることを示していると考えられる。しかし、具体的にどのような点で、フランチャイズ・システムが社会にとって有益なのかという点は、あまりきちんと説明されていないことが多い。漠然と「新しい商品やサービスを短期間で市場に展開できる」とか、「独立起業を志す人の受け皿になる」などといわれていることも少なくない。

　この問題に対して、初期には経営学、最近では経済学の分野で、理論的な研究がなされてきた。少し硬い説明になるが、本章で簡単に見ておこう。

　「フランチャイズ・ブーム」の頃から提唱されていた考え方は、フランチャイザーが「資源制約」に直面しているときに、フランチャイズ・システムを採用するとその制約が克服されるというものである。たとえば、飲食店を開業して独自に考案したメニューが大人気となり、連日行列ができるほどに繁盛している店があるとする。店主は、このメニューを2号店、3号店でも展開すれば、売上げと利益が何倍にも増やせると思うかもしれない。しかし、店主が手元に十分な資金を持っていないと、短期間で新規に出店することは難しく、そうしたビジネスチャンスを逃してしまう。そこで、フランチャイズ・システムを採用し、メニューやレシピ、提供方法を伝授して2号店の開店を認める代わりに、売上げの一部をロイヤルティとして支払ってもらうことにすると、2号店の開業に伴う資金調達などはその出店者（フランチャイジー）が負担することになり、元の店主（フランチャイザー）が資金調達をする必要はなくなる、というわけである。

　この「資源制約」説は、直感的にわかりやすいし、また現実にもこれに合致する事例がありそうである。しかし、近年、経済学の分野で発達してきた実証分析の手法で検証すると、この理論とは合致しない結果が出ていると言われる。落ち着いて考えると、資金が不十分であれば金融機関なり資本市場なりで資金調達をすればよいはずで、それができないのであれば、事業の将来性に疑問があるということにほかならない。金融機関が見抜くことのできない将来性をフランチャイジーは評価で

きて出店を引き受けるという可能性は、理屈の上ではあり得なくもないが、現実には、どれほどあるか疑わしい。むしろ現実には、経営基盤のあやふやなフランチャイザーが、起業の熱に取りつかれて判断力を失ったフランチャイジーを加盟店にして、共倒れになり紛争となるというケースのほうが圧倒的に多いであろう。

　ただし、資金以外の「資源」を考えると、「資源制約の克服」理論でフランチャイズ・システムの意味を説明できるケースはあるように思われる。たとえば、不動産は資金ほど流動性が高くなく、とくに開業に対する規制が存在する場合には、チェーン展開しようとしても、よい物件が見つからないということが珍しくない。1980年代の日本で、大店法の規制を回避するようにコンビニエンスストアが店舗を増やしていた時期には、立地のよい物件には古くからの商店が営業しており、大規模チェーンには売却しないが、フランチャイズに加盟して営業を続けられるならばチェーン化は受け入れるという対応をとる場合も多かったと想像される。また、ホテルのチェーンが国際展開する場合に、求人などのノウハウは地元の企業が有しているとすれば、国際的な企業が直営で運営するよりもフランチャイズ・システムを採用し、地元企業をフランチャイジーにして経営を任せるほうが効率的になるであろう。これらは、「資源制約の克服」という優位性をフランチャイズ・システムが持つ事例と見ることができる。

第2節　適切なインセンティヴ（動機づけ）の設定

　フランチャイズ・システムの機能について、経済学の理論にもとづいて提唱されるようになった考え方は、関係者に適切なインセンティヴ（動機づけ）を設定し、その結果として最適な行動を実現するしくみになっているというものである。

　一般的に、企業組織が大きくなってくると、現場で投入される資源や労力を観察することは難しくなる。一つの店舗ですら、従業員が何人もいると、その全員が手を抜くことなく働いているかどうかをチェックすることは、簡単ではない。同僚の働きにフリーライドして、自分は手を抜くという行動をとる従業員がいるかもしれないし、仮にそれに気づいたとしても、その事実を証明してペナルティを課すことができないという可能性もある。まして、多店舗のチェーン展開を行うときには、チェーン全体の信用（ブランド力）にフリーライドして現場の営業努力を怠る店舗が出現する可能性を排除することは難しい。

　このとき、現場が手を抜くと自動的に不利益が発生するという仕組みを作ることができれば、問題は解決する。最も単純に考えると、フランチャイザーはブランド

やノウハウの対価として定額のロイヤルティを受け取り、残りはすべてフランチャイジーの利益とすればよいのである。すると、フランチャイジーが努力すればするほどフランチャイズ店の売上げが上がり、フランチャイジーの利益が増大する。逆にフランチャイジーが手を抜けば、その結果はフランチャイジーの取り分の減少に直結するので、フランチャイジーは、それを避けるように、日々の店舗経営に努力するであろう。

　ところが、フランチャイズチェーンの経営は、現場のフランチャイジーだけが努力をすればよいというものではない。少なくともビジネス・フォーマット型フランチャイズでは、統一的な営業方法があり、その営業方法に対する信用をブランドによって差別化して、競合チェーンよりも優位に立たなければならない。信用の源泉であるビジネス・フォーマットは、絶えず商品開発やシステムの改良を重ねて、競争力を維持していく必要がある。それは、各店舗の現場で対応することはできず、フランチャイザーが努力しなければならないことがらである。

　そうだとすれば、適切な動機づけ（インセンティヴ）は、フランチャイジーだけではなく、フランチャイザーに対しても必要になるのである。これを実現するためには、売上げ分配にあたって、どちらかの分配額を定額にするのではなく、双方が売上げの増大に応じた配分を受けるという方式をとるとよい。フランチャイジーは現場の営業努力によって売上げを伸ばし、フランチャイザーはシステム開発の努力によって売上げを伸ばす。その結果、どちらの場合も、取り分が増えてインセンティヴになるというわけである。なお、多くのフランチャイズ・システムはこうした売上げ分配方式を採用しているが、日本のコンビニエンスストアは、売上げではなく粗利の分配という形でロイヤルティ(コンビニエンスストア業界では「チャージ」と呼ぶこともある)を定めている。しかし、基本的な原理は同じである。

　このように、フランチャイズ・システムは、統一性と分権性を組み合わせ、それと対応する売上げ（または粗利）の分配を定めることで、チェーンの経営に最適なインセンティヴを関係者に与えるしくみとなっている。それによって、チェーンが最適な状態で経営されるのであれば、それは間違いなく社会的に見ても有意義な仕組みと言えるであろう。今後、実証研究によって検証していく必要はあるが、フランチャイズ・システムの社会的な意義は、このような説明によってほぼ解明されたと考えられる。

第5章 フランチャイズ・システムの法規制

第1節　フランチャイズ法の類型

1．フランチャイズ法の歴史

　ある意味では当然のことであるが、フランチャイズ・システムが発展すると、悪質な事業者の出現によるトラブルを含めて紛争が増加し、訴訟も増える。すると、紛争に対処するため「フランチャイズ法」を導入しようとする政治的な動きが起こってくる。そうした現象は、フランチャイズ・システムの母国であるアメリカでは1970年代の「危機の時代」に発生した。日本を含む他の国でも、フランチャイズ・システムの発展と法規制の導入、強化の歴史が繰り返されてきた。

　これとはまったく別に、フランチャイズ・システムを自国で発展させようとするときに、その基盤として法制度が必要だと考えられる場合もある。その国の企業文化にもよるが、法律上で根拠となる制度が置かれていないと、そもそも新しい取引を積極的に行う機運が盛り上がらないということはあり得る。こうした場合には、規制のためではなく、むしろ産業振興政策としてフランチャイズ法が作られるわけである。世界各国のフランチャイズ法については第3部で詳しく解説するので、ここでは、法規制の類型と簡単な背景を説明するだけにとどめておく。

2．第一類型（開示書類の登録型）

　まず、アメリカが「フランチャイズの危機」に直面した1970年代（実際には1960年代末から）には、二つのタイプの「フランチャイズ法」が各州で作られた。法規制を作る場合には、類似の問題についてすでに存在する法律を参照することが多いが、フランチャイズ法の立法にあたっては、そのモデルが二つあったわけである。

　その一つは、証券規制（日本でいう金融商品取引法）であった。日本の常識とはかなり違うが、アメリカでは、証券規制というのは「あやしい儲け話」を取り締まるための法律であり、マルチ販売組織やねずみ講のような悪質商法に対して広く適用されている。フランチャイズ・システムもそうした「あやしい儲け話」ではないかという問題提起もあったのであるが、事業としての実質を伴い、マルチ販売組織とは異なると言える事例では、裁判所は証券規制を適用しないとしてきた（正確に

言えば、フランチャイジーの経営努力が売上げや利益に影響する限り、投資家が証券の収益性を左右することができない「証券」とは区別されるとした）。

　そこで、「証券」にあたらないとしても、証券規制と同じように、フランチャイジーが金銭的なコミットメント（いわば投資にあたる行為）をする前には十分な情報の開示（ディスクロージャー）を行わなければならないという法律が、いくつかの州で作られた。その先駆けとなった立法例が、1970年にカリフォルニア州で制定されたフランチャイズ投資法である。

　証券規制は、証券の募集に先立って、当局に登録を行う義務を課す（日本の金融商品取引法では、金融庁に募集の届出をする）。そこで、この類型のフランチャイズ法は、開示（ディスクロージャー）のための書類を当局に登録（届出）する義務を課すとともに、フランチャイジーに対して、フランチャイズ契約の締結前に、届け出た書類と同じ内容の書面を交付しなければならないと定めることになる。アメリカでは「開示型」のフランチャイズ法と呼ばれる立法例であるが、ここでは、「第一類型」と呼んでおく。

3．第二類型（開示書類の交付義務型）

　実は、カリフォルニア州のフランチャイズ投資法は、いち早く日本にも取り入れられ、中小小売商業振興法の中の開示義務規定となった。カリフォルニア州のフランチャイズ投資法が1970年、中小小売商業振興法の制定が1973年であるから、いかに早かったかということがわかる。ところが、中小小売商業振興法を所管する中小企業庁には、開示書類の届出を受領したり、その内容に違法があった場合には募集を差し止めたりする権限がない。そこで、開示（ディスクロージャー）という理念はそのままに、当局の関与をなくし、開示のための法定書面をフランチャイザーからフランチャイジーに対して交付するという部分だけを残した法制度となった。

　これは、一見するとカリフォルニア州のフランチャイズ投資法から牙を抜いてしまった法律のようにも見えるが、実は、開示書類の登録を受け、必要に応じて差し止め命令を出す権限までを持ったカリフォルニア州当局のような存在の方が珍しい。アメリカでも、1979年になって連邦取引委員会が制定した規則には、開示書類の登録（届出）という制度は含まれていないし、1989年にフランスで導入された法規制も同様である。そこで、当局への登録（届出）の要素がなく、フランチャイジーに対する開示書類の交付義務のみを定めた法律を、第一類型と区別して、フランチャイズ法の「第二類型」と呼ぼう。

4．第三類型（フランチャイズ関係の規制型）

　いま一度1970年ごろのアメリカに戻ると、フランチャイズ法を作る際の先例として、自動車の販売店（ディーラー）を保護するための法律を参照した州もあった。自動車の販売店は、すでに述べたとおり（第2章）、商標フランチャイズと呼ばれ、広い意味のフランチャイズ・システムである。販売店は、自動車メーカーの思惑で簡単に契約が解除されて、そのメーカーの自動車が取り扱えなくなることに大きな不満を抱き、全米でロビイングを展開して、1956年に「自動車ディーラー保護法」の制定を実現させた。この法律のポイントは、自動車ディーラーとメーカーの契約（フランチャイズ契約）は、「正当な事由」がなければ解除により終了することができないとする点にある。

　これをモデルにして、ビジネス・フォーマット型フランチャイズ（を含むフランチャイズ契約全般）について、「正当な事由」がなければ契約を終了することは許されないと規定する法律が、いくつかの州で作られた。「正当な事由」とは何か、契約の終了には期間満了後に更新しないことを含むか否か、などの点でバリエーションはさまざまであるが、いずれにしても、フランチャイズ契約に書かれている当事者間の関係を法律によって修正し、それに反する契約条項は無効とするという点で、やや介入主義的な法律である。アメリカでは「関係規制型」と呼ばれる法律であり、ここでは「第三類型」のフランチャイズ法と呼ぶ。

5．第四類型（典型契約型）

　フランチャイズ・システムの弊害をなくすためではなく、普及を促進するために法律が必要だとしてフランチャイズ法を作る動きは、1990年代の体制移行国に多く見られた。体制移行国は、少し前までは社会主義の経済体制をとっていた国であり、その当時は経済活動の自由が認められていなかった。取引時の交渉といっても、当局があらかじめ用意した書式の中からどれかを選び、価格や数量などの空欄を埋めることしか許されていなかったという国もある。そうした国では、契約に際してどのようなことがらを交渉し、合意する必要があるのかということ自体を法律によって示す必要があると言われたのである。

　この場合、フランチャイズ法といっても、基本的には、契約で自由に変更や上書きができる任意規定でよい。交渉によって合意しなければならない項目を示すことが目的であり、その項目の内容は、参照例として提示されていれば十分だからである。これは、多くの国では、民法に置かれた「典型契約」の規定が果たす役割であ

るから、端的には、民法の典型契約の一つとして「フランチャイズ契約」を規定することが考えられる。もちろん、その中で経済的な劣位にあると考えられる当事者を保護する規定など、契約で変更できない強行規定を置いてもかまわないが、強行規定による規律は立法の中心的な目的ではない。これは、第一ないし第三類型の立法とは大きく異なる「第四類型」の立法の特徴である。

第四類型のフランチャイズ法は、ロシアやカザフスタン、ベラルーシ、バルト3国など、かつてのソビエト連邦に属していた国に多く見られるほか、ベトナムや中国などのフランチャイズ法にもこれと共通する発想が含まれている。

6．第五類型（産業振興型）

自国のフランチャイズ・システムを健全に発展させようとすることを考えた場合、開示や関係規制などの法ルールだけでは不十分に感じられることがある。ルールが現実に効果を持ち、フランチャイズ・システムの発展に結びつくためには、具体的に関係者を動かしていくためのメカニズムが必要ではないかと思われるからである。

そうしたメカニズムとしてすぐに考えられるものは、紛争解決の手続である。とりわけ、取引関係を断絶することなく利害の対立を解消するためには、調停などの裁判外紛争解決手続（ADR）を用意したり、紛争解決や、そもそもの契約締結の場に専門家を立ち会わせたりすることが有益であるとも考えられる。こうしたメカニズムを含むフランチャイズ法は、オーストラリアや韓国などに実例があるので、「第五類型」としておきたい。

なお、第五類型のフランチャイズ法を「産業振興型」と定義すると、フランチャイジーが使用する原材料に国際品の比率を義務づけていたかつてのインドネシアのフランチャイズ法などもここに含まれることになる。もっとも、アジア太平洋地域でも自由貿易協定が急速に広がっており、そうしたあからさまな自国産業保護の制度は、少なくともアジアでは姿を消しつつある。

第2節　日本のフランチャイズ法

ここで、日本のフランチャイズ法について、全体像を整理しておきたい（詳しい解説は第2部に譲る）。すでに述べたとおり、1973年という早い時期に中小小売商業振興法が制定され、第二類型の開示義務が規定されたのであるが、その後、フランチャイズ・システムをめぐる紛争が何度か社会問題化し、そのたびに制度的な対応がなされてきた結果、かなり複雑な法制度ができ上がっている。

1．中小小売商業振興法にもとづく開示

　まず、中小小売商業振興法（小振法）にもとづく法定書面の交付義務であるが、小売業の振興政策の中に組み込まれ、いわばその悪用防止を目的として導入されたため、適用範囲が小売業に限られている。とくに、サービス業のフランチャイズ・システムには適用されない（小売業やサービス産業の定義は日本標準産業分類によるが、それも時代とともに変更されているので、たとえば外食産業が小振法の適用範囲に含まれているのかどうかも明確ではなくなっている）。

　フランチャイズ・システムの問題点に対処するための開示規制が、業種によって適用範囲を限られていることは明らかに不合理である。そこで、開示義務（法定書面の交付義務）をサービス業のフランチャイズ・システムに拡大することが繰り返し議論されてきたが、現在に至るまで実現していない。

　これを補うために、（一社）日本フランチャイズチェーン協会（JFA）は、自主規制としての開示制度を運営してきた。最初の取り組みは、1983年に開始した「フランチャイズ登録事業」である。これは、一部のフランチャイズチェーンで契約をめぐる紛争が発生したことを背景に通商産業省（通産省）が1981年に設置した「フランチャイズ・システム経営近代化推進協議会」の提言にもとづくものであり、非会員企業も対象としていた点に意味があった。

　JFAの会員企業については、現在、JFA開示自主基準にもとづく「フランチャイズ契約の要点と概説」の作成が求められている。「要点と概説」が要求する開示事項には小振法にもとづく開示事項が取り込まれているため、JFA会員企業に関する限り、事実上、業種を問わず小振法の開示規制が適用されているとも言える。法令の適用範囲が限られている部分を自主規制が補充するという不思議な関係になっているわけである。

　小振法にもとづく開示事項は、2002（平成14）年の省令改正によって拡大され、さらに、2021（令和3）年にも、開示事項を一層拡大する改正が実施された。2002年の改正は、2000年頃からフランチャイジーが業種やチェーンの枠を越えて「コンビニ・FC加盟店協議会」を結成し、政治的な働きかけを強めた中で実施されたものである。また、2021年の改正は、コンビニエンスストアのフランチャイズ・システムをめぐり、再びフランチャイジーの一部から不満の声が上がるようになったことに対応して、2020年2月に経済産業省が公表した『「新たなコンビニのあり方検討会」報告書〜令和の時代におけるコンビニの革新に向けて〜』にもとづく。改正を重ねる中で開示事項が充実してきたことの意義は大きいが、社会的に目をひきや

すいコンビニエンスストアをもっぱら念頭に置いて開示項目が作られるため、それを業種横断的に適用すると困難を生ずるように思われる部分がないわけではない。とくに、小振法の開示事項は、前述のとおりJFAの自主開示基準を通じて外食産業やサービス業のフランチャイズチェーンにも事実上適用されるので、そのことを意識して制度を作るべきだったのではないかと感じられる。

2．独占禁止法の適用と不当なフランチャイズ契約

　小振法以外に、日本でフランチャイズ・システムに適用される重要な法制度には独占禁止法がある。そして、公正取引委員会は、独占禁止法をフランチャイズ・システムに適用する際の考え方を整理したガイドライン（独禁法ガイドライン）を公表している。独禁法ガイドラインの最初のものは1983年に公表されており、1．で述べたフランチャイズ・システムの経営近代化と同じタイミングで導入されたものであることがわかる。その後も、小振法施行規則の改正と時期を合わせて、2002（平成14）年と2021（令和3）年に独禁法ガイドラインの実質的な改正がなされている。

　独禁法ガイドラインは、独占禁止法の中でも、とくに「不公正な取引方法」の規制をフランチャイズ・システムに適用する際の考え方を示したものである。独占禁止法は、市場における公正な競争秩序を維持することが目的の法律であるから、最終的には、市場に対する影響（不公正な取引方法の規制では「公正競争阻害性」と呼ばれる要件）を事案ごとに判断した上で適用することになる。そのことはふまえつつも、事業者から見ると、抽象的な独占禁止法の規定を具体化して、「優越的地位の濫用」、「抱き合わせ販売等・拘束条件付き取引」、「販売価格の制限」にあたる可能性がある取引条件や行為を示した独禁法ガイドラインは、事実上の行為規制となっている（そのほかに、「ぎまん的顧客誘引」との関係で、契約締結時の情報提供についてフランチャイザーに義務を課す記述が含まれているが、これは、小振法の開示義務を補うものであると言える）。

　このうち、とくに「優越的地位の濫用」は、フランチャイザーがフランチャイジーに対して取引上優越した地位にあることを前提に、問題となり得るフランチャイザーの行為として、次のものを掲げている。

- 取引先の制限
- 仕入数量の強制
- 見切り販売の制限
- 営業時間の短縮に係る協議拒絶

- 事前の取決めに反するドミナント出店等
- フランチャイズ契約締結後の契約内容の変更
- 契約終了後の競業禁止

　この部分は、フランチャイズ契約にもとづく関係の中で適正とは可能性のある行為、いわばグレーな行為を掲げたもので、契約内容を規制する第三類型のフランチャイズ法に近い役割を果たしていると言える。そして、そのように見るとき、独禁法ガイドラインが、「フランチャイズ・システムによる営業を的確に実施するために必要な限度を超えて」これらの行為が行われると優越的地位の濫用にあたり得ると記述していることには、大きな意味があると考えられる。

　ビジネス・フォーマット型フランチャイズが、統一的な営業方法とブランドによる差別化を通じて競争上の優位を獲得するという仕組みである以上、フランチャイジーの営業方法に対して制約が課せられること自体は、不当なことではない。しかし、すでに論じた当事者へのインセンティヴ設定（第4章参照）として合理的ではないような契約条項やその運用があれば、それは適正ではない行為として規制されることになる。独禁法ガイドラインにいう「必要な限度」を超えた行為とは、そういう意味に理解することができるであろう。

3. 裁判外紛争解決手続（ADR）

　海外のフランチャイズ法では、フランチャイザーとフランチャイジーの間で紛争になった場合に、裁判で決着する以外の紛争解決手続を用意する例がある（第五類型のフランチャイズ法）。フランチャイズ・システムは、関係者すべてが経済的な利益を求めて参加する事業者間の関係なので、利害の対立を解きほぐして妥協点を探るという裁判外紛争解決手続（ADR）になじむと考えられるからである。

　日本には、フランチャイズ・システムのADRを定めた法制度はない。しかし、業界団体であるJFAによる取り組みとして、自主的なADRの手続が存在している。

　まず、JFAでは、2009年以来「フランチャイズ相談センター」を運用している。あくまでも相談にとどまり、紛争解決のあっせんを行うものではないが、広い意味ではADRの仕組みと言ってよいであろう。専門的な知識を持った相談員がフランチャイジー（または契約を検討中のフランチャイジー候補者）から話を聞き、必要なアドバイスを行うことが基本である。相談の対象となるフランチャイザーがJFAの会員である場合は、希望があればフランチャイザーに相談受付状況を連絡し、対応策の回答を要請する。相談員は、対応策の内容が合理的なものであることを確認

した上で、相談者であるフランチャイジーに回答するという流れになっている。紛争の解決というよりも、紛争が先鋭化する前に解消しようとする仕組みといえるかもしれない。

相談の状況は、JFAの規範委員会に報告される。これは、全般的なトラブルの状況をJFAが把握するためである。それとは別に、個別案件について、相談員では解決が困難であると報告された場合には、JFAの理事会で審議し、改善要請や、極端な場合には退会勧告や除名などを含む「効果的な処置方針」の提言をするという仕組みが用意されている。JFAとしては、理事会の提言を尊重し、必要な処置をとることになっている。

このフランチャイズ相談センターでは、2021年から、「コンビニエンスストア相談センター調停手続」という新たな紛争解決手続を開始した。この手続は、ADR法にもとづく認証ADRとなっている。コンビニエンスストアという特定業種に限定されてはいるが、本格的な紛争解決を目指した日本のフランチャイズ業界では初の試みである。

調停を申し立てることができる当事者はフランチャイジーの側である。フランチャイザーが調停手続の開始に同意すれば、調停人が選任されて調停が始まる。なお、JFA会員となっているコンビニエンスストアのフランチャイザー各社は、調停の申立てがあれば同意することを確約しているとのことである。

調停人は、法律にもとづけばどのような解決になるかという点をもふまえつつ、双方の言い分に耳を傾けて両者が合意できる解決を模索する。進め方はいわゆる同席調停であり、双方当事者が調停人とともに対面して言い分を述べる。一方ずつを呼び込んで言い分を聞き、他方に伝達するという方式は、従来の相談業務のようにトラブルの火種が小さい段階では有効かもしれないが、状況によっては不信感を招き、解決できるはずの紛争がこじれてしまうという場合もある。そこで、認証ADRとしてのコンビニエンスストア相談センター調停手続では、透明性の高い同席調停の方式を採用した。

JFAが認証ADRを実施することとなった契機は、上記 **1.** で触れた『「新たなコンビニのあり方検討会」報告書』であった。報告書では、当時、報道等で伝えられていたコンビニエンスストアの紛争事例は、個別的なものではなくビジネスモデルのあり方に根差していると指摘して、業界を挙げてコンビニエンスストアのビジネスモデルを再構築するように求めていた。業界団体であり、これまでも自主規制機関としての役割を果たしてきたJFAとしては、そうした中で何ができるかを検討し

た結果、認証ADRの実施に踏み切ったのである。もちろん紛争は発生しないことが最も望ましいが、発生してしまった場合には、この調停手続を利用して公正かつ建設的な解決が図られることを期待したい。

第6章 フランチャイズ・システムの国際展開

第1節　日本と国際フランチャイズ

　フランチャイズ・システムは、フランチャイザーによるノウハウの提供とフランチャイジーによる現場の運営を組み合わせた業態であるため、国際展開のツールとしても適している。実際に、世界各国では、アメリカのフランチャイズチェーンが進出したことによってフランチャイズ・システムが普及していった地域が多い（第3章参照）。例外的に自国のフランチャイズチェーンが早い時期に生まれた日本でも、流通分野で資本の自由化が完了した1970年代には、ハンバーガーやアイスクリーム、ファミリーレストランなど当時の日本では珍しかった業種のフランチャイズチェーンが、アメリカから次々に進出してきた。

　これとは反対に、日本のフランチャイズチェーンが海外に進出した事例も少なくない。当初はアメリカ西海岸やハワイに外食チェーンが進出を試み、1990年代以降はコンビニエンスストアなどが台湾や韓国、中国へと展開した。2000年代後半になると、外食チェーンがアジア各国にフランチャイズ展開する事例が目につくようになる（川端基夫『日本企業の国際フランチャイジング』新評論）。

　2023年にJFAが会員企業115社に対して行ったアンケートによると、海外に展開している企業は44社、海外での店舗数は合計4万6,000店に上るとされている。展開先は28の国・地域で、企業数では中国、台湾、タイが多い。店舗数でみると、アメリカと中国が群を抜いて多く、やや離れてインドネシア、台湾、フィリピンへの展開がみられる。

第2節　国際フランチャイズ展開の手法

　国際的にフランチャイズチェーンを展開する場合、現地で直接フランチャイジーを募集してもよいが、進出先と社会的、文化的な背景がきわめて近いという状況でなければ、あまり現実的ではない（ヨーロッパの一部ではそのような隣国同士もあり、また中東ではUAEに現地の拠点を置いて湾岸諸国に直接フランチャイズ展開することも行われている）。

　そこで、対象国の企業をパートナーとして選び、その企業に現地市場の開拓を委

図1-6-1　マスターフランチャイズ

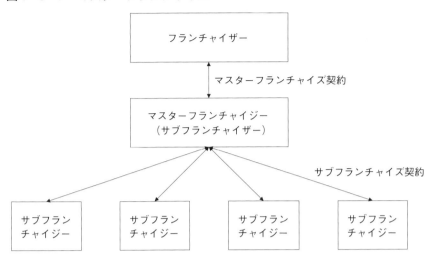

ねることが多い。それには二つの方法があるが、伝統的な手法は、現地のパートナーをマスターフランチャイジーにするというものである。この場合、本国のフランチャイザーと現地のマスターフランチャイジーとの間にフランチャイズ契約が締結される。その中では、通常のフランチャイズ契約とは異なり、マスターフランチャイジーに対して対象地域内で下位のフランチャイジーを募集し、フランチャイズ契約を締結するという権限を付与しておく。上の階層でマスターフランチャイジーとなった現地企業は、下の階層を見ると、サブフランチャイザーとして本部機能を持ち、サブフランチャイザーとフランチャイズ契約を締結するサブフランチャイジーが、現場の店舗運営などを行うことになる（図1-6-1）。なお、ビジネスモデルの現地への適合性などを試すため、マスターフランチャイジー自身が直営店をいくつか経営した後にサブフランチャイジーを募集することが一般的である。

　マスターフランチャイズの方式は便利であるが、ロイヤルティが二階層で発生するほか、上の階層でマスターフランチャイズ契約が解約されたり、マスターフランチャイジーが倒産したりした場合に、下の階層のサブフランチャイジーの立場が不安定になるなど問題点も存在する。そこで、現地のフランチャイジーに複数の直営店を開業させて市場を開拓するという契約が生み出された。これを「エリア開発契約」と呼ぶ。フランチャイズ契約の中でフランチャイジー（エリアディベロッパー）は、市場内に一定数（以上）の店舗を開業することを確約する（図1-6-2）。こ

図1-6-2　エリア開発契約

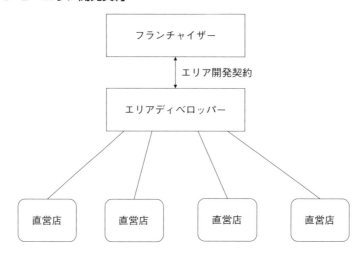

の形式をとると、契約関係は一階層だけになり、契約上の難しい問題を回避することが可能になる。ただし、複数店舗を開設しなければならないエリアディベロッパーは、かなりの規模と体力を要求されるであろう。

　日本のフランチャイザーは、海外展開に際して、現地資本との合弁会社を設立し、その会社を現地のフランチャイザーとする場合が多い。そして、現地に対するコントロールは合弁会社の運営を通じて行う方式をとりがちである。

　しかし、合弁会社の経営を通じたコントロールは、相手方との調整が継続的に必要になる。また、コントロールを強化すればその分だけ経営の裁量が奪われ、合弁会社の経営者や従業員のモチベーションを下げることになりやすい。他方で、コントロールが十分に効かなくなると、店舗運営が国内の標準から外れていき、状況によっては、ブランド価値が毀損するリスクさえある。

　その意味では、現地の企業を合弁会社とするかどうかにかかわらず、日本のフランチャイザーとの間にマスターフランチャイズ契約またはエリア開発契約を締結し、その契約の中に、フランチャイズ展開に際しての権利義務を十分に書き込んでおくことが必要になる。これらの契約の内容については、英語の文献であるが、国際商業会議所（ICC）が一種のガイドブックとして『フランチャイズを用いたビジネスの国際展開』という出版物を2014年に刊行しており、参考になる点が多い。

第7章 フランチャイズ・システムの将来展望

　フランチャイズ・システムについて、現状と歴史、社会的な役割、そして法規制などについて概観してきた。ビジネス・フォーマット型フランチャイズが20世紀半ばのアメリカで完成し、その後、グローバル経済の拡大とともに世界各地に広まっていったという経緯を見ると、フランチャイズ・システムが大量生産・大量消費社会とよくマッチしていたことが改めて実感される。

　しかし、そうした時代はすでに終わりを迎え、時代のトレンドはデジタルとサステナビリティである。子供の頃からインターネットとスマートフォンを当たり前のように使ってきたZ世代は、大量生産・大量消費の社会に戻りたいとは思わないであろう。2020年に経済産業省がとりまとめた『「新たなコンビニのあり方検討会」報告書』は、日本のフランチャイズ産業を牽引してきたコンビニエンスストアについて、契約を更新せず廃業することを考えるフランチャイジーも増えていると指摘した点で、衝撃的であった。

　だからといって、フランチャイズ・システムが社会の中で果たす役割を失うわけではない。フランチャイズ・システムは、時代の中で盛衰を経験する「業種」ではなく、いろいろな商品やサービスの提供に適用できる「業態」なので、新しい時代にふさわしいフランチャイズ・システムは今後も生まれてくると予想される。とはいえ、そのような新しいフランチャイズ・システムは、これまでに見慣れていたものとは大きく違ったものになる可能性が高い。少なくとも、AIやドローン、場合によってはメタバースなどの新しい技術に対応していくことは不可避であろう。

　もっとも、そうした技術への対応などは、実は表面的な現象にすぎないかもしれない。どれほど新しい形になったとしても、フランチャイズ・システムの本質的な機能が変わるわけではないからである。本質的な機能とは、第4章で述べたように、フランチャイジーによる現場のオペレーションと、フランチャイザーによるシステム開発の双方に対して、適切なインセンティヴを設定するということである。そのようなインセンティヴが適切に働くとき、フランチャイズ・システムは強力なビジネス共同体となる。逆に、インセンティヴがうまく噛み合っていないと、事業に失敗したり、トラブルになったりするフランチャイズ・システムが生まれてしまう。

　その意味では、フランチャイズ・システムは入念に作られた契約があって初めて

ワークする仕組みであるし、そうした契約を後押しするために有効な限りで、業界団体などの自主規制やフランチャイズ法による規律も有意義であろう。この認識を十分に共有して、フランチャイズ・システムが今後も発展していくことを期待したい。

第2部

フランチャイズ・システム関連法

第1章 フランチャイズ・システムの中核となる法令とガイドライン

第1節 中小小売商業振興法（抜粋）

（昭和四十八年九月二十九日法律第百一号）

最終改正：平成二七年五月二七日法律第二九号

（目的）

第一条 この法律は、商店街の整備、店舗の集団化、共同店舗等の整備等の事業の実施を円滑にし、中小小売商業者の経営の近代化を促進すること等により、中小小売商業の振興を図り、もつて国民経済の健全な発展に寄与することを目的とする。

（定義）

第二条 この法律において「中小企業者」とは、次の各号のいずれかに該当する者をいう。

一 資本金の額又は出資の総額が三億円以下の会社並びに常時使用する従業員の数が三百人以下の会社及び個人であつて、製造業、建設業、運輸業その他の業種（次号から第二号の三までに掲げる業種及び第三号の政令で定める業種を除く。）に属する事業を主たる事業として営むもの

二 資本金の額又は出資の総額が一億円以下の会社並びに常時使用する従業員の数が百人以下の会社及び個人であつて、卸売業（第三号の政令で定める業種を除く。）に属する事業を主たる事業として営むもの

二の二 資本金の額又は出資の総額が五千万円以下の会社並びに常時使用する従業員の数が百人以下の会社及び個人であつて、サービス業（第三号の政令で定める業種を除く。）に属する事業を主たる事業として営むもの

二の三 資本金の額又は出資の総額が五千万円以下の会社並びに常時使用する従業員の数が五十人以下の会社及び個人であつて、小売業（次号の政令で定める業種を除く。）に属する事業を主たる事業として営むもの

三 資本金の額又は出資の総額がその業種ごとに政令で定める金額以下の会社並びに常時使用する従業員の数がその業種ごとに政令で定める数以下の会社及び個人であつて、その政令で定める業種に属する事業を主たる事業として営むも

の

　四　企業組合

　五　協業組合

　六　事業協同組合、事業協同小組合及び協同組合連合会、商工組合及び商工組合
　　連合会並びに商店街振興組合及び商店街振興組合連合会（以下「組合等」とい
　　う。）

2　この法律において「中小小売商業者」とは、小売業に属する事業を主たる事業
　として営む者であつて、前項第二号の三から第五号までのいずれかに該当するも
　のをいう。

（高度化事業計画の認定等）

第四条

5　連鎖化事業（主として中小小売商業者に対し、定型的な約款による契約に基づ
　き継続的に、商品を販売し、又は販売をあつせんし、かつ、経営に関する指導を
　行う事業をいう。以下同じ。）を行う者は、当該連鎖化事業の用に供する倉庫そ
　の他の施設又は設備を設置する事業について、連鎖化事業計画を作成し、これを
　主務大臣に提出して、当該連鎖化事業計画が政令で定める基準に適合するもので
　ある旨の認定を受けることができる。

（特定連鎖化事業の運営の適正化）

第十一条　連鎖化事業であつて、当該連鎖化事業に係る約款に、加盟者に特定の商
　標、商号その他の表示を使用させる旨及び加盟者から加盟に際し加盟金、保証金
　その他の金銭を徴収する旨の定めがあるもの（以下「特定連鎖化事業」という。）
　を行う者は、当該特定連鎖化事業に加盟しようとする者と契約を締結しようとす
　るときは、経済産業省令で定めるところにより、あらかじめ、その者に対し、次
　の事項を記載した書面を交付し、その記載事項について説明をしなければならな
　い。

　一　加盟に際し徴収する加盟金、保証金その他の金銭に関する事項

　二　加盟者に対する商品の販売条件に関する事項

　三　経営の指導に関する事項

　四　使用させる商標、商号その他の表示に関する事項

　五　契約の期間並びに契約の更新及び解除に関する事項

　六　前各号に掲げるもののほか、経済産業省令で定める事項

2　経済産業大臣は、前項の経済産業省令の制定又は改廃をしようとするときは、

小売業に属する事業を所管する大臣に協議しなければならない。

第十二条　主務大臣は、特定連鎖化事業を行なう者が前条第一項の規定に従つていないと認めるときは、その者に対し、同項の規定に従うべきことを勧告することができる。

2　主務大臣は、前項の規定による勧告をした場合において、特定連鎖化事業を行なう者がその勧告に従つていないと認めるときは、その旨を公表することができる。

（報告の徴収）

第十三条　経済産業大臣は、第四条第一項から第三項まで又は第六項の規定による認定を受けた高度化事業計画に基づく高度化事業を実施する者に対し、当該事業の実施状況について報告を求めることができる。

2　主務大臣は、第四条第四項又は第五項の規定による認定を受けた高度化事業計画に基づく高度化事業を実施する者に対し当該事業の実施状況について、特定連鎖化事業を行う者に対し前条の規定の施行に必要な限度においてその業務について報告を求めることができる。

（主務大臣）

第十四条　この法律における主務大臣は、次のとおりとする。

一　第四条第四項に規定する電子計算機利用経営管理計画に関する事項については、経済産業大臣及び同項各号に定める事業により経営管理を合理化する中小小売商業者が販売する主たる商品の流通を所管する大臣

二　第四条第五項に規定する連鎖化事業計画に関する事項及び特定連鎖化事業に関する事項については、経済産業大臣及び連鎖化事業に係る主たる商品の流通を所管する大臣

（罰則）

第十六条　第十三条の規定による報告をせず、又は虚偽の報告をした者は、十万円以下の罰金に処する。

2　法人の代表者又は法人若しくは人の代理人、使用人その他の従業者が、その法人又は人の業務に関し、前項の違反行為をしたときは、行為者を罰するほか、その法人又は人に対して同項の刑を科する。

参照：電子政府の総合窓口（法令検索）

https://elaws. e -gov.go.jp/document?lawid=348AC0000000101

第2節　中小小売商業振興法施行規則（抜粋）

（昭和四十八年九月二十九日通商産業省令第百号）

最終改正：令和三年経済産業省令第三十八号

（特定連鎖化事業の運営の適正化）

第十条　法第十一条第一項第六号の経済産業省令で定める事項は、次のとおりとする。

一　当該特定連鎖化事業を行う者の氏名又は名称、住所及び常時使用する従業員の数並びに法人にあつては役員の役職名及び氏名

二　当該特定連鎖化事業を行う者の資本金の額又は出資の総額及び主要株主（発行済株式の総数又は出資の総額の百分の十以上の株式又は出資を自己又は他人の名義をもつて所有している者をいう。）の氏名又は名称並びに他に事業を行つているときは、その種類

三　当該特定連鎖化事業を行う者が、その総株主又は総社員の議決権の過半に相当する議決権を自己又は他人の名義をもつて有している者の名称及び事業の種類

四　当該特定連鎖化事業を行う者の直近の三事業年度の貸借対照表及び損益計算書又はこれらに代わる書類

五　当該特定連鎖化事業を行う者の当該事業の開始時期

六　直近の三事業年度における加盟者の店舗の数の推移に関する事項

七　加盟者の店舗のうち、周辺の地域の人口、交通量その他の立地条件（次条において単に「立地条件」という。）が類似するものの直近の三事業年度の収支に関する事項

八　直近の五事業年度において、当該特定連鎖化事業を行う者が契約に関し、加盟者又は加盟者であつた者に対して提起した訴えの件数及び加盟者又は加盟者であつた者から提起された訴えの件数

九　加盟者の店舗の営業時間並びに営業日及び定期又は不定期の休業日

十　当該特定連鎖化事業を行う者が、加盟者の店舗の周辺の地域において当該加盟者の店舗における小売業と同一又はそれに類似した小売業を営む店舗を自ら営業し又は当該加盟者以外の者に営業させる旨の規定の有無及びその内容

十一　契約の期間中又は契約の解除若しくは満了の後、他の特定連鎖化事業への

加盟禁止、類似事業への就業制限その他加盟者が営業活動を禁止又は制限される規定の有無及びその内容

十二　契約の期間中又は契約の解除若しくは満了の後、加盟者が当該特定連鎖化事業について知り得た情報の開示を禁止又は制限する規定の有無及びその内容

十三　加盟者から定期的に金銭を徴収するときは、当該金銭に関する事項

十四　加盟者から定期的に売上金の全部又は一部を送金させる場合にあつてはその時期及び方法

十五　加盟者に対する金銭の貸付け又は貸付けのあつせんを行う場合にあつては、当該貸付け又は貸付けのあつせんに係る利率又は算定方法その他の条件

十六　加盟者との一定期間の取引より生ずる債権債務の相殺によつて発生する残額の全部又は一部に対して利息を附する場合にあつては、当該利息に係る利率又は算定方法その他の条件

十七　加盟者の店舗の構造又は内外装について加盟者に特別の義務を課すときは、その内容

十八　特定連鎖化事業を行う者又は加盟者が契約に違反した場合に生じる金銭の額又は算定方法その他の義務の内容

第十一条　法第十一条第一項の規定により、特定連鎖化事業を行う者が当該特定連鎖化事業に加盟しようとする者に対して交付する書面には、次の表の上欄に掲げる事項については、少なくとも同表の下欄に掲げる内容を記載しなければならない。

事　項	内　　容
一　加盟に際し徴収する加盟金、保証金その他の金銭に関する事項	イ　徴収する金銭の額又は算定方法 ロ　加盟金、保証金、備品代その他の徴収する金銭の性質 ハ　徴収の時期 ニ　徴収の方法 ホ　当該金銭の返還の有無及びその条件
二　加盟者に対する商品の販売条件に関する事項	イ　加盟者に販売し、又は販売をあつせんする商品の種類 ロ　当該商品の代金の決済方法
三　経営の指導に関する事項	イ　加盟に際しての研修又は講習会の開催の有無 ロ　加盟に際して研修又は講習会が行われるときは、その内容 ハ　加盟者に対する継続的な経営指導の方法及びその実施回数

四　使用させる商標、商号その他の表示に関する事項	イ　当該使用させる商標、商号その他の表示 ロ　当該表示の使用について条件があるときは、その内容
五　契約の期間並びに契約の更新及び解除に関する事項	イ　契約の期間 ロ　契約更新の条件及び手続き ハ　契約解除の要件及び手続き ニ　契約解除によつて生じる損害賠償金の額又は算定方法その他の義務の内容
六　直近の三事業年度における加盟者の店舗の数の推移に関する事項	イ　各事業年度の末日における加盟者の店舗の数 ロ　各事業年度内に新規に営業を開始した加盟者の店舗の数 ハ　各事業年度内に解除された契約に係る加盟者の店舗の数 ニ　各事業年度内に更新された契約に係る加盟者の店舗の数及び更新されなかつた契約に係る加盟者の店舗の数
七　加盟者の店舗のうち、立地条件が類似するものの直近の三事業年度の収支に関する事項	イ　当該特定連鎖化事業を行う者が把握している加盟者の店舗に係る次に掲げる項目に区分して表示した各事業年度における金額（(6)にあっては、項目及び当該項目ごとの金額） 　(1)　売上高 　(2)　売上原価 　(3)　商号使用料、経営指導料その他の特定連鎖化事業を行う者が加盟者から定期的に徴収する金銭 　(4)　人件費 　(5)　販売費及び一般管理費（(3)及び(4)に掲げるものを除く。） 　(6)　(1)から(5)までに掲げるもののほか、収益又は費用の算定の根拠となる事項 ロ　立地条件が類似すると判断した根拠
八　加盟者から定期的に徴収する金銭に関する事項	イ　徴収する金銭の額又は算定に用いる売上、費用等の根拠を明らかにした算定方法 ロ　商号使用料、経営指導料その他の徴収する金銭の性質 ハ　徴収の時期 ニ　徴収の方法

参照：電子政府の総合窓口（法令検索）

https://elaws. e -gov.go.jp/document?lawid=348M50000400100

第3節　私的独占の禁止及び公正取引の確保に関する法律

（昭和二十二年四月十四日法律第五十四号）

最終改正：令和五年法律第六十三号

条文 （抜粋）

第一条　この法律は、私的独占、不当な取引制限及び不公正な取引方法を禁止し、事業支配力の過度の集中を防止して、結合、協定等の方法による生産、販売、価格、技術等の不当な制限その他一切の事業活動の不当な拘束を排除することにより、公正且つ自由な競争を促進し、事業者の創意を発揮させ、事業活動を盛んにし、雇傭及び国民実所得の水準を高め、以て、一般消費者の利益を確保するとともに、国民経済の民主的で健全な発達を促進することを目的とする。

第二条

9　この法律において「不公正な取引方法」とは、次の各号のいずれかに該当する行為をいう。

一　正当な理由がないのに、競争者と共同して、次のいずれかに該当する行為をすること。

イ　ある事業者に対し、供給を拒絶し、又は供給に係る商品若しくは役務の数量若しくは内容を制限すること。

ロ　他の事業者に、ある事業者に対する供給を拒絶させ、又は供給に係る商品若しくは役務の数量若しくは内容を制限させること。

二　不当に、地域又は相手方により差別的な対価をもつて、商品又は役務を継続して供給することであつて、他の事業者の事業活動を困難にさせるおそれがあるもの

三　正当な理由がないのに、商品又は役務をその供給に要する費用を著しく下回る対価で継続して供給することであつて、他の事業者の事業活動を困難にさせるおそれがあるもの

四　自己の供給する商品を購入する相手方に、正当な理由がないのに、次のいずれかに掲げる拘束の条件を付けて、当該商品を供給すること。

イ　相手方に対しその販売する当該商品の販売価格を定めてこれを維持させることその他相手方の当該商品の販売価格の自由な決定を拘束すること。

ロ　相手方の販売する当該商品を購入する事業者の当該商品の販売価格を定め
　　て相手方をして当該事業者にこれを維持させることその他相手方をして当該
　　事業者の当該商品の販売価格の自由な決定を拘束させること。

五　自己の取引上の地位が相手方に優越していることを利用して、正常な商慣習
　に照らして不当に、次のいずれかに該当する行為をすること。

イ　継続して取引する相手方（新たに継続して取引しようとする相手方を含む。
　　ロにおいて同じ。）に対して、当該取引に係る商品又は役務以外の商品又は
　　役務を購入させること。

ロ　継続して取引する相手方に対して、自己のために金銭、役務その他の経済
　　上の利益を提供させること。

ハ　取引の相手方からの取引に係る商品の受領を拒み、取引の相手方から取引
　　に係る商品を受領した後当該商品を当該取引の相手方に引き取らせ、取引の
　　相手方に対して取引の対価の支払を遅らせ、若しくはその額を減じ、その他
　　取引の相手方に不利益となるように取引の条件を設定し、若しくは変更し、
　　又は取引を実施すること。

六　前各号に掲げるもののほか、次のいずれかに該当する行為であつて、公正な
　競争を阻害するおそれがあるもののうち、公正取引委員会が指定するもの

イ　不当に他の事業者を差別的に取り扱うこと。

ロ　不当な対価をもつて取引すること。

ハ　不当に競争者の顧客を自己と取引するように誘引し、又は強制すること。

ニ　相手方の事業活動を不当に拘束する条件をもつて取引すること。

ホ　自己の取引上の地位を不当に利用して相手方と取引すること。

ヘ　自己又は自己が株主若しくは役員である会社と国内において競争関係にあ
　　る他の事業者とその取引の相手方との取引を不当に妨害し、又は当該事業者
　　が会社である場合において、その会社の株主若しくは役員をその会社の不利
　　益となる行為をするように、不当に誘引し、唆し、若しくは強制すること。

第七条　第三条又は前条の規定に違反する行為があるときは、公正取引委員会は、
　第八章第二節に規定する手続に従い、事業者に対し、当該行為の差止め、事業の
　一部の譲渡その他これらの規定に違反する行為を排除するために必要な措置を命
　ずることができる。

2　公正取引委員会は、第三条又は前条の規定に違反する行為が既になくなつてい
　る場合においても、特に必要があると認めるときは、第八章第二節に規定する手

続に従い、次に掲げる者に対し、当該行為が既になくなつている旨の周知措置その他当該行為が排除されたことを確保するために必要な措置を命ずることができる。ただし、当該行為がなくなつた日から七年を経過したときは、この限りでない。

一　当該行為をした事業者

二　当該行為をした事業者が法人である場合において、当該法人が合併により消滅したときにおける合併後存続し、又は合併により設立された法人

三　当該行為をした事業者が法人である場合において、当該法人から分割により当該行為に係る事業の全部又は一部を承継した法人

四　当該行為をした事業者から当該行為に係る事業の全部又は一部を譲り受けた事業者

第七条の二　事業者が、不当な取引制限又は不当な取引制限に該当する事項を内容とする国際的協定若しくは国際的契約であつて、商品若しくは役務の対価に係るもの又は商品若しくは役務の供給量若しくは購入量、市場占有率若しくは取引の相手方を実質的に制限することによりその対価に影響することとなるものをしたときは、公正取引委員会は、第八章第二節に規定する手続に従い、当該事業者に対し、第一号から第三号までに掲げる額の合計額に百分の十を乗じて得た額及び第四号に掲げる額の合算額に相当する額の課徴金を国庫に納付することを命じなければならない。ただし、その額が百万円未満であるときは、その納付を命ずることができない。

一　当該違反行為（商品又は役務を供給することに係るものに限る。以下この号において同じ。）に係る一定の取引分野において当該事業者及びその特定非違反供給子会社等が供給した当該商品又は役務（当該事業者に当該特定非違反供給子会社等が供給したもの及び当該事業者又は当該特定非違反供給子会社等が当該事業者の供給子会社等に供給したものを除く。）並びに当該一定の取引分野において当該事業者及び当該特定非違反供給子会社等が当該事業者の供給子会社等に供給した当該商品又は役務（当該供給子会社等（違反供給子会社等又は特定非違反供給子会社等である場合に限る。）が他の者に当該商品又は役務を供給するために当該事業者又は当該特定非違反供給子会社等から供給を受けたものを除く。）の政令で定める方法により算定した、当該違反行為に係る実行期間における売上額

二　当該違反行為（商品又は役務の供給を受けることに係るものに限る。以下こ

の号において同じ。）に係る一定の取引分野において当該事業者及びその特定非違反購入子会社等が供給を受けた当該商品又は役務（当該事業者から当該特定非違反購入子会社等が供給を受けたもの及び当該事業者又は当該特定非違反購入子会社等が当該事業者の購入子会社等から供給を受けたものを除く。）並びに当該一定の取引分野において当該事業者及び当該特定非違反購入子会社等が当該事業者の購入子会社等から供給を受けた当該商品又は役務（当該購入子会社等（違反購入子会社等又は特定非違反購入子会社等である場合に限る。）が他の者から供給を受けて当該事業者又は当該特定非違反購入子会社等に供給したものを除く。）の政令で定める方法により算定した、当該違反行為に係る実行期間における購入額

三　当該違反行為に係る商品又は役務の全部又は一部の製造、販売、管理その他の当該商品又は役務に密接に関連する業務として政令で定めるものであつて、当該事業者及びその完全子会社等（当該違反行為をしていないものに限る。次号において同じ。）が行つたものの対価の額に相当する額として政令で定める方法により算定した額

四　当該違反行為に係る商品若しくは役務を他の者（当該事業者の供給子会社等並びに当該違反行為をした他の事業者及びその供給子会社等を除く。）に供給しないこと又は他の者（当該事業者の購入子会社等並びに当該違反行為をした他の事業者及びその購入子会社等を除く。）から当該商品若しくは役務の供給を受けないことに関し、手数料、報酬その他名目のいかんを問わず、当該事業者及びその完全子会社等が得た金銭その他の財産上の利益に相当する額として政令で定める方法により算定した額

2　前項の場合において、当該事業者が次の各号のいずれかに該当する者（その者の一又は二以上の子会社等が当該各号のいずれにも該当しない場合を除く。）であるときは、同項中「百分の十」とあるのは、「百分の四」とする。

一　資本金の額又は出資の総額が三億円以下の会社並びに常時使用する従業員の数が三百人以下の会社及び個人であつて、製造業、建設業、運輸業その他の業種（次号から第四号までに掲げる業種及び第五号の政令で定める業種を除く。）に属する事業を主たる事業として営むもの

二　資本金の額又は出資の総額が一億円以下の会社並びに常時使用する従業員の数が百人以下の会社及び個人であつて、卸売業（第五号の政令で定める業種を除く。）に属する事業を主たる事業として営むもの

三　資本金の額又は出資の総額が五千万円以下の会社並びに常時使用する従業員の数が百人以下の会社及び個人であつて、サービス業（第五号の政令で定める業種を除く。）に属する事業を主たる事業として営むもの

四　資本金の額又は出資の総額が五千万円以下の会社並びに常時使用する従業員の数が五十人以下の会社及び個人であつて、小売業（次号の政令で定める業種を除く。）に属する事業を主たる事業として営むもの

五　資本金の額又は出資の総額がその業種ごとに政令で定める金額以下の会社並びに常時使用する従業員の数がその業種ごとに政令で定める数以下の会社及び個人であつて、その政令で定める業種に属する事業を主たる事業として営むもの

六　協業組合その他の特別の法律により協同して事業を行うことを主たる目的として設立された組合（組合の連合会を含む。）のうち、政令で定めるところにより、前各号に定める業種ごとに当該各号に定める規模に相当する規模のもの

第十九条　事業者は、不公正な取引方法を用いてはならない。

第二十条　前条の規定に違反する行為があるときは、公正取引委員会は、第八章第二節に規定する手続に従い、事業者に対し、当該行為の差止め、契約条項の削除その他当該行為を排除するために必要な措置を命ずることができる。

2　第七条第二項の規定は、前条の規定に違反する行為に準用する。

第二十条の二　事業者が、次の各号のいずれかに該当する者であつて、第十九条の規定に違反する行為（第二条第九項第一号に該当するものに限る。）をしたときは、公正取引委員会は、第八章第二節に規定する手続に従い、当該事業者に対し、違反行為期間における、当該違反行為において当該事業者がその供給を拒絶し、又はその供給に係る商品若しくは役務の数量若しくは内容を制限した事業者の競争者に対し供給した同号イに規定する商品又は役務と同一の商品又は役務（同号ロに規定する違反行為にあつては、当該事業者が同号ロに規定する他の事業者（以下この条において「拒絶事業者」という。）に対し供給した同号ロに規定する商品又は役務と同一の商品又は役務（当該拒絶事業者が当該同一の商品又は役務を供給するために必要な商品又は役務を含む。）、拒絶事業者がその供給を拒絶し、又はその供給に係る商品若しくは役務の数量若しくは内容を制限した事業者の競争者に対し当該事業者が供給した当該同一の商品又は役務及び拒絶事業者が当該事業者に対し供給した当該同一の商品又は役務）の政令で定める方法により算定した売上額に百分の三を乗じて得た額に相当する額の課徴金を国庫に納付するこ

とを命じなければならない。ただし、当該事業者が当該違反行為に係る行為について第七条の二第一項（第八条の三において読み替えて準用する場合を含む。次条から第二十条の五までにおいて同じ。）若しくは第七条の九第一項若しくは第二項の規定による命令（当該命令が確定している場合に限る。第二十条の四及び第二十条の五において同じ。）、第七条の四第七項若しくは第七条の七第三項の規定による通知若しくは第六十三条第二項の規定による決定を受けたとき、又はこの条の規定による課徴金の額が百万円未満であるときは、その納付を命ずることができない。

一　当該違反行為に係る事件についての調査開始日から遡り十年以内に、前条の規定による命令（第二条第九項第一号に係るものに限る。次号において同じ。）又はこの条の規定による命令を受けたことがある者（当該命令が確定している場合に限る。次号において同じ。）

二　当該違反行為に係る事件についての調査開始日から遡り十年以内に、その完全子会社が前条の規定による命令（当該命令の日において当該事業者の完全子会社である場合に限る。）又はこの条の規定による命令（当該命令の日において当該事業者の完全子会社である場合に限る。）を受けたことがある者

第二十条の三　事業者が、次の各号のいずれかに該当する者であつて、第十九条の規定に違反する行為（第二条第九項第二号に該当するものに限る。）をしたときは、公正取引委員会は、第八章第二節に規定する手続に従い、当該事業者に対し、違反行為期間における、当該違反行為において当該事業者が供給した同号に規定する商品又は役務の政令で定める方法により算定した売上額に百分の三を乗じて得た額に相当する額の課徴金を国庫に納付することを命じなければならない。ただし、当該事業者が当該違反行為に係る行為について第七条の二第一項、第七条の九第一項若しくは第二項若しくは次条の規定による命令（当該命令が確定している場合に限る。）、第七条の四第七項若しくは第七条の七第三項の規定による通知若しくは第六十三条第二項の規定による決定を受けたとき、又はこの条の規定による課徴金の額が百万円未満であるときは、その納付を命ずることができない。

一　当該違反行為に係る事件についての調査開始日から遡り十年以内に、第二十条の規定による命令（第二条第九項第二号に係るものに限る。次号において同じ。）又はこの条の規定による命令を受けたことがある者（当該命令が確定している場合に限る。次号において同じ。）

二　当該違反行為に係る事件についての調査開始日から遡り十年以内に、その完

全子会社が第二十条の規定による命令（当該命令の日において当該事業者の完全子会社である場合に限る。）又はこの条の規定による命令（当該命令の日において当該事業者の完全子会社である場合に限る。）を受けたことがある者

第二十条の四　事業者が、次の各号のいずれかに該当する者であつて、第十九条の規定に違反する行為（第二条第九項第三号に該当するものに限る。）をしたときは、公正取引委員会は、第八章第二節に規定する手続に従い、当該事業者に対し、違反行為期間における、当該違反行為において当該事業者が供給した同号に規定する商品又は役務の政令で定める方法により算定した売上額に百分の三を乗じて得た額に相当する額の課徴金を国庫に納付することを命じなければならない。ただし、当該事業者が当該違反行為に係る行為について第七条の二第一項若しくは第七条の九第一項若しくは第二項の規定による命令、第七条の四第七項若しくは第七条の七第三項の規定による通知若しくは第六十三条第二項の規定による決定を受けたとき、又はこの条の規定による課徴金の額が百万円未満であるときは、その納付を命ずることができない。

一　当該違反行為に係る事件についての調査開始日から遡り十年以内に、第二十条の規定による命令（第二条第九項第三号に係るものに限る。次号において同じ。）又はこの条の規定による命令を受けたことがある者（当該命令が確定している場合に限る。次号において同じ。）

二　当該違反行為に係る事件についての調査開始日から遡り十年以内に、その完全子会社が第二十条の規定による命令（当該命令の日において当該事業者の完全子会社である場合に限る。）又はこの条の規定による命令（当該命令の日において当該事業者の完全子会社である場合に限る。）を受けたことがある者

第二十条の五　事業者が、次の各号のいずれかに該当する者であつて、第十九条の規定に違反する行為（第二条第九項第四号に該当するものに限る。）をしたときは、公正取引委員会は、第八章第二節に規定する手続に従い、当該事業者に対し、違反行為期間における、当該違反行為において当該事業者が供給した同号に規定する商品の政令で定める方法により算定した売上額に百分の三を乗じて得た額に相当する額の課徴金を国庫に納付することを命じなければならない。ただし、当該事業者が当該違反行為に係る行為について第七条の二第一項若しくは第七条の九第一項若しくは第二項の規定による命令、第七条の四第七項若しくは第七条の七第三項の規定による通知若しくは第六十三条第二項の規定による決定を受けたとき、又はこの条の規定による課徴金の額が百万円未満であるときは、その納付を

命ずることができない。

一　当該違反行為に係る事件についての調査開始日から遡り十年以内に、第二十条の規定による命令（第二条第九項第四号に係るものに限る。次号において同じ。）又はこの条の規定による命令を受けたことがある者（当該命令が確定している場合に限る。次号において同じ。）

二　当該違反行為に係る事件についての調査開始日から遡り十年以内に、その完全子会社が第二十条の規定による命令（当該命令の日において当該事業者の完全子会社である場合に限る。）又はこの条の規定による命令（当該命令の日において当該事業者の完全子会社である場合に限る。）を受けたことがある者

第二十条の六　事業者が、第十九条の規定に違反する行為（第二条第九項第五号に該当するものであつて、継続してするものに限る。）をしたときは、公正取引委員会は、第八章第二節に規定する手続に従い、当該事業者に対し、違反行為期間における、当該違反行為の相手方との間における政令で定める方法により算定した売上額（当該違反行為が商品又は役務の供給を受ける相手方に対するものである場合は当該違反行為の相手方との間における政令で定める方法により算定した購入額とし、当該違反行為の相手方が複数ある場合は当該違反行為のそれぞれの相手方との間における政令で定める方法により算定した売上額又は購入額の合計額とする。）に百分の一を乗じて得た額に相当する額の課徴金を国庫に納付することを命じなければならない。ただし、その額が百万円未満であるときは、その納付を命ずることができない。

第二十四条　第八条第五号又は第十九条の規定に違反する行為によつてその利益を侵害され、又は侵害されるおそれがある者は、これにより著しい損害を生じ、又は生ずるおそれがあるときは、その利益を侵害する事業者若しくは事業者団体又は侵害するおそれがある事業者若しくは事業者団体に対し、その侵害の停止又は予防を請求することができる。

第二十五条　第三条、第六条又は第十九条の規定に違反する行為をした事業者（第六条の規定に違反する行為をした事業者にあつては、当該国際的協定又は国際的契約において、不当な取引制限をし、又は不公正な取引方法を自ら用いた事業者に限る。）及び第八条の規定に違反する行為をした事業者団体は、被害者に対し、損害賠償の責めに任ずる。

2　事業者及び事業者団体は、故意又は過失がなかつたことを証明して、前項に規定する責任を免れることができない。

第二十六条 前条の規定による損害賠償の請求権は、第四十九条に規定する排除措置命令（排除措置命令がされなかつた場合にあつては、第六十二条第一項に規定する納付命令（第八条第一号又は第二号の規定に違反する行為をした事業者団体の構成事業者に対するものを除く。））が確定した後でなければ、裁判上主張することができない。

2 前項の請求権は、同項の排除措置命令又は納付命令が確定した日から三年を経過したときは、時効によつて消滅する。

第四十七条 公正取引委員会は、事件について必要な調査をするため、次に掲げる処分をすることができる。

一 事件関係人又は参考人に出頭を命じて審尋し、又はこれらの者から意見若しくは報告を徴すること。

二 鑑定人に出頭を命じて鑑定させること。

三 帳簿書類その他の物件の所持者に対し、当該物件の提出を命じ、又は提出物件を留めて置くこと。

四 事件関係人の営業所その他必要な場所に立ち入り、業務及び財産の状況、帳簿書類その他の物件を検査すること。

2 公正取引委員会が相当と認めるときは、政令で定めるところにより、公正取引委員会の職員を審査官に指定し、前項の処分をさせることができる。

3 前項の規定により職員に立入検査をさせる場合においては、これに身分を示す証明書を携帯させ、関係者に提示させなければならない。

4 第一項の規定による処分の権限は、犯罪捜査のために認められたものと解釈してはならない。

第四十八条 公正取引委員会は、事件について必要な調査をしたときは、その要旨を調書に記載し、かつ、特に前条第一項に規定する処分があつたときは、処分をした年月日及びその結果を明らかにしておかなければならない。

第四十八条の二 公正取引委員会は、第三条、第六条、第八条、第九条第一項若しくは第二項、第十条第一項、第十一条第一項、第十三条、第十四条、第十五条第一項、第十五条の二第一項、第十五条の三第一項、第十六条第一項、第十七条又は第十九条の規定に違反する事実があると思料する場合において、その疑いの理由となつた行為について、公正かつ自由な競争の促進を図る上で必要があると認めるときは、当該行為をしている者に対し、次に掲げる事項を書面により通知することができる。ただし、第五十条第一項（第六十二条第四項において読み替え

て準用する場合を含む。）の規定による通知をした後は、この限りでない。

一　当該行為の概要

二　違反する疑いのある法令の条項

三　次条第一項の規定による認定の申請をすることができる旨

第四十八条の三　前条の規定による通知を受けた者は、疑いの理由となつた行為を排除するために必要な措置を自ら策定し、実施しようとするときは、公正取引委員会規則で定めるところにより、その実施しようとする措置（以下この条から第四十八条の五までにおいて「排除措置」という。）に関する計画（以下この条及び第四十八条の五において「排除措置計画」という。）を作成し、これを当該通知の日から六十日以内に公正取引委員会に提出して、その認定を申請することができる。

2　排除措置計画には、次に掲げる事項を記載しなければならない。

一　排除措置の内容

二　排除措置の実施期限

三　その他公正取引委員会規則で定める事項

3　公正取引委員会は、第一項の規定による認定の申請があつた場合において、その排除措置計画が次の各号のいずれにも適合すると認めるときは、その認定をするものとする。

一　排除措置が疑いの理由となつた行為を排除するために十分なものであること。

二　排除措置が確実に実施されると見込まれるものであること。

4　前項の認定は、文書によつて行い、認定書には、委員長及び第六十五条第一項の規定による合議に出席した委員がこれに記名押印しなければならない。

5　第三項の認定は、その名宛人に認定書の謄本を送達することによつて、その効力を生ずる。

6　公正取引委員会は、第一項の規定による認定の申請があつた場合において、その排除措置計画が第三項各号のいずれかに適合しないと認めるときは、決定でこれを却下しなければならない。

7　第四項及び第五項の規定は、前項の規定による決定について準用する。この場合において、第四項及び第五項中「認定書」とあるのは、「決定書」と読み替えるものとする。

8　第三項の認定を受けた者は、当該認定に係る排除措置計画を変更しようとするときは、公正取引委員会規則で定めるところにより、公正取引委員会の認定を受

けなければならない。

9　第三項から第七項までの規定は、前項の規定による変更の認定について準用する。

第四十八条の四　第七条第一項及び第二項（第八条の二第二項及び第二十条第二項において準用する場合を含む。）、第七条の二第一項（第八条の三において読み替えて準用する場合を含む。）、第七条の九第一項及び第二項、第八条の二第一項及び第三項、第十七条の二、第二十条第一項並びに第二十条の二から第二十条の六までの規定は、公正取引委員会が前条第三項の認定（同条第八項の規定による変更の認定を含む。次条、第六十五条、第六十八条第一項及び第七十六条第二項において同じ。）をした場合において、当該認定に係る疑いの理由となつた行為及び排除措置に係る行為については、適用しない。ただし、次条第一項の規定による決定があつた場合は、この限りでない。

第四十八条の五　公正取引委員会は、次の各号のいずれかに該当するときは、決定で、第四十八条の三第三項の認定を取り消さなければならない。

　一　第四十八条の三第三項の認定を受けた排除措置計画に従つて排除措置が実施されていないと認めるとき。

　二　第四十八条の三第三項の認定を受けた者が虚偽又は不正の事実に基づいて当該認定を受けたことが判明したとき。

2　第四十八条の三第四項及び第五項の規定は、前項の規定による決定について準用する。この場合において、同条第四項及び第五項中「認定書」とあるのは、「決定書」と読み替えるものとする。

3　第一項の規定による第四十八条の三第三項の認定の取消しがあつた場合において、当該取消しが第七条第二項ただし書（第八条の二第二項及び第二十条第二項において準用する場合を含む。以下この項において同じ。）に規定する期間の満了する日の二年前の日以後にあつたときは、当該認定に係る疑いの理由となつた行為に対する第七条第二項（第八条の二第二項及び第二十条第二項において準用する場合を含む。）又は第八条の二第三項の規定による命令は、第七条第二項ただし書の規定にかかわらず、当該取消しの決定の日から二年間においても、することができる。

4　前項の規定は、第七条の二第一項（第八条の三において読み替えて準用する場合を含む。）、第七条の九第一項若しくは第二項又は第二十条の二から第二十条の六までの規定による命令について準用する。この場合において、前項中「第七条

第二項ただし書（第八条の二第二項及び第二十条第二項において」とあるのは
「第七条の八第六項（第七条の九第三項及び第八条の三において準用する場合並
びに第七条の九第四項及び第二十条の七において読み替えて」と、「、第七条第
二項ただし書」とあるのは「、第七条の八第六項」と読み替えるものとする。

第四十八条の六　公正取引委員会は、第三条、第六条、第八条又は第十九条の規定
に違反する疑いの理由となつた行為が既になくなつている場合においても、公正
かつ自由な競争の促進を図る上で特に必要があると認めるときは、第一号に掲げ
る者に対し、第二号に掲げる事項を書面により通知することができる。ただし、
第五十条第一項（第六十二条第四項において読み替えて準用する場合を含む。）
の規定による通知をした後は、この限りでない。

一　次に掲げる者

　イ　疑いの理由となつた行為をした者

　ロ　疑いの理由となつた行為をした者が法人である場合において、当該法人が
　　合併により消滅したときにおける合併後存続し、又は合併により設立された
　　法人

　ハ　疑いの理由となつた行為をした者が法人である場合において、当該法人か
　　ら分割により当該行為に係る事業の全部又は一部を承継した法人

　ニ　疑いの理由となつた行為をした者から当該行為に係る事業の全部又は一部
　　を譲り受けた者

二　次に掲げる事項

　イ　疑いの理由となつた行為の概要

　ロ　違反する疑いのあつた法令の条項

　ハ　次条第一項の規定による認定の申請をすることができる旨

第四十八条の七　前条の規定による通知を受けた者は、疑いの理由となつた行為が
排除されたことを確保するために必要な措置を自ら策定し、実施しようとすると
きは、公正取引委員会規則で定めるところにより、その実施しようとする措置（以
下この条から第四十八条の九までにおいて「排除確保措置」という。）に関する
計画（以下この条及び第四十八条の九において「排除確保措置計画」という。）
を作成し、これを当該通知の日から六十日以内に公正取引委員会に提出して、そ
の認定を申請することができる。

2　排除確保措置計画には、次に掲げる事項を記載しなければならない。

一　排除確保措置の内容

二　排除確保措置の実施期限

三　その他公正取引委員会規則で定める事項

3　公正取引委員会は、第一項の規定による認定の申請があつた場合において、その排除確保措置計画が次の各号のいずれにも適合すると認めるときは、その認定をするものとする。

一　排除確保措置が疑いの理由となつた行為が排除されたことを確保するために十分なものであること。

二　排除確保措置が確実に実施されると見込まれるものであること。

4　第四十八条の三第四項及び第五項の規定は、前項の規定による認定について準用する。

5　公正取引委員会は、第一項の規定による認定の申請があつた場合において、その排除確保措置計画が第三項各号のいずれかに適合しないと認めるときは、決定でこれを却下しなければならない。

6　第四十八条の三第四項及び第五項の規定は、前項の規定による決定について準用する。この場合において、同条第四項及び第五項中「認定書」とあるのは、「決定書」と読み替えるものとする。

7　第三項の認定を受けた者は、当該認定に係る排除確保措置計画を変更しようとするときは、公正取引委員会規則で定めるところにより、公正取引委員会の認定を受けなければならない。

8　第三項から第六項までの規定は、前項の規定による変更の認定について準用する。

第四十八条の八　第七条第一項及び第二項（第八条の二第二項及び第二十条第二項において準用する場合を含む。）、第七条の二第一項（第八条の三において読み替えて準用する場合を含む。）、第七条の九第一項及び第二項、第八条の二第一項及び第三項、第二十条第一項並びに第二十条の二から第二十条の六までの規定は、公正取引委員会が前条第三項の認定（同条第七項の規定による変更の認定を含む。次条、第六十五条、第六十八条第二項及び第七十六条第二項において同じ。）をした場合において、当該認定に係る疑いの理由となつた行為及び排除確保措置に係る行為については、適用しない。ただし、次条第一項の規定による決定があつた場合は、この限りでない。

第四十八条の九　公正取引委員会は、次の各号のいずれかに該当するときは、決定で、第四十八条の七第三項の認定を取り消さなければならない。

一　第四十八条の七第三項の認定を受けた排除確保措置計画に従つて排除確保措置が実施されていないと認めるとき。

二　第四十八条の七第三項の認定を受けた者が虚偽又は不正の事実に基づいて当該認定を受けたことが判明したとき。

2　第四十八条の三第四項及び第五項の規定は、前項の規定による決定について準用する。この場合において、同条第四項及び第五項中「認定書」とあるのは、「決定書」と読み替えるものとする。

3　第一項の規定による第四十八条の七第三項の認定の取消しがあつた場合において、当該取消しが第七条第二項ただし書（第八条の二第二項及び第二十条第二項において準用する場合を含む。以下この項において同じ。）に規定する期間の満了する日の二年前の日以後にあつたときは、当該認定に係る疑いの理由となつた行為に対する第七条第二項（第八条の二第二項及び第二十条第二項において準用する場合を含む。）又は第八条の二第三項の規定による命令は、第七条第二項ただし書の規定にかかわらず、当該取消しの決定の日から二年間においても、することができる。

4　前項の規定は、第七条の二第一項（第八条の三において読み替えて準用する場合を含む。）、第七条の九第一項若しくは第二項又は第二十条の二から第二十条の六までの規定による命令について準用する。この場合において、前項中「第七条第二項ただし書（第八条の二第二項及び第二十条第二項において」とあるのは「第七条の八第六項（第七条の九第三項及び第八条の三において準用する場合並びに第七条の九第四項及び第二十条の七において読み替えて」と、「、第七条第二項ただし書」とあるのは「、第七条の八第六項」と読み替えるものとする。

第四十九条　公正取引委員会は、第七条第一項若しくは第二項（第八条の二第二項及び第二十条第二項において準用する場合を含む。）、第八条の二第一項若しくは第三項、第十七条の二又は第二十条第一項の規定による命令（以下「排除措置命令」という。）をしようとするときは、当該排除措置命令の名宛人となるべき者について、意見聴取を行わなければならない。

第五十条　公正取引委員会は、前条の意見聴取を行うに当たつては、意見聴取を行うべき期日までに相当な期間をおいて、排除措置命令の名宛人となるべき者に対し、次に掲げる事項を書面により通知しなければならない。

一　予定される排除措置命令の内容

二　公正取引委員会の認定した事実及びこれに対する法令の適用

三　意見聴取の期日及び場所

　四　意見聴取に関する事務を所掌する組織の名称及び所在地

2　前項の書面においては、次に掲げる事項を教示しなければならない。

　一　意見聴取の期日に出頭して意見を述べ、及び証拠を提出し、又は意見聴取の期日への出頭に代えて陳述書及び証拠を提出することができること。

　二　意見聴取が終結する時までの間、第五十二条の規定による証拠の閲覧又は謄写を求めることができること。

第五十一条　前条第一項の規定による通知を受けた者（以下この節において「当事者」という。）は、代理人を選任することができる。

2　代理人は、各自、当事者のために、意見聴取に関する一切の行為をすることができる。

第五十二条　当事者は、第五十条第一項の規定による通知があつた時から意見聴取が終結する時までの間、公正取引委員会に対し、当該意見聴取に係る事件について公正取引委員会の認定した事実を立証する証拠の閲覧又は謄写（謄写については、当該証拠のうち、当該当事者若しくはその従業員が提出したもの又は当該当事者若しくはその従業員の供述を録取したものとして公正取引委員会規則で定めるものの謄写に限る。以下この条において同じ。）を求めることができる。この場合において、公正取引委員会は、第三者の利益を害するおそれがあるときその他正当な理由があるときでなければ、その閲覧又は謄写を拒むことができない。

2　前項の規定は、当事者が、意見聴取の進行に応じて必要となつた証拠の閲覧又は謄写を更に求めることを妨げない。

3　公正取引委員会は、前二項の閲覧又は謄写について日時及び場所を指定することができる。

第五十三条　意見聴取は、公正取引委員会が事件ごとに指定するその職員（以下「指定職員」という。）が主宰する。

2　公正取引委員会は、前項に規定する事件について審査官の職務を行つたことのある職員その他の当該事件の調査に関する事務に従事したことのある職員を意見聴取を主宰する職員として指定することができない。

第五十四条　指定職員は、最初の意見聴取の期日の冒頭において、当該意見聴取に係る事件について第四十七条第二項の規定により指定された審査官その他の当該事件の調査に関する事務に従事した職員（次項及び第三項並びに第五十六条第一項において「審査官等」という。）に、予定される排除措置命令の内容、公正取

引委員会の認定した事実及び第五十二条第一項に規定する証拠のうち主要なもの並びに公正取引委員会の認定した事実に対する法令の適用を意見聴取の期日に出頭した当事者に対し説明させなければならない。

2　当事者は、意見聴取の期日に出頭して、意見を述べ、及び証拠を提出し、並びに指定職員の許可を得て審査官等に対し質問を発することができる。

3　指定職員は、意見聴取の期日において必要があると認めるときは、当事者に対し質問を発し、意見の陳述若しくは証拠の提出を促し、又は審査官等に対し説明を求めることができる。

4　意見聴取の期日における意見聴取は、公開しない。

第五十五条　当事者は、意見聴取の期日への出頭に代えて、指定職員に対し、意見聴取の期日までに陳述書及び証拠を提出することができる。

第五十六条　指定職員は、意見聴取の期日における当事者による意見陳述、証拠提出及び質問並びに審査官等による説明（第五十八条第一項及び第二項において「当事者による意見陳述等」という。）の結果、なお意見聴取を続行する必要があると認めるときは、さらに新たな期日を定めることができる。

2　前項の場合においては、当事者に対し、あらかじめ、次回の意見聴取の期日及び場所を書面により通知しなければならない。ただし、意見聴取の期日に出頭した当事者に対しては、当該意見聴取の期日においてこれを告知すれば足りる。

第五十七条　指定職員は、当事者が正当な理由なく意見聴取の期日に出頭せず、かつ、第五十五条に規定する陳述書又は証拠を提出しない場合には、当該当事者に対し改めて意見を述べ、及び証拠を提出する機会を与えることなく、意見聴取を終結することができる。

2　指定職員は、前項に規定する場合のほか、当事者が意見聴取の期日に出頭せず、かつ、第五十五条に規定する陳述書又は証拠を提出しない場合において、当該当事者の意見聴取の期日への出頭が相当期間引き続き見込めないときは、当該当事者に対し、期限を定めて陳述書及び証拠の提出を求め、当該期限が到来したときに意見聴取を終結することができる。

第五十八条　指定職員は、意見聴取の期日における当事者による意見陳述等の経過を記載した調書を作成し、当該調書において、第五十条第一項第一号及び第二号に掲げる事項に対する当事者の陳述の要旨を明らかにしておかなければならない。

2　前項に規定する調書は、意見聴取の期日における当事者による意見陳述等が行われた場合には各期日ごとに、当該当事者による意見陳述等が行われなかった場

合には意見聴取の終結後速やかに作成しなければならない。

3　第一項に規定する調書には、提出された証拠（第五十五条の規定により陳述書及び証拠が提出されたときは、提出された陳述書及び証拠）を添付しなければならない。

4　指定職員は、意見聴取の終結後速やかに、当該意見聴取に係る事件の論点を整理し、当該整理された論点を記載した報告書を作成し、第一項に規定する調書とともに公正取引委員会に提出しなければならない。

5　当事者は、第一項に規定する調書及び前項に規定する報告書の閲覧を求めることができる。

第五十九条　公正取引委員会は、意見聴取の終結後に生じた事情に鑑み必要があると認めるときは、指定職員に対し、前条第四項の規定により提出された報告書を返戻して意見聴取の再開を命ずることができる。

2　第五十六条第二項本文の規定は、前項の場合について準用する。

第六十条　公正取引委員会は、排除措置命令に係る議決をするときは、第五十八条第一項に規定する調書及び同条第四項に規定する報告書の内容を十分に参酌してしなければならない。

第六十一条　排除措置命令は、文書によつて行い、排除措置命令書には、違反行為を排除し、又は違反行為が排除されたことを確保するために必要な措置並びに公正取引委員会の認定した事実及びこれに対する法令の適用を示し、委員長及び第六十五条第一項の規定による合議に出席した委員がこれに記名押印しなければならない。

2　排除措置命令は、その名あて人に排除措置命令書の謄本を送達することによつて、その効力を生ずる。

第六十二条　第七条の二第一項（第八条の三において読み替えて準用する場合を含む。）、第七条の九第一項若しくは第二項又は第二十条の二から第二十条の六までの規定による命令（以下「納付命令」という。）は、文書によつて行い、課徴金納付命令書には、納付すべき課徴金の額、課徴金の計算の基礎及び課徴金に係る違反行為並びに納期限を記載し、委員長及び第六十五条第一項の規定による合議に出席した委員がこれに記名押印しなければならない。

2　納付命令は、その名宛人に課徴金納付命令書の謄本を送達することによつて、その効力を生ずる。

3　第一項の課徴金の納期限は、課徴金納付命令書の謄本を発する日から七月を経

過した日とする。

4　第四十九条から第六十条までの規定は、納付命令について準用する。この場合において、第五十条第一項第一号中「予定される排除措置命令の内容」とあるのは「納付を命じようとする課徴金の額」と、同項第二号中「公正取引委員会の認定した事実及びこれに対する法令の適用」とあり、及び第五十二条第一項中「公正取引委員会の認定した事実」とあるのは「課徴金の計算の基礎及び課徴金に係る違反行為」と、第五十四条第一項中「予定される排除措置命令の内容、公正取引委員会の認定した事実及び第五十二条第一項に規定する証拠のうち主要なもの並びに公正取引委員会の認定した事実に対する法令の適用」とあるのは「納付を命じようとする課徴金の額、課徴金の計算の基礎及び課徴金に係る違反行為並びに第六十二条第四項の規定により読み替えて準用する第五十二条第一項に規定する証拠のうち主要なもの」と読み替えるものとする。

第六十三条　第七条の二第一項又は第七条の九第一項若しくは第二項の規定により公正取引委員会が納付命令を行つた後、同一事件について、当該納付命令を受けた者に対し、罰金の刑に処する確定裁判があつたときは、公正取引委員会は、決定で、当該納付命令に係る課徴金の額を、その額から当該裁判において命じられた罰金額の二分の一に相当する金額を控除した額に変更しなければならない。ただし、当該納付命令に係る課徴金の額が当該罰金額の二分の一に相当する金額を超えないとき、又は当該変更後の額が百万円未満となるときは、この限りでない。

2　前項ただし書の場合においては、公正取引委員会は、決定で、当該第七条の二第一項又は第七条の九第一項若しくは第二項の規定による納付命令を取り消さなければならない。

3　前二項の規定による決定は、文書によつて行い、決定書には、公正取引委員会の認定した事実及びこれに対する法令の適用を記載し、委員長及び第六十五条第一項の規定による合議に出席した委員がこれに記名押印しなければならない。

4　第一項及び第二項の規定による決定は、その名宛人に決定書の謄本を送達することによつて、その効力を生ずる。

5　公正取引委員会は、第一項及び第二項の場合において、変更又は取消し前の納付命令に基づき既に納付された金額（第六十九条第二項に規定する延滞金を除く。）で、還付すべきものがあるときは、遅滞なく、金銭で還付しなければならない。

第六十四条　第八条の四第一項の規定による命令（以下「競争回復措置命令」とい

う。）は、文書によつて行い、競争回復措置命令書には、独占的状態に係る商品又は役務について競争を回復させるために必要な措置並びに公正取引委員会の認定した事実及びこれに対する法令の適用を示し、委員長及び次条第一項の規定による合議に出席した委員がこれに記名押印しなければならない。

2　競争回復措置命令は、その名宛人に競争回復措置命令書の謄本を送達することによつて、その効力を生ずる。

3　競争回復措置命令は、確定しなければ執行することができない。

4　第四十九条から第六十条までの規定は、競争回復措置命令について準用する。

5　公正取引委員会は、前項において準用する第五十条第一項の規定による通知をしようとするときは、当該事業者の営む事業に係る主務大臣に協議し、かつ、公聴会を開いて一般の意見を求めなければならない。

第六十五条　排除措置命令、納付命令、競争回復措置命令、第四十八条の三第三項の認定及び第四十八条の七第三項の認定並びにこの節の規定による決定（第七十条第二項に規定する支払決定を除く。以下同じ。）は、委員長及び委員の合議によらなければならない。

2　第三十四条第一項、第二項及び第四項の規定は、前項の合議について準用する。

3　競争回復措置命令をするには、前項において準用する第三十四条第二項の規定にかかわらず、三人以上の意見が一致しなければならない。

第六十六条　公正取引委員会の合議は、公開しない。

第七十条の十一　公正取引委員会がする排除措置命令、納付命令、競争回復措置命令及び第七十条の二第一項に規定する認可の申請に係る処分並びにこの節の規定による決定その他の処分（第四十七条第二項の規定によつて審査官がする処分及びこの節の規定によつて指定職員がする処分を含む。）については、行政手続法（平成五年法律第八十八号）第二章及び第三章の規定は、適用しない。

第七十条の十二　公正取引委員会の排除措置命令、納付命令及び競争回復措置命令並びにこの節の規定による決定その他の処分（第四十七条第二項の規定による審査官の処分及びこの節の規定による指定職員の処分を含む。）又はその不作為については、審査請求をすることができない。

第七十七条　排除措置命令等に係る行政事件訴訟法（昭和三十七年法律第百三十九号）第三条第一項に規定する抗告訴訟については、公正取引委員会を被告とする。

第七十八条　第二十四条の規定による侵害の停止又は予防に関する訴えが提起されたときは、裁判所は、被告の申立てにより、決定で、相当の担保を立てるべきこ

とを原告に命ずることができる。

2　前項の申立てをするには、同項の訴えの提起が不正の目的（不正の利益を得る目的、他人に損害を加える目的その他の不正の目的をいう。）によるものであることを疎明しなければならない。

第七十九条　裁判所は、第二十四条の規定による侵害の停止又は予防に関する訴えが提起されたときは、その旨を公正取引委員会に通知するものとする。

2　裁判所は、前項の訴えが提起されたときは、公正取引委員会に対し、当該事件に関するこの法律の適用その他の必要な事項について、意見を求めることができる。

3　公正取引委員会は、第一項の訴えが提起されたときは、裁判所の許可を得て、裁判所に対し、当該事件に関するこの法律の適用その他の必要な事項について、意見を述べることができる。

第八十条　裁判所は、第二十四条の規定による侵害の停止又は予防に関する訴訟においては、当事者の申立てにより、当事者に対し、当該侵害行為について立証するため必要な書類の提出を命ずることができる。ただし、その書類の所持者においてその提出を拒むことについて正当な理由があるときは、この限りでない。

2　裁判所は、前項ただし書に規定する正当な理由があるかどうかの判断をするため必要があると認めるときは、書類の所持者にその提示をさせることができる。この場合においては、何人も、その提示された書類の開示を求めることができない。

3　裁判所は、前項の場合において、第一項ただし書に規定する正当な理由があるかどうかについて前項後段の書類を開示してその意見を聴くことが必要であると認めるときは、当事者等（当事者（法人である場合にあつては、その代表者）又は当事者の代理人（訴訟代理人及び補佐人を除く。）、使用人その他の従業者をいう。次条第一項において同じ。）、訴訟代理人又は補佐人に対し、当該書類を開示することができる。

4　前三項の規定は、第二十四条の規定による侵害の停止又は予防に関する訴訟における当該侵害行為について立証するため必要な検証の目的の提示について準用する。

第八十一条　裁判所は、第二十四条の規定による侵害の停止又は予防に関する訴訟において、その当事者が保有する営業秘密（不正競争防止法（平成五年法律第四十七号）第二条第六項に規定する営業秘密をいう。以下同じ。）について、次

に掲げる事由のいずれにも該当することにつき疎明があつた場合には、当事者の申立てにより、決定で、当事者等、訴訟代理人又は補佐人に対し、当該営業秘密を当該訴訟の追行の目的以外の目的で使用し、又は当該営業秘密に係るこの項の規定による命令を受けた者以外の者に開示してはならない旨を命ずることができる。ただし、その申立ての時までに当事者等、訴訟代理人又は補佐人が第一号に規定する準備書面の閲読又は同号に規定する証拠の取調べ若しくは開示以外の方法により当該営業秘密を取得し、又は保有していた場合は、この限りでない。

一　既に提出され、若しくは提出されるべき準備書面に当事者の保有する営業秘密が記載され、又は既に取り調べられ、若しくは取り調べられるべき証拠（前条第三項の規定により開示された書類を含む。）の内容に当事者の保有する営業秘密が含まれること。

二　前号の営業秘密が当該訴訟の追行の目的以外の目的で使用され、又は当該営業秘密が開示されることにより、当該営業秘密に基づく当事者の事業活動に支障を生ずるおそれがあり、これを防止するため当該営業秘密の使用又は開示を制限する必要があること。

2　前項の規定による命令（以下「秘密保持命令」という。）の申立ては、次に掲げる事項を記載した書面でしなければならない。

一　秘密保持命令を受けるべき者

二　秘密保持命令の対象となるべき営業秘密を特定するに足りる事実

三　前項各号に掲げる事由に該当する事実

3　秘密保持命令が発せられた場合には、その決定書を秘密保持命令を受けた者に送達しなければならない。

4　秘密保持命令は、秘密保持命令を受けた者に対する決定書の送達がされた時から、効力を生ずる。

5　秘密保持命令の申立てを却下した裁判に対しては、即時抗告をすることができる。

第八十二条　秘密保持命令の申立てをした者又は秘密保持命令を受けた者は、訴訟記録の存する裁判所（訴訟記録の存する裁判所がない場合にあつては、秘密保持命令を発した裁判所）に対し、前条第一項に規定する要件を欠くこと又はこれを欠くに至つたことを理由として、秘密保持命令の取消しの申立てをすることができる。

2　秘密保持命令の取消しの申立てについての裁判があつた場合には、その決定書

をその申立てをした者及び相手方に送達しなければならない。

3　秘密保持命令の取消しの申立てについての裁判に対しては、即時抗告をすることができる。

4　秘密保持命令を取り消す裁判は、確定しなければその効力を生じない。

5　裁判所は、秘密保持命令を取り消す裁判をした場合において、秘密保持命令の取消しの申立てをした者又は相手方以外に当該秘密保持命令が発せられた訴訟において当該営業秘密に係る秘密保持命令を受けている者があるときは、その者に対し、直ちに、秘密保持命令を取り消す裁判をした旨を通知しなければならない。

第八十三条　秘密保持命令が発せられた訴訟（すべての秘密保持命令が取り消された訴訟を除く。）に係る訴訟記録につき、民事訴訟法第九十二条第一項の決定があつた場合において、当事者から同項に規定する秘密記載部分の閲覧等の請求があり、かつ、その請求の手続を行つた者が当該訴訟において秘密保持命令を受けていない者であるときは、裁判所書記官は、同項の申立てをした当事者（その請求をした者を除く。第三項において同じ。）に対し、その請求後直ちに、その請求があつた旨を通知しなければならない。

2　前項の場合において、裁判所書記官は、同項の請求があつた日から二週間を経過する日までの間（その請求の手続を行つた者に対する秘密保持命令の申立てがその日までにされた場合にあつては、その申立てについての裁判が確定するまでの間）、その請求の手続を行つた者に同項の秘密記載部分の閲覧等をさせてはならない。

3　前二項の規定は、第一項の請求をした者に同項の秘密記載部分の閲覧等をさせることについて民事訴訟法第九十二条第一項の申立てをした当事者のすべての同意があるときは、適用しない。

第八十四条　第二十五条の規定による損害賠償に関する訴えが提起されたときは、裁判所は、公正取引委員会に対し、同条に規定する違反行為によつて生じた損害の額について、意見を求めることができる。

2　前項の規定は、第二十五条の規定による損害賠償の請求が、相殺のために裁判上主張された場合に、これを準用する。

第八十四条の二　第二十四条の規定による侵害の停止又は予防に関する訴えについて、民事訴訟法第四条及び第五条の規定により次の各号に掲げる裁判所が管轄権を有する場合には、それぞれ当該各号に定める裁判所にも、その訴えを提起することができる。

一 東京高等裁判所の管轄区域内に所在する地方裁判所（東京地方裁判所を除く。）、大阪地方裁判所、名古屋地方裁判所、広島地方裁判所、福岡地方裁判所、仙台地方裁判所、札幌地方裁判所又は高松地方裁判所　東京地方裁判所

二 大阪高等裁判所の管轄区域内に所在する地方裁判所（大阪地方裁判所を除く。）　東京地方裁判所又は大阪地方裁判所

三 名古屋高等裁判所の管轄区域内に所在する地方裁判所（名古屋地方裁判所を除く。）　東京地方裁判所又は名古屋地方裁判所

四 広島高等裁判所の管轄区域内に所在する地方裁判所（広島地方裁判所を除く。）　東京地方裁判所又は広島地方裁判所

五 福岡高等裁判所の管轄区域内に所在する地方裁判所（福岡地方裁判所を除く。）　東京地方裁判所又は福岡地方裁判所

六 仙台高等裁判所の管轄区域内に所在する地方裁判所（仙台地方裁判所を除く。）　東京地方裁判所又は仙台地方裁判所

七 札幌高等裁判所の管轄区域内に所在する地方裁判所（札幌地方裁判所を除く。）　東京地方裁判所又は札幌地方裁判所

八 高松高等裁判所の管轄区域内に所在する地方裁判所（高松地方裁判所を除く。）　東京地方裁判所又は高松地方裁判所

2 一の訴えで第二十四条の規定による請求を含む数個の請求をする場合における民事訴訟法第七条の規定の適用については、同条中「第四条から前条まで（第六条第三項を除く。）」とあるのは、「第四条から前条まで（第六条第三項を除く。）及び私的独占の禁止及び公正取引の確保に関する法律第八十四条の二第一項」とする。

第八十四条の三　第八十九条から第九十一条までの罪に係る訴訟の第一審の裁判権は、地方裁判所に属する。

第八十四条の四　前条に規定する罪に係る事件について、刑事訴訟法（昭和二十三年法律第百三十一号）第二条の規定により第八十四条の二第一項各号に掲げる裁判所が管轄権を有する場合には、それぞれ当該各号に定める裁判所も、その事件を管轄することができる。

第八十五条　次に掲げる訴訟及び事件は、東京地方裁判所の管轄に専属する。

一 排除措置命令等に係る行政事件訴訟法第三条第一項に規定する抗告訴訟

二 第七十条の四第一項、第七十条の五第一項及び第二項、第九十七条並びに第九十八条に規定する事件

第八十五条の二 第二十五条の規定による損害賠償に係る訴訟の第一審の裁判権は、東京地方裁判所に属する。

第八十六条 東京地方裁判所は、第八十五条各号に掲げる訴訟及び事件並びに前条に規定する訴訟については、三人の裁判官の合議体で審理及び裁判をする。

2 前項の規定にかかわらず、東京地方裁判所は、同項の訴訟及び事件について、五人の裁判官の合議体で審理及び裁判をする旨の決定をその合議体ですることができる。

3 前項の場合には、判事補は、同時に三人以上合議体に加わり、又は裁判長となることができない。

第八十七条 東京地方裁判所がした第八十五条第一号に掲げる訴訟若しくは第八十五条の二に規定する訴訟についての終局判決に対する控訴又は第八十五条第二号に掲げる事件についての決定に対する抗告が提起された東京高等裁判所においては、当該控訴又は抗告に係る事件について、五人の裁判官の合議体で審理及び裁判をする旨の決定をその合議体ですることができる。

第八十七条の二 裁判所は、第二十四条の規定による侵害の停止又は予防に関する訴えが提起された場合において、他の裁判所に同一又は同種の行為に係る同条の規定による訴訟が係属しているときは、当事者の住所又は所在地、尋問を受けるべき証人の住所、争点又は証拠の共通性その他の事情を考慮して、相当と認めるときは、申立てにより又は職権で、訴訟の全部又は一部について、当該他の裁判所又は当該訴えにつき第八十四条の二第一項の規定により管轄権を有する他の裁判所に移送することができる。

第八十八条 排除措置命令等に係る行政事件訴訟法第三条第一項に規定する抗告訴訟については、国の利害に関係のある訴訟についての法務大臣の権限等に関する法律（昭和二十二年法律第百九十四号）第六条の規定は、適用しない。

第九十条 次の各号のいずれかに該当するものは、二年以下の懲役又は三百万円以下の罰金に処する。

一 第六条又は第八条第二号の規定に違反して不当な取引制限に該当する事項を内容とする国際的協定又は国際的契約をしたもの

二 第八条第三号又は第四号の規定に違反したもの

三 排除措置命令又は競争回復措置命令が確定した後においてこれに従わないもの

第九十四条 次の各号のいずれかに該当する者は、一年以下の懲役又は二百万円以

下の罰金に処する。

一　第四十七条第一項第一号又は第二項の規定による事件関係人又は参考人に対する処分に違反して出頭せず、陳述をせず、若しくは虚偽の陳述をし、又は報告をせず、若しくは虚偽の報告をした者

二　第四十七条第一項第二号又は第二項の規定による鑑定人に対する処分に違反して出頭せず、鑑定をせず、又は虚偽の鑑定をした者

三　第四十七条第一項第三号又は第二項の規定による物件の所持者に対する処分に違反して物件を提出しない者

四　第四十七条第一項第四号又は第二項の規定による検査を拒み、妨げ、又は忌避した者

第九十五条　法人の代表者又は法人若しくは人の代理人、使用人その他の従業者が、その法人又は人の業務又は財産に関して、次の各号に掲げる規定の違反行為をしたときは、行為者を罰するほか、その法人又は人に対しても、当該各号に定める罰金刑を科する。

一　第八十九条　五億円以下の罰金刑

二　第九十条第三号（第七条第一項又は第八条の二第一項若しくは第三項の規定による命令（第三条又は第八条第一号の規定に違反する行為の差止めを命ずる部分に限る。）に違反した場合を除く。）　三億円以下の罰金刑

三　第九十四条　二億円以下の罰金刑

四　第九十条第一号、第二号若しくは第三号（第七条第一項又は第八条の二第一項若しくは第三項の規定による命令（第三条又は第八条第一号の規定に違反する行為の差止めを命ずる部分に限る。）に違反した場合に限る。）、第九十一条、第九十一条の二又は第九十四条の二　各本条の罰金刑

2　法人でない団体の代表者、管理人、代理人、使用人その他の従業者がその団体の業務又は財産に関して、次の各号に掲げる規定の違反行為をしたときは、行為者を罰するほか、その団体に対しても、当該各号に定める罰金刑を科する。

一　第八十九条　五億円以下の罰金刑

二　第九十条第三号（第七条第一項又は第八条の二第一項若しくは第三項の規定による命令（第三条又は第八条第一号の規定に違反する行為の差止めを命ずる部分に限る。）に違反した場合を除く。）　三億円以下の罰金刑

三　第九十四条　二億円以下の罰金刑

四　第九十条第一号、第二号若しくは第三号（第七条第一項又は第八条の二第一

項若しくは第三項の規定による命令（第三条又は第八条第一号の規定に違反する行為の差止めを命ずる部分に限る。）に違反した場合に限る。）又は第九十四条の二　各本条の罰金刑

3　法人の代表者又は法人若しくは人の代理人、使用人その他の従業者が、その法人又は人の業務に関し、前条第一項の違反行為をしたときは、その行為者を罰するほか、その法人に対して三億円以下の罰金刑を、その人に対して同項の罰金刑を科する。

4　第一項又は第二項の規定により第八十九条の違反行為につき法人若しくは人又は団体に罰金刑を科する場合における時効の期間は、同条の罪についての時効の期間による。

5　第二項の場合においては、代表者又は管理人が、その訴訟行為につきその団体を代表するほか、法人を被告人又は被疑者とする場合の訴訟行為に関する刑事訴訟法の規定を準用する。

6　第三項の規定により前条第一項の違反行為につき法人又は人に罰金刑を科する場合における時効の期間は、同項の罪についての時効の期間による。

第九十五条の二　第八十九条第一項第一号、第九十条第一号若しくは第三号又は第九十一条の違反があつた場合においては、その違反の計画を知り、その防止に必要な措置を講ぜず、又はその違反行為を知り、その是正に必要な措置を講じなかつた当該法人（第九十条第一号又は第三号の違反があつた場合における当該法人で事業者団体に該当するものを除く。）の代表者に対しても、各本条の罰金刑を科する。

第九十七条　排除措置命令に違反したものは、五十万円以下の過料に処する。ただし、その行為につき刑を科するべきときは、この限りでない。

解説　独占禁止法違反のペナルティについて

フランチャイズにおいて、問題となる不公正な取引方法を前提に説明する。

(1)　行政処分

a.　排除措置命令

独占禁止法の規定（不公正な取引方法）に違反する行為があると認めるときは、公正取引委員会は、事業者に対し、その行為の差止め、その他違反行為を排除する

ために必要な措置を命じることができる（第7条）。公正取引委員会が措置を命じるか否か、命じる措置の内容については、独占禁止法の運用機関として専門的な裁量が認められている。ただし、独占禁止法違反行為がなくなった日から7年を経過したときは、排除措置命令を行うことはできなくなる（第7条第2項）。排除措置命令がなされると、事業者名、排除措置命令の内容が公正取引委員会のホームページに掲載される。

b. 課徴金納付命令

独占禁止法に違反する行為のうち特定の行為を行った事業者に対して、公正取引委員会は、違反行為期間中の売上額に一定率を乗じて算定した課徴金を国庫に納付すべき旨を命じなければならない（第7条の2）。不公正な取引方法のうち課徴金が命じられる行為は、共同の取引拒絶（第20条の2）、差別対価（第20条の3）、不当廉売（第20条の4）、再販売価格の拘束（第20条の5）、優越的地位の濫用（第20条の6）である。ただし、共同の取引拒絶、差別対価、不当廉売、再販売価格の拘束について課徴金が課せられるのは、調査日から遡って10年以内に同一の違反行為について処分を受けた場合に限られる。

課徴金の率は、優越的地位の濫用以外の行為については、違反行為をした日から当該行為がなくなるまでの期間（始期は調査開始日から最長10年前まで遡及）の売上高に3％、優越的地位の濫用については1％を乗じた額とされている。ただし、算定された課徴金額が、100万円未満の場合には課徴金は課されない。

排除措置命令と同様に、事業者名、課徴金納付命令の内容が公正取引委員会のホームページに掲載される。

(2) 民事責任

a. 差止請求

不公正な取引方法によって、その利益を侵害され又は侵害されるおそれがある者は、これにより著しい損害が生じ、又は生じるおそれがあるときは、行為者である事業者に対してその侵害の停止又は予防を求めることができる（第24条）。

この訴訟は、通常の民事訴訟の管轄となる地方裁判所に加え、東京地方裁判所または高等裁判所所在地の地方裁判所に訴訟を提起することができる（第84条の2）。

b. 損害賠償

独占禁止法違反行為が排除措置命令等により確定した場合、独占禁止法違反行為によって損害を受けた被害者は、事業者に対して、故意又は過失を立証することな

く、損害賠償請求をすることができる（第25条）。この損害賠償請求訴訟の第一審は、東京地方裁判所の専属管轄とされる（第85条の2）。

　排除措置命令が確定していない場合であっても、独占禁止法違反行為が民法上の不法行為に当たるとして損害賠償請求訴訟を提起することができる。

(3)　刑事責任

　不公正な取引方法には刑事罰の規定はないが、排除措置命令に違反した場合は過料が（第97条）、排除措置命令等が確定した場合に排除措置命令に従わないと罰則が科される（第90条第3号）。

参照：電子政府の総合窓口（法令検索）

https://elaws. e -gov.go.jp/

第4節　不公正な取引方法

(昭和五十七年六月十八日　公正取引委員会告示第十五号)

改正　平成二十一年十月二十八日　公正取引委員会告示第十八号

　私的独占の禁止及び公正取引の確保に関する法律（昭和二十二年法律第五十四号）第二条第九項の規定により、不公正な取引方法（昭和二十八年公正取引委員会告示第十一号）の全部を次のように改正し、昭和五十七年九月一日から施行する。

不公正な取引方法

(共同の取引拒絶)

1　正当な理由がないのに、自己と競争関係にある他の事業者（以下「競争者」という。）と共同して、次の各号のいずれかに掲げる行為をすること。

　一　ある事業者から商品若しくは役務の供給を受けることを拒絶し、又は供給を受ける商品若しくは役務の数量若しくは内容を制限すること。

　二　他の事業者に、ある事業者から商品若しくは役務の供給を受けることを拒絶させ、又は供給を受ける商品若しくは役務の数量若しくは内容を制限させること。

(その他の取引拒絶)

2　不当に、ある事業者に対し取引を拒絶し若しくは取引に係る商品若しくは役務の数量若しくは内容を制限し、又は他の事業者にこれらに該当する行為をさせること。

(差別対価)

3　私的独占の禁止及び公正取引の確保に関する法律（昭和二十二年法律第五十四号。以下「法」という。）第二条第九項第二号に該当する行為のほか、不当に、地域又は相手方により差別的な対価をもつて、商品若しくは役務を供給し、又はこれらの供給を受けること。

(取引条件等の差別取扱い)

4　不当に、ある事業者に対し取引の条件又は実施について有利な又は不利な取扱いをすること。

(事業者団体における差別取扱い等)

5　事業者団体若しくは共同行為からある事業者を不当に排斥し、又は事業者団体

の内部若しくは共同行為においてある事業者を不当に差別的に取り扱い、その事業者の事業活動を困難にさせること。

(不当廉売)

6　法第二条第九項第三号に該当する行為のほか、不当に商品又は役務を低い対価で供給し、他の事業者の事業活動を困難にさせるおそれがあること。

(不当高価購入)

7　不当に商品又は役務を高い対価で購入し、他の事業者の事業活動を困難にさせるおそれがあること。

(ぎまん的顧客誘引)

8　自己の供給する商品又は役務の内容又は取引条件その他これらの取引に関する事項について、実際のもの又は競争者に係るものよりも著しく優良又は有利であると顧客に誤認させることにより、競争者の顧客を自己と取引するように不当に誘引すること。

(不当な利益による顧客誘引)

9　正常な商慣習に照らして不当な利益をもつて、競争者の顧客を自己と取引するように誘引すること。

(抱き合わせ販売等)

10　相手方に対し、不当に、商品又は役務の供給に併せて他の商品又は役務を自己又は自己の指定する事業者から購入させ、その他自己又は自己の指定する事業者と取引するように強制すること。

(排他条件付取引)

11　不当に、相手方が競争者と取引しないことを条件として当該相手方と取引し、競争者の取引の機会を減少させるおそれがあること。

(拘束条件付取引)

12　法第二条第九項第四号又は前項に該当する行為のほか、相手方とその取引の相手方との取引その他相手方の事業活動を不当に拘束する条件をつけて、当該相手方と取引すること。

(取引の相手方の役員選任への不当干渉)

13　自己の取引上の地位が相手方に優越していることを利用して、正常な商慣習に照らして不当に、取引の相手方である会社に対し、当該会社の役員(法第二条第三項の役員をいう。以下同じ。)の選任についてあらかじめ自己の指示に従わせ、又は自己の承認を受けさせること。

（競争者に対する取引妨害）

14　自己又は自己が株主若しくは役員である会社と国内において競争関係にある他の事業者とその取引の相手方との取引について、契約の成立の阻止、契約の不履行の誘引その他いかなる方法をもつてするかを問わず、その取引を不当に妨害すること。

（競争会社に対する内部干渉）

15　自己又は自己が株主若しくは役員である会社と国内において競争関係にある会社の株主又は役員に対し、株主権の行使、株式の譲渡、秘密の漏えいその他いかなる方法をもつてするかを問わず、その会社の不利益となる行為をするように、不当に誘引し、そそのかし、又は強制すること。

参照：公正取引委員会ホームページ→独占禁止法→法令・ガイドライン等（独占禁止法）

https://www.jftc.go.jp/dk/guideline/fukousei.html

第5節　フランチャイズ・システムに関する独占禁止法上の考え方について

平成14年 4 月24日　公正取引委員会

改正：平成22年 1 月 1 日

改正：平成23年 6 月23日

改正：令和 3 年 4 月28日

1．ガイドライン全文

《はじめに》

　我が国においては、フランチャイザー（以下「本部」という。）とフランチャイジー（以下「加盟者」という。）から構成されるフランチャイズ・システムを用いる事業活動の形態が増加してきているが、最近、従来の小売業及び外食業のみならず、各種のサービス業など広範な分野において活用され、また、当該市場における比重を高めつつある。フランチャイズ・システムは、本部にとっては、他人の資本・人材を活用して迅速な事業展開が可能となり、また、加盟者にとっては、本部が提供するノウハウ等を活用して独立・開業が可能となるという特徴を有しており、今後とも、広範な分野の市場において、フランチャイズ・システムを活用して多くの事業者が新規参入し、当該市場における競争を活発なものとすることが期待されている。

　その一方で、このようなフランチャイズ・システムを用いる事業活動の増加に伴い、本部と加盟者の取引において様々な問題が発生しており、独占禁止法上の問題が指摘されることも少なくない。

　公正取引委員会は、本部と加盟者の取引において、どのような行為が独占禁止法上問題となるかについて具体的に明らかにすることにより、本部の独占禁止法違反行為の未然防止とその適切な事業活動の展開に役立てるために、「フランチャイズ・システムに関する独占禁止法上の考え方について」（昭和58年 9 月20日公正取引委員会事務局）を策定・公表しているところであるが、その後のフランチャイズ・システムを活用した事業活動の増大や各市場におけるその比重の高まり等の変化を踏まえ、以下のとおり改訂し、今後、これによることとする。

1 一般的な考え方

(1) フランチャイズ・システムの定義は様々であるが、一般的には、本部が加盟者に対して、特定の商標、商号等を使用する権利を与えるとともに、加盟者の物品販売、サービス提供その他の事業・経営について、統一的な方法で統制、指導、援助を行い、これらの対価として加盟者が本部に金銭を支払う事業形態であるとされている。本考え方は、その呼称を問わず、この定義に該当し、下記(3)の特徴を備える事業形態を対象としている。

(2) フランチャイズ・システムにおいては、本部と加盟者がいわゆるフランチャイズ契約を締結し、この契約に基づいて、本部と各加盟者があたかも通常の企業における本店と支店であるかのような外観を呈して事業を行っているものが多いが、加盟者は法律的には本部から独立した事業者であることから、本部と加盟者間の取引関係については独占禁止法が適用されるものである。

(3) フランチャイズ・システムにおける取引関係の基本は、本部と加盟者との間のフランチャイズ契約であり、同契約は、おおむね次のような事項を含む統一的契約である。

　　［１］　加盟者が本部の商標、商号等を使用し営業することの許諾に関するもの

　　［２］　営業に対する第三者の統一的イメージを確保し、加盟者の営業を維持するための加盟者の統制、指導等に関するもの

　　［３］　上記に関連した対価の支払に関するもの

　　［４］　フランチャイズ契約の終了に関するもの

　フランチャイズ契約の下で、加盟者が本部の確立した営業方針・体制の下で統一的な活動をすることは、一般的に企業規模の小さな加盟者の事業能力を強化、向上させ、ひいては市場における競争を活発にする効果があると考えられる。

　しかしながら、フランチャイズ・システムにおいては、加盟者は、本部の包括的な指導等を内容とするシステムに組み込まれるものであることから、加盟希望者の加盟に当たっての判断が適正に行われることがとりわけ重要であり、加盟者募集に際しては、本部は加盟希望者に対して、十分な情報を開示することが望ましく、また、フランチャイズ契約締結後の本部と加盟者との取引においては、加盟者に一方的に不利益を与えたり、加盟者のみを不当に拘束するものであってはならない。

(4) フランチャイズ・システムにおける本部の加盟者募集及びフランチャイズ契約締結後の本部と加盟者との取引に関し、独占禁止法上問題とされる事項を例示すれば以下のとおりであるが、これはあくまでも主たる事項についてのものであり、

個々の本部の具体的な活動が独占禁止法に違反するかどうかは個別事案ごとの判断を要するものである。

2　本部の加盟者募集について

⑴　フランチャイズ本部は、事業拡大のため、広告、訪問等で加盟者を募り、これに応じて従来から同種の事業を行っていた者に限らず給与所得者等当該事業経験を有しない者を含め様々な者が有利な営業を求めて加盟しているが、募集に当たり、加盟希望者の適正な判断に資するため、十分な情報が開示されていることが望ましい。 また、加盟希望者側でも当該フランチャイズ・システムの事業内容について自主的に十分検討を行う必要があることはいうまでもない。

⑵ア　現在、小売商業におけるフランチャイズ・システムについては、中小小売商業振興法により、特定の目的のため、同法の対象となる本部に対して、一定の事項について情報開示・説明義務が課されており、また、業界において、フランチャイズ契約に関する情報の登録・開示が推進されているが、独占禁止法違反行為の未然防止の観点からも、加盟希望者の適正な判断に資するよう本部の加盟者の募集に当たり、次のような事項について開示が的確に実施されることが望ましい(注1)。

　［1］　加盟後の商品等の供給条件に関する事項（仕入先の推奨制度等）

　［2］　加盟者に対する事業活動上の指導の内容、方法、回数、費用負担に関する事項

　［3］　加盟に際して徴収する金銭の性質、金額、その返還の有無及び返還の条件

　［4］　加盟後、本部の商標、商号等の使用、経営指導等の対価として加盟者が本部に定期的に支払う金銭（以下「ロイヤルティ」という。）の額、算定方法、徴収の時期、徴収の方法

　［5］　本部と加盟者の間の決済方法の仕組み・条件、本部による加盟者への融資の利率等に関する事項

　［6］　事業活動上の損失に対する補償の有無及びその内容並びに経営不振となった場合の本部による経営支援の有無及びその内容

　［7］　契約の期間並びに契約の更新、解除及び中途解約の条件・手続に関する事項(注2)

　［8］　加盟後、加盟者の店舗の周辺の地域に、同一又はそれに類似した業種を営む店舗を本部が自ら営業すること又は他の加盟者に営業させること（以下「ド

ミナント出店」という。）ができるか否かに関する契約上の条項の有無及びその内容並びにこのような営業が実施される計画の有無及びその内容（注3）

（注1）　中小小売商業振興法は、同法の対象となる本部が加盟希望者に対して、契約締結前に一定の事項を記載した書面を交付し、説明することを義務付けているが、独占禁止法違反行為の未然防止の観点からも、本部は、加盟希望者が契約締結について十分検討を行うために必要な期間を置いて、上記並びに下記イ及びウに掲げるような重要な事項について記載した書面を交付し、説明することが望ましい。

（注2）　フランチャイズ契約において、中途解約の条件が不明確である場合、加盟に当たって加盟希望者の適正な判断が妨げられるだけでなく、加盟後においても、加盟者はどの程度違約金を負担すれば中途解約できるのか不明であるために解約が事実上困難となることから、本部は中途解約の条件をフランチャイズ契約上明確化するとともに、加盟者募集時に十分説明することが望ましい。

（注3）　加盟者募集に際して、加盟希望者の開業後のドミナント出店に関して、配慮を行う旨を提示する場合には、配慮の内容を具体的に明らかにした上で取決めに至るよう、対応には十分留意する必要がある。

イ　加盟者募集に際して、予想売上げ又は予想収益を提示する本部もあるが、これらの額を提示する場合には、類似した環境にある既存店舗の実績等根拠ある事実、合理的な算定方法等に基づくことが必要であり、また、本部は、加盟希望者に、これらの根拠となる事実、算定方法等を示す必要がある（注4）。

（注4）　加盟希望者が出店を予定している店舗における売上げ等を予測するものではないという点で厳密な意味での予想売上げ又は予想収益ではなく、既存店舗の収益の平均値等から作成したモデル収益や収益シミュレーション等を提示する場合は、こうしたモデル収益等であることが分かるように明示するなどした上で、厳密な意味での予想売上げ等ではないことが加盟希望者に十分に理解されるように対応する必要がある。　なお、中小小売商業振興法は、同法の対象となる本部に対して、周辺の地域の人口、交通量その他の立地条件が類似する店舗の直近の三事業年度における収支に関する事項について情報開示・説明義務を課しているところ、予想売上げ等ではないことが加盟希望者に十分に理解されるように対応する必要がある。

ウ　加盟者募集に際して、本部が営業時間や臨時休業に関する説明をするに当たり、募集する事業において特定の時間帯の人手不足、人件費高騰等が生じているような場合等その時点で明らかになっている経営に悪影響を与える情報については、加盟希望者に当該情報を提示することが望ましく、例えば、人手不足に関する情報を提示する場合には、類似した環境にある既存店舗における求人状況や加盟者オーナーの勤務状況を示すなど、実態に即した根拠ある事実を示す必要がある。

エ　なお、加盟希望者側においても、フランチャイズ・システムに加盟するには、相当額の投資を必要とする上

〔1〕 今後、当該事業を継続して行うことを前提に加盟交渉が行われていること

〔2〕 加盟後の事業活動は、一般的な経済動向、市場環境等に大きく依存するが、これらのことは、事業活動を行おうとする者によって相当程度考慮されるべきものであること

に留意する必要がある。

(3) 本部が、加盟者の募集に当たり、上記(2)に掲げるような重要な事項について、十分な開示を行わず、又は虚偽若しくは誇大な開示を行い、これらにより、実際のフランチャイズ・システムの内容よりも著しく優良又は有利であると誤認させ、競争者の顧客を自己と取引するように不当に誘引する場合には、不公正な取引方法の一般指定の第8項（ぎまん的顧客誘引）に該当する。 一般指定の第8項（ぎまん的顧客誘引）に該当するかどうかは、例えば、次のような事項を総合勘案して、加盟者募集に係る本部の取引方法が、実際のものよりも著しく優良又は有利であると誤認させ、競争者の顧客を不当に誘引するものであるかどうかによって判断される。

〔1〕 予想売上げ又は予想収益の額を提示する場合、その額の算定根拠又は算定方法が合理性を欠くものでないか。また、実際には達成できない額又は達成困難である額を予想額として示していないか。

〔2〕 ロイヤルティの算定方法に関し、必要な説明を行わないことにより、ロイヤルティが実際よりも低い金額であるかのように開示していないか。例えば、仕入れた全商品の仕入原価ではなく実際に売れた商品のみの仕入原価を売上原価（異なる名称であってこれと同一の意味で用いられるものを含む。 以下同じ。）と定義し、売上高から当該売上原価を控除することにより算定したものを売上総利益（異なる名称であってこれと同一の意味で用いられるものを含む。以下同じ。）と定義した上で、当該売上総利益に一定率を乗じた額をロイヤルティとする場合(注5)、当該売上総利益の定義について十分な開示を行っているか、又は定義と異なる説明をしていないか。

（注5） この場合、廃棄した商品や陳列中に紛失等した商品の仕入原価（以下「廃棄ロス原価」という。）は、「（売上高－売上原価）×一定率」で算定されるロイヤルティ算定式において売上原価に算入されず、算入される場合よりもロイヤルティの額が高くなる。

〔3〕 自らのフランチャイズ・システムの内容と他本部のシステムの内容を、客観的でない基準により比較することにより、自らのシステムが競争者に比べて優良又は有利であるかのように開示をしていないか。例えば、実質的に本部が

加盟者から徴収する金額は同水準であるにもかかわらず、比較対象本部のロイヤルティの算定方法との差異について説明をせず、比較対象本部よりも自己のロイヤルティの率が低いことを強調していないか。

［4］　フランチャイズ契約を中途解約する場合、実際には高額な違約金を本部に徴収されることについて十分な開示を行っているか、又はそのような違約金は徴収されないかのように開示していないか(注6)。

（注6）　フランチャイズ契約において、中途解約の条件が不明確である場合、加盟に当たって加盟希望者の適正な判断が妨げられるだけでなく、加盟後においても、加盟者はどの程度違約金を負担すれば中途解約できるのか不明であるために解約が事実上困難となることから、本部は中途解約の条件をフランチャイズ契約上明確化するとともに、加盟者募集時に十分説明することが望ましい（注2として前掲）。

3　フランチャイズ契約締結後の本部と加盟者との取引について

　フランチャイズ契約においては、本部が加盟者に対し、商品、原材料、包装資材、使用設備、機械器具等の注文先や店舗の清掃、内外装工事等の依頼先について本部又は特定の第三者を指定したり、販売方法、営業時間、営業地域、販売価格などに関し各種の制限を課すことが多い。フランチャイズ契約におけるこれらの条項は、本部が加盟者に対して供与（開示）した営業の秘密を守り、また、第三者に対する統一したイメージを確保すること等を目的とするものと考えられ、このようなフランチャイズ・システムによる営業を的確に実施する限度にとどまるものであれば、直ちに独占禁止法上問題となるものではない。しかしながら、フランチャイズ契約又は本部の行為が、フランチャイズ・システムによる営業を的確に実施する限度を超え、加盟者に対して正常な商慣習に照らして不当に不利益を与える場合には、独占禁止法第2条第9項第5号（優越的地位の濫用）に、また、加盟者を不当に拘束するものである場合には、一般指定の第10項（抱き合わせ販売等）又は第12項（拘束条件付取引）等に該当することがある。

⑴　優越的地位の濫用について

　加盟者に対して取引上優越した地位(注7)にある本部が、加盟者に対して、フランチャイズ・システムによる営業を的確に実施する限度を超えて、正常な商慣習に照らして不当に加盟者に不利益となるように取引の条件を設定し、若しくは変更し、又は取引を実施する場合には、フランチャイズ契約又は本部の行為が独占禁止法第2条第9項第5号（優越的地位の濫用）に該当する。

86

（注7）　フランチャイズ・システムにおける本部と加盟者との取引において、本部が
　　　取引上優越した地位にある場合とは、加盟者にとって本部との取引の継続が困難に
　　　なることが事業経営上大きな支障を来すため、本部の要請が自己にとって著しく不
　　　利益なものであっても、これを受け入れざるを得ないような場合であり、その判断
　　　に当たっては、加盟者の本部に対する取引依存度（本部による経営指導等への依存
　　　度、商品及び原材料等の本部又は本部推奨先からの仕入割合等）、本部の市場にお
　　　ける地位、加盟者の取引先の変更可能性（初期投資の額、中途解約権の有無及びそ
　　　の内容、違約金の有無及びその金額、契約期間等）、本部及び加盟者間の事業規模
　　　の格差等を総合的に考慮する。

　ア　フランチャイズ・システムにおける本部と加盟者との取引において、個別の
　　契約条項や本部の行為が、独占禁止法第2条第9項第5号（優越的地位の濫用）
　　に該当するか否かは、個別具体的なフランチャイズ契約ごとに判断されるが、
　　取引上優越した地位にある本部が加盟者に対して、フランチャイズ・システム
　　による営業を的確に実施するために必要な限度を超えて、例えば、次のような
　　行為等により、正常な商慣習に照らして不当に不利益を与える場合には、本部
　　の取引方法が独占禁止法第2条第9項第5号（優越的地位の濫用）に該当する。

（取引先の制限）
　○本部が加盟者に対して、商品、原材料等の注文先や加盟者の店舗の清掃、内外
装工事等の依頼先について、正当な理由がないのに、本部又は本部の指定する事業
者とのみ取引させることにより、良質廉価で商品又は役務を提供する他の事業者と
取引させないようにすること。

（仕入数量の強制）
　○本部が加盟者に対して、加盟者の販売する商品又は使用する原材料について、
返品が認められないにもかかわらず、実際の販売に必要な範囲を超えて、本部が仕
入数量を指示すること又は加盟者の意思に反して加盟者になり代わって加盟者名で
仕入発注することにより、当該数量を仕入れることを余儀なくさせること。

（見切り販売の制限）
　○実際に売れた商品のみの仕入原価を売上原価と定義し、売上高から当該売上原
価を控除することにより算定したものを売上総利益と定義した上で、当該売上総利
益がロイヤルティの算定の基準となる場合において、本部が加盟者に対して、正当
な理由がないのに、品質が急速に低下する商品等の見切り販売を制限（注8）し、売
れ残りとして廃棄することを余儀なくさせること（注9）。

（注8）　見切り販売を行うには、煩雑な手続を必要とすることによって加盟者が見切
　　　り販売を断念せざるを得なくなることのないよう、本部は、柔軟な売価変更が可能

な仕組みを構築するとともに、加盟者が実際に見切り販売を行うことができるよう、見切り販売を行うための手続を加盟者に十分説明することが望ましい。

（注9） コンビニエンスストアのフランチャイズ契約においては、売上高から売上原価を控除して算定される売上総利益をロイヤルティの算定の基準としていることが多く、その大半は、廃棄ロス原価を売上原価に算入しない方式を採用している。この方式の下では、加盟者が商品を廃棄する場合には、廃棄ロス原価を売上原価に算入した上で売上総利益を算定する方式に比べて、ロイヤルティの額が高くなり、加盟者の不利益が大きくなりやすい。

（営業時間の短縮に係る協議拒絶）

○本部が、加盟者に対し、契約期間中であっても両者で合意すれば契約時等に定めた営業時間の短縮が認められるとしているにもかかわらず、24時間営業等が損益の悪化を招いていることを理由として営業時間の短縮を希望する加盟者に対し、正当な理由なく協議を一方的に拒絶し、協議しないまま、従前の営業時間を受け入れさせること。

（事前の取決めに反するドミナント出店等）

○ドミナント出店を行わないとの事前の取決めがあるにもかかわらず、ドミナント出店が加盟者の損益の悪化を招く場合において、本部が、当該取決めに反してドミナント出店を行うこと。 また、ドミナント出店を行う場合には、本部が、損益の悪化を招くときなどに加盟者に支援等を行うとの事前の取決めがあるにもかかわらず、当該取決めに反して加盟者に対し一切の支援等を行わないこと。

（フランチャイズ契約締結後の契約内容の変更）

○当初のフランチャイズ契約に規定されていない新規事業の導入によって、加盟者が得られる利益の範囲を超える費用を負担することとなるにもかかわらず、本部が、新規事業を導入しなければ不利益な取扱いをすること等を示唆し、加盟者に対して新規事業の導入を余儀なくさせること。

（契約終了後の競業禁止）

○本部が加盟者に対して、特定地域で成立している本部の商権の維持、本部が加盟者に対して供与したノウハウの保護等に必要な範囲を超えるような地域、期間又は内容の競業禁止義務を課すこと。

イ 上記アのように個別の契約条項や本部の行為が独占禁止法第2条第9項第5号（優越的地位の濫用）に該当する場合があるほか、フランチャイズ契約全体としてみて本部の取引方法が同項に該当すると認められる場合がある。フランチャイズ契約全体としてみて本部の取引方法が独占禁止法第2条第9項第5号（優越的地位の濫用）に該当するかどうかは、個別具体的なフランチャイズ契

約ごとに判断されるが、上記アに例示した事項のほか、例えば、次のようなことを総合勘案して判断される。

［1］　取扱商品の制限、販売方法の制限については、本部の統一ブランド・イメージを維持するために必要な範囲を超えて、一律に（細部に至るまで）統制を加えていないか。

［2］　一定の売上高の達成については、それが義務的であり、市場の実情を無視して過大なものになっていないか、また、その代金を一方的に徴収していないか。

［3］　加盟者に契約の解約権を与えず、又は解約の場合高額の違約金を課していないか。

［4］　契約期間については、加盟者が投資を回収するに足る期間を著しく超えたものになっていないか。あるいは、投資を回収するに足る期間を著しく下回っていないか。

(2) 抱き合わせ販売等・拘束条件付取引について

　フランチャイズ契約に基づく営業のノウハウの供与に併せて、本部が、加盟者に対し、自己や自己の指定する事業者から商品、原材料等の供給を受けさせるようにすることが、一般指定の第10項（抱き合わせ販売等）に該当するかどうかについては、行為者の地位、行為の範囲、相手方の数・規模、拘束の程度等を総合勘案して判断する必要があり、このほか、かかる取引が一般指定の第12項（拘束条件付取引）に該当するかどうかについては、行為者の地位、拘束の相手方の事業者間の競争に及ぼす効果、指定先の事業者間の競争に及ぼす効果等を総合勘案して判断される。

(3) 販売価格の制限について

　販売価格については、統一的営業・消費者の選択基準の明示の観点から、必要に応じて希望価格の提示は許容される。しかし、加盟者が地域市場の実情に応じて販売価格を設定しなければならない場合や売れ残り商品等について値下げして販売しなければならない場合などもあることから、本部が加盟者に商品を供給している場合、加盟者の販売価格（再販売価格）を拘束することは、原則として独占禁止法第2条第9項第4号（再販売価格の拘束）に該当する。また、本部が加盟者に商品を直接供給していない場合であっても、加盟者が供給する商品又は役務の価格を不当に拘束する場合は、一般指定の第12項（拘束条件付取引）に該当することとなり、

これについては、地域市場の状況、本部の販売価格への関与の状況等を総合勘案して判断される。

参照：公正取引委員会ホームページ→独占禁止法→法令・ガイドライン等（独占禁止法）

https://www.jftc.go.jp/dk/guideline/unyoukijun/franchise.html

2. 解説　ガイドラインについて

以下、「フランチャイズ・ガイドライン」という。

(1) 構　成

「はじめに」の後、「1　一般的な考え方」、「2　本部の加盟者募集について」、「3　フランチャイズ契約締結後の本部と加盟者との取引について」の3部構成になっている。

「1　一般的な考え方」(1)では、本考え方の対象となるフランチャイズの定義が記載されている。

フランチャイズ・システムの定義について、一般的には、本部が加盟者に対して、特定の商標、商号等を使用する権利を与えるとともに、加盟者の物品販売、サービス提供その他の事業・経営について、統一的な方法で統制、指導、援助を行い、これらの対価として加盟者が本部に金銭を支払う事業形態であるとし、その呼称を問わず、上記定義に該当し、下記(3)の特徴を備える事業形態を対象として、本考え方が適用されるとしている。

(2)では、加盟者は法律的には本部から独立した事業者であることから、本部と加盟者間の取引関係について独占禁止法が適用されることを明らかにしている。

(3)には、その特徴として、フランチャイズ契約が次の①ないし④を含む統一的契約であるとしている。

① 加盟者が本部の商標、商号等を使用し営業することの許諾に関するもの

② 営業に対する第三者の統一的イメージを確保し、加盟者の営業を維持するための加盟者の統制、指導等に関するもの

③ 上記に関連した対価の支払に関するもの

④ フランチャイズ契約の終了に関するもの

また、⑶では、フランチャイズの独占禁止法上の評価について、「フランチャイズ契約の下で、加盟者が本部の確立した営業方針・体制の下で統一的な活動をすることについて、企業規模の小さな加盟者の事業能力を強化、向上させ、ひいては市場における競争を活発にする効果」、すなわち、競争促進効果を認めている。

他方で、競争制限、競争阻害の側面として、加盟者がフランチャイズに加盟する段階と加盟後に本部と加盟者が取引する段階の2つに分けて、フランチャイズ・ビジネスにおいて、独占禁止法上問題となる行為を例示するとともに、それらに対する独占禁止法上の考え方を示している。

加盟者がフランチャイズに加盟する段階では、「フランチャイズ・システムにおいては、加盟者は、本部の包括的な指導等を内容とするシステムに組み込まれるものであることから、加盟希望者の加盟に当たっての判断が適正に行われることが重要」であるとして、十分な情報開示が求められる点を指摘する。

次に、加盟後に本部と加盟者が取引する段階では、「加盟者に一方的に不利益を与えたり、加盟者のみを不当に拘束するものであってはならない。」と指摘している。

⑵　加盟者がフランチャイズに加盟する段階

⑴では、「フランチャイズ本部が、事業拡大のため、広告、訪問等で加盟者を募り、これに応じて従来から同種の事業を行っていた者に限らず給与取得者等当該事業経験を有しない者を含め様々な者が有利な営業を求めて加盟している」という実情を踏まえ、フランチャイズ本部に対して、加盟希望者の適正な判断に資するため、十分な情報の開示が望ましい、としている。

他方で、「加盟希望者側でも当該フランチャイズ・システムの事業内容について自主的に十分検討を行う必要があることはいうまでもない。」として、独立事業者として自己責任の原則が妥当することにも触れている。

⑵アでは、中小小売商業振興法上の情報開示、説明義務があるとした上で、独占禁止法違反行為の未然防止の観点から、下記の①ないし⑧の事項についての開示が的確に実施されることが望ましいとしている。「望ましい」といっても、これらが不十分である場合、ぎまん的顧客誘引に該当するおそれがあるというのであるから、実際上、フランチャズ本部は、これらの事項について開示が十分であるかについて注意を払わざるを得ない。中小小売商業振興法上開示義務がない事項について、特に注意する必要がある。

①　加盟後の商品等の供給条件に関する事項（仕入先の推奨制度等）

② 加盟者に対する事業活動上の指導の内容、方法、回数、費用負担に関する事項

③ 加盟に際して徴収する金銭の性質、金額、その返還の有無及び返還の条件

④ 加盟後、本部の商標、商号等の使用、経営指導等の対価として加盟者が本部に定期的に支払う金銭（以下「ロイヤルティ」という。）の額、算定方法、徴収の時期、徴収の方法

⑤ 本部と加盟者の間の決済方法の仕組み・条件、本部による加盟者への融資の利率等に関する事項

⑥ 事業活動上の損失に対する補償の有無及びその内容並びに経営不振となった場合の本部による経営支援の有無及びその内容

⑦ 契約の期間並びに契約の更新、解除及び中途解約の条件・手続に関する事項

⑧ 加盟後、加盟者の店舗の周辺の地域に、同一又はそれに類似した業種を含む店舗を本部が自ら営業すること又は他の加盟者に営業させること（以下「ドミナント出店」という）ができるか否かに関する契約上の条項の有無及びその内容並びにこのような営業が実施される計画の有無及びその内容

2(2)イでは、予想売上げ又は予想収益の提示について触れている。

まず、「加盟者募集に際して、予想売上げ又は予想収益を提示する本部もあるが」として、予想売上げ又は予想収益を提示するか否かは、本部の自由であるというスタンスを示している。その上で、「これらの額を提示する場合には、類似した環境にある既存店舗の実績等根拠ある事実、合理的な算定方法等に基づくことが必要であり、また、本部は、加盟希望者に、これらの根拠となる事実、算定方法等を示す必要がある。」とする。

また、既存店舗の収益の平均値等からモデル収益や収益シミュレーション等、厳密な意味で予想売上または予想収益ではないものを示す場合には、中小小売商業振興法の趣旨を踏まえ、厳密な意味での予想売上等ではないことが加盟希望者に十分に理解されるように対応する必要がある、とした。

さらに、加盟者の募集に際して、特定の時間帯の人手不足や人件費高騰等、「その時点で明らかになっている経営に悪影響を与える情報」については、提示することが望ましいとして、積極的な情報開示を認めたともとれる表現をしている。

他方、「なお、加盟希望者においても、フランチャイズ・システムに加盟するには、相当額の投資を必要とする上、①今後、当該事業を継続して行うことを前提に加盟交渉が行われていること、②加盟後の事業活動は、一般的な経済動向、市場環境等

に大きく依存するが、これらのことは、事業活動を行おうとする者によって相当程度考慮されるべきものであることに留意する必要がある。」と指摘し、自己責任の原則に触れている。

また、(注1)において、「独占禁止法違反行為の未然防止の観点からも、本部は、加盟希望者が契約締結について十分検討を行うために必要な期間を置いて、上記に掲げるような重要な事項について記載した書面を交付し、説明することが望ましい。」とし、重要事項を開示する書面を交付し、説明し、書面の交付と説明の後、契約締結前までに十分な熟慮期間を設けることを求めているといえる。

中小小売商業振興法は、小売業者に法定開示書面の交付を義務付けているが、フランチャイズ・ガイドラインは、独占禁止法違反行為の未然防止の観点から、小売業以外の業種を含め、重要事項の開示と説明、契約締結までの十分な熟慮期間の設置を求めているといえる。

(3)では、本部が、加盟者の募集に当たって開示すべき事項など重要な事項について、十分な開示を行わず、又は虚偽若しくは誇大な開示を行うことにより、実際のフランチャイズ・システムの内容よりも著しく優良又は有利であると加盟希望者に誤認させ、競争者の顧客（他の同種のフランチャイズ本部に加盟しようとする者を）を自己と取引する（自社のフランチャイズに加盟させる）ように不当に誘引する場合には、不公正な取引方法の一般指定第8項（ぎまん的顧客誘引）に該当するとしている。

ぎまん的顧客誘引に該当するか否かは、個別具体的な事情を総合的に勘案して判断される。フランチャイズ・ガイドラインでは、以下の4つの要素が記載されているが、これらに限らない。

① 予想売上げ又は予想収益の額を提示する場合、その額の算定根拠又は算定方法が合理性を欠くものでないか。また、実際には達成できない額又は達成困難な額を予想額として示していないか。

② ロイヤルティの算定方法に関し、必要な説明を行わないことにより、ロイヤルティが実際よりも低い金額であるかのように開示していないか。

③ 自らのフランチャイズ・システムの内容と他本部のシステムの内容を、客観的でない基準により比較することにより、自らのシステムが競争者に比べて優良又は有利であるかのように開示をしていないか。例えば、実質的に本部が加盟者から徴収する金額は同水準であるにもかかわらず、比較対象本部のロイヤルティの算定方法との差異について説明せず、比較対象本部よりも自己のロイ

ヤルティの率が低いことを強調していないか。

④　フランチャイズ契約を中途解約する場合、実際には高額な違約金を本部に徴
　収されることについて十分な開示を行っているか、又はそのような違約金は徴
　収されないかのように開示していないか。

(3)　加盟後の本部と加盟者との取引の段階

　フランチャイズ・ガイドラインは、「フランチャイズ契約においては、本部が加
盟者に対し、商品、原材料、包装資材、使用設備、機械器具等の注文先や店舗の清
掃、内外装工事等の依頼先について本部又は特定の第三者を指定したり、販売方法、
営業時間、営業地域、販売価格などに関し各種の制限を課すことが多い。」という
事実認識の下、フランチャイズ契約における様々な拘束の条項は、「本部が加盟者
に対して供与（開示）した営業の秘密を守り、また、第三者に対する統一したイメ
ージを確保すること等を目的とするものと考えられ、このようなフランチャイズ・
システムによる営業を的確に実施する限度にとどまるものであれば、直ちに独占禁
止法上問題となるものではない。しかしながら、フランチャイズ契約又は本部の行
為が、フランチャイズ・システムによる営業を的確に実施する限度を超え、加盟者
に対して正常な商慣習に照らして不当に不利益を与える場合には、優越的地位の濫
用に、また、加盟者を不当に拘束するものである場合には、抱き合わせ販売等又は
拘束条件付取引等に該当することがある。」とする。

　「フランチャイズ契約又は本部の行為が」と、フランチャイズ契約の後に、あえ
て「本部の行為」を加えているのは、契約に拘束の条項がなくても、制限等を行う
本部の行為があれば問題となることを示している。

　フランチャイズで問題となる不公正な取引方法は公正競争阻害性が要件とされて
おり、多くの場合、本部の行為に合理性があれば許される余地がある。その判断基
準は、ガイドラインにあるように、「本部が加盟者に対して供与（開示）した営業
の秘密を守り、また、第三者に対する統一したイメージを確保すること等を目的と
する」等、「フランチャイズ・システムによる営業を的確に実施する限度にとどま
るものであ」るか否かというものである。

(1)　優越的地位の濫用について

　フランチャイズ・ガイドラインは、「加盟者に対して取引上優越した地位にある
本部が、加盟者に対して、フランチャイズ・システムによる営業を的確に実施する

限度を超えて、正常な商慣習に照らして不当に加盟者に不利益となるように取引の条件を設定し、若しくは変更し、又は取引を実施する場合には、フランチャイズ契約又は本部の行為が優越的地位の濫用に該当する。」とする。

この「本部が取引上優越した地位にある場合」とは、「フランチャイズ・システムにおける本部と加盟者との取引において、加盟者にとって本部との取引の継続が困難になることが事業経営上大きな支障を来たすため、本部の要請が自己にとって著しく不利益なものであっても、これを受け入れざるを得ないような場合であり、その判断に当たっては、加盟者の本部に対する取引依存度（本部による経営指導等への依存度、商品及び原材料等の本部又は本部推奨先からの仕入割合等）、本部の市場における地位、加盟者の取引先の変更可能性（初期投資の額、中途解約権の有無及びその内容、違約金の有無及びその金額、契約期間等）、本部及び加盟者間の事業規模の格差等を総合的に考慮する。」とする。

ア　個別の契約条項や本部の行為が濫用行為に該当する場合

個別の契約条項や本部の行為が濫用行為に該当するか否かは、「フランチャイズ・システムによる営業を的確に実施する限度を超えて」次のような行為を行っているかどうかで判断される。

【取引先制限】

本部が加盟者に対して、商品、原材料等の注文先や加盟者の店舗の清掃、内外装工事等の依頼先について、正当な理由がないのに、本部又は本部の指定する事業者とのみ取引させることにより、良質廉価で商品又は役務を提供する他の事業者と取引させないようにすること。

例えば、加盟者が本部の推奨する仕入先以外でも同種同等の商品が入手できる場合に、本部の推奨する仕入先から購入させたいのであれば、なぜそうしたいのかを十分吟味するべきであろう。

【仕入数量の強制】

本部が加盟者に対して、加盟者の販売する商品又は使用する原材料について、返品が認められないにもかかわらず、実際の販売に必要な範囲を超えて、本部が仕入数量を指示し、当該数量を仕入れることを余儀なくさせること。

例えば、本部が加盟者に対して、本部が設定したノルマや目標数値を達成するために、返品不可の商品の仕入数量を一方的に指示したり、メーカー協賛のキャンペーンなどに際して、加盟者に対して本部が一方的に必要と決めた数量を発注するよう指示することが挙げられる。

【見切り販売の制限】

実際に売れた商品のみの仕入原価を売上原価と定義し、売上高から当該売上原価を控除することにより算定したものを売上総利益と定義したうえで、当該売上総利益がロイヤルティの算定の基準となる場合において、本部が加盟者に対して、正当な理由がないのに、品質が急速に低下する商品等の見切り販売を制限し、売れ残りとして廃棄することを余儀なくさせること。

この見切り販売については、「煩雑な手続を必要とすることによって加盟者が見切り販売を断念せざるを得なくなることのないよう、本部は、柔軟な売価変更が可能な仕組みを構築するとともに、加盟者が実際に見切り販売を行うことができるよう、見切り販売を行うための手続を加盟者に十分説明することが望ましい。」としている。これは、あくまで契約上、売価の決定権が加盟者にあることが前提となっている。

この見切り販売の制限については、廃棄分の原価が売上原価に算入されるか否かで大きく意味合いが変わってくる。廃棄分の原価が売上原価に算入されない場合、廃棄があってもその分を売上高から控除できなくなるので、「廃棄ロス原価を売上原価に算入した上で売上総利益を算定する方式に比べて、ロイヤルティの額が高くなり、加盟者の不利益が大きくなりやすい。（注9）」従って、加盟者としては、安くしてでも売った方がロイヤルティの負担を軽減できることになる。

【営業時間の短縮に係る協議拒絶】

本部が、加盟者に対し、契約期間中であっても両者で合意すれば契約時等に定めた営業時間の短縮が認められるとしているにもかかわらず、24時間営業等が損益の悪化を招いていることを理由として営業時間の短縮を希望する加盟者に対し、正当な理由なく協議を一方的に拒絶し、協議しないまま、従前の営業時間を受け入れさせること。

これは、あくまで営業時間の短縮について協議の余地があるとしている契約条項があるにもかかわらず、本部がそれを拒むこと（契約を守らないこと）が問題になっているのである。営業時間が予め決まっており、協議の余地を残さないような契約については、少なくとも本ガイドラインの対象外である。

【事前の取決めに反するドミナント出店等】

ドミナント出店を行わないとの事前の取決めがあるにもかかわらず、ドミナント出店が加盟者の損益の悪化を招く場合において、本部が、当該取決めに反してドミナント出店を行うこと。

また、ドミナント出店を行う場合には、本部が、損益の悪化を招くときなどに加盟者に支援等を行うとの事前の取決めがあるにもかかわらず、当該取決めに反して加盟者に対し一切の支援等を行わないこと。

【契約締結後の契約内容の変更】

当初のフランチャイズ契約に規定されていない新規事業の導入によって、加盟者が得られる利益の範囲を超える費用を負担するにもかかわらず、本部が、新規事業を導入しなければ不利益な取扱いをすること等を示唆し、加盟者に対して新規事業の導入を余儀なくさせること。

【契約終了後の競業禁止】

本部が加盟者に対して、特定地域で成立している本部の商圏の維持、本部が加盟者に対して供与したノウハウの保護等に必要な範囲を超えるような地域、期間又は内容の競業禁止義務を課すこと。

イ　契約全体としてみて本部の取引方法が濫用行為に該当する場合

フランチャイズ・ガイドラインでは、以下の考慮される事項が挙げられている。

①　取扱い商品の制限、販売方法の制限については、本部の統一ブランド・イメージを維持するために必要な範囲を超えて、一律に（細部に至るまで）統制を加えていないか。

②　一定の売上高の達成については、それが義務的であり、市場の実情を無視して過大なものになっていないか、また、その代金を一方的に徴収していないか。

③　加盟者に契約の解約権を与えず、又は解約の場合高額の違約金を課していないか。

④　契約期間については、加盟者が投資を回収するに足る期間を著しく超えたものになっていないか。あるいは、投資を回収するに足る期間を著しく下回っていないか。

(2)　**抱き合わせ販売等・拘束条件付取引について**

フランチャイズ・ガイドラインでは、「フランチャイズ契約に基づく営業ノウハウの供与に併せて、本部が加盟者に対して、自己や自己の指定する事業者から商品、原材料等の供給を受けさせるようにすることが抱き合わせ販売等に該当するかどうかについては、行為者の地位、行為の範囲、相手方の数・規模、拘束の程度等を総合勘案して判断する」とされ、「拘束条件付取引に該当するかどうかについては、行為者の地位、拘束の相手方の事業者間の競争に及ぼす効果、指定先の事業者間の

競争に及ぼす効果等を総合勘案して判断される。」とする。

⑶　販売価格の制限について

　フランチャイズ・ガイドラインでは、まず「販売価格については、統一的営業・消費者の選択基準の明示の観点から、必要に応じて希望価格の提示は許される。」という。この意味は、流通において、メーカーが卸や小売りに対して希望小売価格を提示することは許されるとされているように、フランチャイズ・システムにあってもでは、本部が加盟者に対して推奨価格を提示することは許されるということを意味する。

　フランチャイズ・ガイドラインは、続いて「しかし、加盟者が地域市場の実情に応じて販売価格を設定しなければならない場合や売れ残り商品等について値下げして販売しなければならない場合などもあることから、本部が加盟者に商品を供給している場合、加盟者の販売価格（再販売価格）を拘束することは、原則として再販売価格の拘束に該当する。」とする。

　そして、「本部が加盟者に商品を直接供給していない場合であっても、加盟者が供給する商品又は役務の価格を不当に拘束する場合は、拘束条件付取引に該当することとなり、これについては、地域市場の状況、本部の販売価格への関与の状況等を総合勘案して判断される。」とする。

　フランチャイズ・システムにおいても、再販売価格の拘束は原則として違法であるとされている。ただ、本部が納品したものを加盟者がそのまま販売するということは、あまりないであろう。

　一方で、それ以外の価格拘束については、「地域市場の状況、本部の販売価格への関与の状況等を総合勘案して判断される」として、単純な再販売価格の拘束とは異なる要件で判断されるという立場を採用している。事実上、本部が加盟者に対し、商品やサービスの価格を指示して守らせていることは多いと思われるが、少なくともフランチャイズ・ガイドライン上は、グレーな扱いといわざるを得ない。

第2章 フランチャイズ・ビジネスに関連する判例集

Ⅰ. 判例を分析・検討するに当たっての留意点

1. 判例の意味

　判決は、裁判所が口頭弁論に基づいて判決書を作成し、言い渡される形式の裁判をいうが、判例は、個々の特定の裁判において「判決理由」中で示された裁判所の法律的な判断である。

　われわれがフランチャイズの判例を検討・分析するのは、判例が将来の別の事件を裁判するときの先例となる場合に、当該問題に対する行動指針となるからである。

　従って、世の中に数ある裁判所の判決の中から、検討・分析するにふさわしい判決を選び出すことが重要な課題となる。

　一つの判決が出たからといって、その後も、その判決と同様の判断になるとは限らない。三審制の下では、判決が確定したか否か、つまり争えない状態になっているかに注意を払う必要がある。確定していれば、その判決は覆らない。その意味では、最終的な拘束力を持つのは、最高裁判所の判例ということになるが、全ての問題点に最高裁判所の判例が存在するわけではなく、その時々の地方裁判所、高等裁判所の判決であっても、行動指針として検討・分析する必要がある。

2. 判例の収集

　フランチャイズの判例を集めることは、それほど簡単ではない。裁判所のウェブサイトがあるが、知的財産権の判決は原則として公表されるが、その他は全ての判決が公表されるわけではない。

　従来は『判例時報』や『判例タイムズ』などの雑誌で調べていたが、現在では、Webの判例検索サイトも活用できる。判例検索サイトでは、フランチャイズのキーワードを入れて検索できる。

　上述の雑誌などで公表されるには、相当な時間を要するので、裁判が継続中であるという情報を得た場合は、裁判所、当事者名が分かれば裁判所で事件番号を調べて記録の閲覧を申請することができる。謄写は、法律上の利害関係がないと認めら

れないが、閲覧は誰でも可能である。

3．判例の読み方

　以下に取り上げた判決は、全てが後の裁判に一定の拘束力を持つ判例とは限らないが、フランチャイズ・ビジネスを行う上で、参考となる主なものを取り上げた（平成10年以降の判決を中心に抽出）。

　判例の読み方という点では、まず、争点について、判断基準、後の規範となる部分に着目してほしい。次に、その規範となる部分の当該事案での当てはめ部分にも着目してほしい。どのような要素をどのように評価しているのかを知るためである。

　解説については、出典や『フランチャイズエイジ』などを参照されたい。判決は原文のままではなく、原告、控訴人、上告人などをＸ、被告、被控訴人、被上告人をＹと表示し、証拠などを省略した（省略部分は……で表示）。また、一つの判決に複数の争点を含む場合、分類に応じて、取り上げた争点以外を省略するなどしている。

Ⅱ．民事事件

第1節　標章の使用

　商号、商標、不正競争行為などについて、フランチャイズでは、フランチャイザーがフランチャイジーに対して、差止めなどを請求する場合とフランチャイザーが第三者に対して差止めなどを請求する場合がある。商標権侵害、不正競争行為の判断については、フランチャイズに特有という問題はなく、一般的な判例と大きく変わるところはない。

1．フランチャイザーのフランチャイジーに対する差止め
(1)　大阪地判平成17年5月26日
　　　　　　　（裁判所ウェブサイト、フランチャイズエイジ2007年1月号20〜24頁）

「メガネの愛眼チェーン」のフランチャイザーであるＸが、フランチャイジーであったＹ1及びそのグループ会社（以下、Ｙ2、Ｙ3、Ｙ4）等を被告として、原告登録商標と類似する標章の抹消、標章を付したチラシの破棄等を請求した事例である。

(2) 知財高判平成27年9月15日

(裁判所ウェブサイト、フランチャイズエイジ2016年5月号20〜23頁)

X（赤帽軽自動車運送協同組合、都道府県ごとの組合の連合組織）が元組合員であるYの「舞妓マークの」「京都赤帽」の商標登録無効審判請求の不成立審決の取消を求めた事例である。

【判決要旨】

「商標法4条1項15号の『他人の業務に係る商品又は役務と混同を生ずるおそれがある商標』には、当該商標をその指定商品又は役務に使用したときに、当該商品又は役務が他人の業務に係る商品又は役務であると誤信されるおそれがある商標のみならず、当該商品又は役務が上記他人との間にいわゆる親子会社や系列会社等の緊密な営業上の関係又は同一の表示による商品化事業を営むグループに属する関係にある営業主の業務に係る商品又は役務であると誤信されるおそれがある商標が含まれる。そして、上記の『混同を生ずるおそれ』の有無は、当該商標と他人の表示との類似性の程度、他人の表示の周知著名性及び独創性の程度や、当該商標の指定商品又は指定役務と他人の業務に係る商品又は役務との間の性質、用途又は目的における関連性の程度並びに商品又は役務の取引者及び需要者の共通性その他取引の実情などに照らし、当該商標の指定商品又は指定役務の取引者及び需要者において普通に払われる注意力を基準として、総合的に判断されるべきものである（最判平成12年7月11日、民集54巻6号1848頁）。」

「本件商標を構成する『赤帽』の語以外の部分のうち、『京都』は、地名としての京都府や京都市との観念を生じ、『舞妓図形』及び『舞妓マークの』は、京都の『舞妓さん』を想起させるものである。そして、Xを構成する組合は、京都府にも存在する。さらに、『赤帽』商標の周知著名性の程度の高さや、本件商標と『赤帽』商標とにおける役務の同一性並びに取引者及び需要者の共通性に照らすと、本件商標が指定役務に使用されたときは、その構成中の『赤帽』部分がこれに接する取引者及び需要者の注意を特に強く引くであろうことは容易に予想できるのであって、本件商標からは、X又はXと緊密な関係にある営業主の業務に係る役務であるとの観念も生ずるということができる。……『赤帽』商標と同一の部分をその構成の一部に含む結合商標であって、その外観、称呼及び観念上、この同一の部分がその余の部分から分離して認識され得るものであることに加え、『赤帽』商標の周知著名性の程度が高く、しかも、本件商標の指定役務と『赤帽』商標の使用されている役務とが重複し、両者の取引者及び需要者も共通している。これらの事情を総合的に判

断すれば、本件商標は、これに接した取引者及び需要者に対し『赤帽』商標を連想させて役務の出所につき誤認を生じさせるものであり、その商標登録を維持する場合には、『赤帽』商標の持つ顧客吸引力へのただ乗りやその希釈化を招くという結果を生じ兼ねないと考えられる。そうすると、本件商標は、商標法4条1項15号にいう『混同を生ずるおそれがある商標』に当たると判断するのが相当であ」る。

2．フランチャイザーの第三者に対する差止め
(3)　大阪高判平成10年1月30日
（知財集30巻1号1頁、フランチャイズエイジ2007年7月号28〜31頁）

本事件は、フランチャイザーであるXが第三者であるYに対して不正競争防止法2条1項1号に基づき、Yの営業表示の差止め、商品の包装等の印刷物からの営業表示の抹消及び商号登記の抹消登記手続を求めた事例である。

【判決要旨】

「不正競争防止法2条1項1号にいう『混同を生じさせる行為』には、他人の周知の営業表示と同一又は類似の表示を使用する者が、自己と右他人とを同一営業主体と誤認させる行為のみならず、両者間にいわゆる親会社、子会社の関係や系列関係などの緊密な営業上の関係が存するものと誤信させる行為（いわゆる広義の混同）をも包含し、かつ右他人の周知の営業表示と同一又は類似の表示を使用する者と右他人との間に競争関係があることは必ずしも必要なく（最判昭和58年10月7日第2小法廷・民集37.8.1082、最判昭和59年5月29日第3小法廷・民集38.7.920）、また商品の販売形態が異なるとしてもそのことによって当然に出所を混同誤認するおそれがない、とはいえない。」

「Xの営業内容は、洋菓子の販売を中心とするものであって、かつ特約店あるいはフランチャイズ・チェーン店による販売活動を展開しているところ、『コトブキ』の周知性とも相まって、その営業表示は洋菓子と強く結びついて一般消費者や需要者に認識されているものと認められる。しかしながら、右のとおりであるとしても、Xの商品といえば、洋菓子に限られ、和菓子はXのものではないとの認識が一般消費者や需要者の間に深く、広く浸透しているということを認めさせるに足りる証拠もない。

そして、洋菓子も和菓子もともに同じ菓子類であって密接に関連する品目であるから、単に洋風か和風か、あるいは高級洋菓子か観光土産用の菓子かの差異で、両者の出所が混同されるおそれがないとも言い難い。また、これらの商品を購入する

顧客についていうと、スーパーマーケットやフランチャイズ・チェーン店で購入する顧客と駅構内のキオスクやホテルの売店で購入する顧客同士の間に、顧客層の差異といえる程の顕著な違いがあるとは解されず、購入の動機が多分に機会的なものに過ぎないという差異があるにとどまる（高級洋菓子店の顧客も、もとより旅行客の立場になり得るものであって、その日常の商品指向が固定していて土産物店で観光土産を購入する際にも右商品指向に左右されおよそ土産用として販売されている和菓子を購入する余地がないとは断ずることができない）と解するのが相当である。」

3．店舗外観の模倣

(4)　大阪高判平成19年12月4日

（裁判所ウェブサイト、大阪地判平成19年7月3日判時2003号130頁）

　店舗外観が類似する営業表示の使用の差止めを請求した事案において、店舗外観が営業主体性を有する場合があることを認めたが、請求は否定した事例である。

【判決要旨】

　大阪地判は、「店舗外観は、それ自体は営業主体を識別させるために選択されるものではないが、特徴的な店舗外観の長年にわたる使用等により、第二次的に店舗外観全体も特定の営業主体を識別する営業表示性を取得する場合もあり得ないではないとも解され、X店舗外観全体もかかる営業表示性を取得し得る余地があること自体は否定することができない。しかし、仮に店舗外観全体について周知営業表示性が認められたとしても、これを前提に店舗外観全体の類否を検討するに当たっては、単に、店舗外観を全体として見た場合の漠然とした印象、雰囲気や、当該店舗外観に関するコンセプトに似ている点があるというだけでは足りず、少なくとも需要者の目を惹く特徴的ないし主要な構成部分が同一であるか著しく類似しており、その結果、飲食店の利用者たる需要者において、当該店舗の営業主体が同一であるとの誤認混同を生じさせる客観的なおそれがあることを要すると解すべきである。」として、店舗外観が営業主体性を有する場合があることを認めたが、結論は否定した。大阪高判も同様である。

(5)　東京地決平成28年12月19日

（裁判所ウェブサイト）

　コーヒー店のフランチャイズにおいて、店舗外装、店内構造及び内装について不正競争行為に該当するとして使用差止などの仮処分決定を下した事例である。

103

【決定要旨】

「店舗の外観（店舗の外装、店内構造及び内装）は、通常それ自体は営業主体を識別させること（営業の出所の表示）を目的として選択されるものではないが、場合によっては営業主体の店舗イメージを具現することを一つの目的として選択されることがある上、①店舗の外観が客観的に他の同種店舗の外観とは異なる顕著な特徴を有しており、②当該外観が特定の事業者（その包括承継人を含む。）によって継続的・独占的に使用された期間の長さや、当該外観を含む営業の態様等に関する宣伝の状況などに照らし、需要者において当該外観を有する店舗における営業が特定の事業者の出所を表示するものとして広く認識されるに至ったと認められる場合には、店舗の外観全体が特定の営業主体を識別する（出所を表示する）営業表示性を獲得し、不競法2条1項1号及び2号にいう「商品等表示」に該当するというべきである。」として、店舗の使用差止等を認めた。

(6)　知財高判令和4年9月14日

（フランチャイズエイジ2024年1月号）

フランチャイズ契約終了後に元加盟者が登録した商標が公序良俗に反するおそれがあるとして無効とされた事例である。

【判決要旨】

「本件商標の出願登録は、商標制度における先願主義を悪用するものであり、社会通念に照らして著しく社会的相当性を欠く事情があるというべきであって、こうした商標の登録出願及び設定登録を許せば、商標を保護することにより商標の使用する者の業務上の信用を図り、もって産業の発達に寄与し、あわせて需要者の利益を保護することを目的とする商標法の目的に反することになりかねないから、本件商標は、公の秩序に反するものであるというべきであって、商標法4条1項7号に該当する。」

第2節　加盟希望者の募集

フランチャイザーの説明義務、情報提供義務、保護義務などを巡る判例が多数あるので、以下、これらの義務の違反を認めた肯定事例、認めなかった否定事例の主なものを取り上げる。

1 説明義務

(7) 東京地判平成11年10月27日

(判時1711号105頁、フランチャイズエイジ2014年 5 月号21～24頁)

酒類・医薬品の販売に関するフランチャイズにおいて、フランチャイジーである X がフランチャイザーである Y に対して、販売システムが酒税法及び薬事法に違反していたことについて、その事業が行政法規に違反する疑いがあることの説明義務違反を理由とする損害賠償請求が認容された事例である。

(8) 東京地判令和 3 年 7 月28日

(フランチャイズエイジ2022年 9 月号)

【判決要旨】

「被告は、有料職業紹介事業のフランチャイズ事業を展開している会社であるところ、そのような会社とフランチャイズ契約を締結しようとする者は、有料職業紹介事業を行うために必要な許可の要件や基準を熟知しているとは限らず、しかも、その許可が得られない場合はフランチャイズ契約を締結した目的を達することができないことになるから、有料職業紹介事業を行うために必要な許可の要件や基準は、フランチャイズ契約を締結するか否かに関する判断に影響を及ぼすべき情報であり、被告は、契約締結に向けた準備段階において、原告に対し、それを適切に説明すべき信義則上の義務を負っていたというべきである。……被告は、本件契約締結前に行われた説明会において、有料職業紹介事業を行うには許可が必要であると記載された資料を交付したものの、上記資料には許可を受けるための要件や基準は記載されておらず、被告も、本件契約締結前にはそのようなことは全く説明せず、かえって、上記資料には、契約締結後に被告が許可取得について各種サポートをする旨記載しており、あたかも許可を取得することに大きな支障がないかのような印象を与える記載をしていたこと、そのため、原告は、被告と本件契約を締結し、被告に多額の加盟金等を支払ったが、その後の開業前研修において有料職業紹介事業の許可を受けるための資産基準を知って、許可を受けられる見込みがないと判断して有料職業紹介事業を行うことを断念し、加盟金等として支払った金員に相当する損害を受けたことが認められる。…したがって、被告は、本件契約の締結に先立ち、信義則上の説明義務に違反して、本件契約を締結するか否かに関する判断に影響を及ぼすべき事項を原告に説明せず、そのために原告は損害を受けたものであるから、被告は、原告に対し、原告が受けた損害について、不法行為による賠償責任を負うと

いうべきである。」

2　情報提供義務

【否定事例】

(9)　東京地判平成14年 1 月25日

（裁判所ウェブサイト）

　フランチャイザーが、フランチャイズ契約を締結する際にフランチャイジーに対して提供した売上予測が、実際の売上げと異なっていたとしても、予測の手法が相当であり、これに用いた基礎数値が客観的根拠を有する場合には、その売上げ予測には合理性があるとして、フランチャイジーであるXのフランチャイザーであるYに対する損害賠償請求が棄却された事例（控訴棄却、上告棄却、上告不受理）である。

【判決要旨】

　「フランチャイズ契約は、フランチャイジーが、フランチャイザーの商標、サービスマーク等の営業の象徴となる標識、信用、経営のノウハウ及び経営指導力を活用して、自己の利益を追求し、他方、フランチャイザーは、フランチャイジーの有する資金や人材を活用して、自己の事業を拡大することで共存しながら互いの利益を追求することを本質とするものであるが、フランチャイザーとフランチャイジーとの間では、その立場及び経験上、知識、情報量及び資金力において圧倒的な格差があることが多い。そして、フランチャイズに加盟しようとする者にとって、専門的知識を有し、豊富な情報量と資金力を有するフランチャイザーの売上げ予測及び総事業費予測は、加盟するか否かを決定づける重要な要素となり得るものである。したがって、一般に、フランチャイザー及びその従業員は、フランチャイジーの勧誘に当たり、客観的かつ的確な売上げ予測及び総事業費予測を提供すべき注意義務を負うものというべきである。……もっとも、売上げ予測及び総事業費予測は、将来の事業活動の結果を事前に予想するものであるところ、事業活動の成果は、その時々の経済情勢やその他の諸要因により容易に変化する性質のものであるから、当然のことながら、これを正確かつ確実に予測することは極めて困難というべきであり、また、そのような性質を有するために、予測の手法も確立した一定の方式が存するものとは認められない。……したがって、フランチャイザーがフランチャイズ契約を締結するに際して提供した売上げ予測及び総事業費予測が、事業活動の結果として現れた実際の売上げ及び総事業費の実績と異なるものとなったとしても、こ

のことから直ちに客観的かつ的確な売上げ予測及び総事業費予測を提供すべき注意義務に違反するものではなく、予測の手法自体が明白に相当性を欠いた不合理なものであったり、これに用いられた基礎数値が客観的根拠を欠いている場合など、売上げ予測及び総事業費予測が全く合理性を欠き、フランチャイジーに契約締結に関する判断を誤らせるおそれが著しく大きいものである場合に限って、前記注意義務の違反となり、フランチャイジーがこれによって被った損害を賠償する責任を負うものと解するのが相当である。」

(10) 那覇地判平成17年3月24日

(判タ1195号143頁、フランチャイズエイジ2006年9月号18〜22頁)

　コンビニエンスストアの経営を目的とする加盟契約について、フランチャイザーの担当者に、客観的かつ合理的な資料に基づく正確な情報を提供すべき義務違反がなかったとして、フランチャイザーに対する損害賠償請求が認められなかった事例である。

(11) 東京地判平成25年3月27日

(Westlaw.Japan2013WLJPCA03278004、フランチャイズエイジ2015年7月号24〜27頁)

　フランチャイジーとして学習塾を経営していたXが、フランチャイザーであるYに対して信義則上の情報提供義務違反を理由として損害賠償を請求した事案について、Yが売上げ・収益予測についての情報を提供したと認めることはできない上、その代わりに提供した売上げの目安と収入の目安に係る情報は客観的で合理性を有するものであったといえるから、Yに消極的情報提供義務違反は認められず、また、売上げと収益に関する判断材料を提供している以上、積極的情報提供義務違反も認められないとして、Xの請求を棄却した事例である。

(12) 東京地判平成25年7月18日

(フランチャイズエイジ2016年1月号26〜29頁)

　保育所のフランチャイズにおいて、フランチャイジーであるXらが、フランチャイザーであるYに対し、Xらに紹介する物件の立地を調査すべき債務、客観的かつ適正なデータに基づいた収支予測などに関する情報を提供すべき信義則上の義務違反を理由として損害賠償を請求した事案について、これを否定した事例である。

(13) 東京地判平成27年6月18日

（フランチャイズエイジ2017年7月号）

　清掃業務の管理サービスのフランチャイズ本部である被告が、開業時から6か月の間に売上月額30万円分に相当する物件を紹介することがそもそも困難であったにもかかわらず、同程度の紹介を受けられるかのような虚偽の説明をしたとして、元加盟者である原告が被告の情報提供義務違反を理由に損害賠償請求訴訟を提起した事例である。

【判決要旨】

　「本件フランチャイズ契約が清掃業務を対象とするものであることからすれば、顧客との関係で業務の品質の高さが求められ、これを欠く場合に顧客からクレームが寄せられて、その後の加盟者による業務遂行に支障が生ずるおそれがあることは当然であり、パッケージを埋めるために6か月を要することについて、仮に原告が主張するように、被告による顧客の紹介が被告の営業と加盟店の増加状況に依拠している側面があったとしても、他方で、顧客からのクレームによる解約の防止のためにオーナーの業務への慣れを考慮するという趣旨による側面があることも、それ自体としては否定できないものと考えられるところであって、原告が主張する『大体6か月ほどかけて月30万円のパッケージを埋めていきます。』、『最初にまとめて渡さないのは、一度に仕事が増えるとオーナーが対応できずにクレームとなり、解約される心配があるので、業務への慣れを考えて少しずつ渡していきます。』との説明内容については、それ自体として直ちに虚偽であるとはいうことはできない。」として、情報提供義務違反を否定した。

【肯定事例】

(14) 千葉地判平成19年8月30日

（判タ1283号141頁、フランチャイズエイジ2009年3月号28～31頁）

　フランチャイジーであるXがフランチャイザーであるYに対して、Yの勧誘行為について、情報提供義務違反に基づく損害賠償を請求した事例である。

【判決要旨】

　「Yは、本件面接において、開業費用の他に店舗取得費及び改装費用が別途必要であることは説明したものの、その店舗改装費用としては200万円以上を要することが通常であり、Xの自己資金だけでは開業することが困難となるであろうことについては何ら告げず、かつ、初期投資総額の見込額などを記載した文書を交付することも一切せず、その後も、担当者において、店舗取得費及び改装費用が別途必要

であることを口頭で告げるにとどまっていたところ、そのような状況のもとで、自営業を営んだこともない一介の主婦であり、自己資金も500万円程度と申告していた原告Aに対し、決して低額とはいえない加入準備金52万5,000円を支払うよう誘引し、現にその全額を入金させた後に、上記金員について不返還の条項を定めた本件申込書を送付し、その内容については何ら説明することもなく、さらに、その後、268万円にものぼる加入金の残額等を入金させた後に、上記金員についても不返還条項を定めた本件基本契約書を提示し署名押印させるに至ったものであったところ、以上のような本件フランチャイズ契約の締結に至る経緯を概観するならば、Xは、上記のとおり52万5,000円を入金した時点において、もしくは、遅くとも、268万円を入金した時点においては、上記被告Cの勧誘方法により、本件フランチャイズ契約の締結を断念する意思を自由に形成することが必ずしも容易にはできない状態になっていたものと認めるのが相当である。

そうすると、Yは、本件フランチャイズ契約の締結の際には、Xに対して、本件基本契約書及び本件個別契約書を読み聞かせ、その内容を理解させることに一応努めてはいるものの、既に、それ以前の時点において、自らの勧誘方法により、Xに対して不適切な影響を与えていたものと解さざるを得ないから、前記のとおり、契約締結の以前において信義則上フランチャイザーとして求められていた適時かつ正確に情報を開示・提供すべき義務を尽くしたものと評価することはできない。」

(15) 大津地判平成21年2月5日
（判タ2071号76頁、フランチャイズエイジ2011年1月号22～25頁）

Yのフランチャイジーとして菓子などの販売業務に従事していたXが、Yに対し、Yの売上げ予測に関する情報提供義務違反を理由として損害賠償を求めた事案について、Yはシェア率の設定において、過大な設定をして本件店舗の売上げ予測を誤り、Xに対して当該誤った売上げ予測や営業予測を提供していたとして、Yの情報提供義務違反を認めた上で、5割の過失相殺を認めて、Xの請求を一部認容した事例である。

(16) 大阪地判平成22年5月12日
（判タ1331号139頁、フランチャイズエイジ2011年3月号28～31頁）

Yとの間でフランチャイズ契約を締結し、洗車場経営をしていたXが、Yの情報提供義務違反を主張して損害賠償請求をした事案について、Yによる立地診断や収

益予測には客観的かつ正確な情報を提供すべき信義則上の義務違反があったとして、初期投資費用につき損害を認め、7割の過失相殺をして一部認容した事例である。

(17) 横浜地判平成27年1月13日

（判時2267号71頁、フランチャイズエイジ2016年3月号24～27頁）

フランチャイザーであるYの経営するパソコン教室のフランチャイジーであったXが、Yとのフランチャイズ契約の締結に当たってYに情報提供義務違反があったとして、Yに対し、損害賠償を請求した事案について、一部認容した事例である。

(18) 東京地判平成29年12月21日

（フランチャイズエイジ2018年7月号）

放置自転車の撤去等を事業（本件事業）とするフランチャイズ本部である被告会社が、本件事業に係るビジネスセミナー（本件セミナー）において提示された情報が事実に即さないものであったとして元加盟者らが被告会社、被告会社の代表者Y1及びセミナーの開催者である被告Y2を情報提供義務違反で訴えたところ、裁判所は本部の情報提供義務違反を認めた事例（過失相殺5割）。

【判決要旨】

「本件事業がフランチャイズ事業の性質を有する事業であることは当事者間に争いがないところ、フランチャイズ事業においては、一般的にフランチャイザーは、当該事業に関し十分な知識と経験を有し、当該事業の現状や今後の見通しについて豊富な情報を有しているのに対し、フランチャイジーになろうとする者は、当該事業に関する知識も経験もないからこそフランチャイザーと契約を締結し、知識や経験を補完しようとする者であり、フランチャイジーになろうとする者が、フランチャイズ契約を締結するか否かを判断するに当たっては、フランチャイザーから提供される情報に頼らざるを得ないのが実情である。……当該事業の売上、収益に関する事項は、契約締結に関するフランチャイジーの判断に重大な影響を及ぼす核心部分ともいえる事項であるから、フランチャイザーが契約締結過程において、収益予測についての情報を提供する場合には、フランチャイジーにおいて当該契約を締結するか否かについて的確な判断ができるよう客観的かつ正確な情報を提供する信義則上の義務を負うべきものと解すべきであり、本件事業及び本件セミナーの開催を共同で行っている被告会社及び被告Y2においても当該義務を負うものといえる。……被告会社及び被告Y2が上記の義務に違反した結果、本件事業への加盟希望者

である原告らが的確な判断ができないまま、本件契約を締結し、それによって損害を被った場合には、上記義務違反に基づき、原告らに対して損害を賠償する義務を負うものというべきである。」

「原告らの参加した本件セミナーにおいては、パワーポイントを用いて、売上高・経費・利益のシミュレーションを『年収500万円→年収700万円→さらなる展開可能』として『輸出Ａ・800円×400台＝32万円』『年間57万円×12＝684万円』などと示したうえで、これと前後してセミナー参加者との間で参加者それぞれにどれだけ稼ぎたいかという質疑応答をし、月額200万円の稼ぎは無理だが、100万円はできるんじゃないかなどと回答をしていたことが認められる。……上記のようなシミュレーションの内容に加えて、収益に関する本件セミナー参加者との質疑応答時に月額100万円の稼ぎであれば実現可能であるという趣旨の説明も併せて行われていたこと、別紙にはシミュレーションと共に『立場に関係なくやったらしっかり稼げる』などと特段の留保もなく記載されていること、さらに、本件セミナーにおいては、当時東京都内で少なくとも数社の放置自転車回収事業者が存在することは説明されずに本件事業に係る回収対象となる放置自転車の数はやり切れないほどあるなどという説明がされていたことを併せ考えると、別紙のとおり示されたシミュレーションは、本件セミナーに参加した加盟希望者（原告ら）に対し、本件事業に加盟したパートナーの標準的な収入（売上）を表すものであるという認識を与えるに十分なものであったというべきである。……そして、①別紙のシミュレーションに示された売上高は、千葉県船橋市において本件事業を執り行っているＹ２の実績を元にしたものということであるが、当該実績の裏付けとなる客観証拠は提出されていないこと、②原告らにおいて本件事業に係るシステム上の情報を元にした原告ら以外の既存パートナーらの売上高が別紙のシミュレーションの数値には遠く及ばないこと、③②の一方で被告らは既存パートナーの売上高に関する情報を収集しておらず、その平均値の情報も有していないなどと述べるにとどまり、既存パートナーの売上高に関する実績値の平均値に関し特段の立証を行っていないことからすれば、別紙のシミュレーションの内容は本件事業のパートナーの標準的な営業実態にはそぐわないことは優に推認されるというべきである。……上記によれば、被告会社及びＹ２には売上高に関する情報提供義務違反があり、これによって原告らは的確な判断ができないまま本件契約を締結したのであるから、上記被告ら及び被告会社代表者として本件セミナーを開催し、説明を行ったＹ１は、共同不法行為に基づき、上記義務違反により原告らが受けた損害について賠償する責任があるというべきである。」

(19) 東京地判平成30年 3 月28日

（フランチャイズエイジ2019年 3 月号）

　住宅設備に表面処理を施す事業（本件事業）のフランチャイズ本部である被告が、自らのウェブサイトに「年商2,000万円超えの加盟店オーナー続々誕生！」「驚異の利益率！　なんと粗利は90％」の見出し（本件見出し）を掲示するなどして、加盟者を勧誘していたのは本部の情報提供義務に違反するとして、元加盟店オーナーである原告が訴えを提起したところ、裁判所は本部の情報提供義務を認めた事例（過失相殺なし）。

【判決要旨】

　「新規に契約を募集するフランチャイザーは、フランチャイジーとなろうとする者に、契約の締結にあたり的確な判断ができるように事業内容について客観的かつ正確な情報を提供すべき信義則上の義務があると解されるところ、フランチャイズ事業の収益に関する情報は、売上の予測が契約締結の判断において重要な動機となるものであることからすると、特に客観的かつ正確なものを提供することが求められているというべきである。……原告は、本件事業の説明会において、被告担当者のＢからパンフレットを示されて、本件事業が高単価、高収益な事業モデルであるとの説明を受け、さらにいずれも月額100万円を超える店舗の収支を記載した本件収益表を示されて、これが実在する店舗の売上であるとの説明を受けたが、Ｂが示した本件収益表に記載された売上が実在の店舗のものであるとしても、これらは平成25年当時の全加盟店平均売上である50万1,214円を大幅に上回るものであり本件事業の収支モデルを的確に反映したものであるとは言い難い上に、被告は原告らに対し全加盟店の平均売上を不要であるとして開示していないのであって、Ｂの説明は、原告が本件事業の収支を予測する上で不十分又は不正確なものであったというべきである。……また、原告は、説明会後に被告のウェブサイトをみたところ、「年商2,000万円超えのオーナー続々誕生！」、「驚異の利益率！　なんと90％」などの本件見出し等が掲載されており、加盟店になると高収入を得ることができるとのＢの説明と同趣旨の記載がされていたことから、その内容を信じたものであるが、本件見出しの内容と異なり原告が契約を締結した当時、年商2,000万円を超える加盟店は存在しておらず、また被告がいう粗利率についても、通常の用法と異なり事業年度単位のものではなく月単位のものであり、しかもこれには開業時に購入した資材購入費が含まれていないものであったにもかかわらず、Ｂは、原告に対し、これら本件見出しに関する正確な情報について、何らの説明もしていなかったと認めら

れる。……そして、原告は、Bから、本件事業は加盟店数を限定して少数精鋭にすることで被告本部から各加盟店に対し充実したサポートを行うことができるとの説明をうけ……さらに都内の4店舗について売上を示され、その大半が被告本部からの紹介でまかなわれており、新たに開業する店舗には被告本部から集中的に現場を紹介するので、開業すれば売上は月額50万円に上ることなどの説明を受けたと認められるところ……実際はBの説明内容と異なり、被告は平成25年当時の加盟店数が113店舗であったにもかかわらず、さらに拡大する方針をとっていたものであるし、被告本部から原告が紹介された案件はあったものの、その件数は4件にとどまり売上額も合計50万円に満たないものであったことからすると、Bの上記説明内容は不正確かつ不十分なものであったというべきである。……これらの事情からすれば、被告は、前記義務に違反して、年商2,000万円を超える加盟店が存在しないにもかかわらず本件見出しによって申し込みを誘引するとともに、その説明において本件事業が高単価、高収益な事業であると誤認させた上で、被告本部からの紹介で十分な売上を上げられるかのような不正確な収支情報を提供し原告をしてその旨誤信させて、実際には店舗数の拡大を図りながら少数精鋭を謳って契約の締結を煽り、契約を締結させたというべきであって、このような被告の行為は、情報提供義務に違反するものであり、被告は、原告に対し、不法行為に基づく損害賠償責任を負う。」

(20) 東京地判令和2年10月9日

（フランチャイズエイジ2022年1月号）

移動サービスの提供、携帯端末の販売など、移動通信サービスに関する事業をフランチャイズ展開する被告が、フランチャイズ契約締結に際し、根拠のない新規契約件数をもとに勧誘したとして、元加盟者である原告が、被告の情報提供義務違反を根拠として損害賠償請求訴訟を提起したところ、その請求が認められた事例（過失相殺7割）である。

【判決要旨】

「原告と被告は、スマホ総合サービス店の運営に関する本件各契約を締結したものであるところ、被告は、原告に対し、本件各契約の締結に際し、原告が経営しようとする店舗の売上げや収支予測について、客観的な根拠に基づく合理的な情報を提供すべき信義則上の義務を負っていたというべきである。……被告代表者は、本件各契約の締結に先立ち、原告代表者に対し、新規契約件数として月間200件を記載した事業計画書を提供したものの、その数値の根拠を示すことはなく、原告代表

者から既存の店舗の数値を見せるよう求められてもこれに応じなかった一方、ｂ店
について月間200件から300件の契約が決まりそうであること、ｃ店について現状の
月間新規契約件数は60件であるが増加が予想でき、月間300件から400件までいける
と思うこと等の見通しを示したことが認められる。……他方、平成28年度における
被告の代理店数、店舗数及び回線の純増数は3,000回線であった上、平成29年２月
から同年11月までの全国の被告の代理店の販売ランキングによれば、ｄ店の月間新
規契約件数が300件を超えることが３度あったほかは、いずれの店舗の月間新規契
約件数も100件を下回り、数十件であっても上位に位置付けられていたのであり、
これらのことからすると、少なくとも平成29年以前に被告の代理店において月間
200件の新規契約が締結されるのはごく例外的な場合であったということができる。
……そして、原告代表者は、本件各契約の締結を検討していたところ、被告代表者
から実際の店舗の実績を示されることなく、月間200件の新規契約件数を記載した
事業計画書の提供を受け、ｂ店やｃ店の将来の月間新規契約件数の見通しを示され
たのであって、これらの情報から、被告の代理店における一般的な数値として月間
200件の新規契約を期待することができ、月間300件や400件に達する店舗もあると
理解したとしても、やむを得ないものということができる。……以上によれば、原
告と被告が本件各契約を締結するに当たり、被告が原告に客観的な根拠に基づく合
理的な情報を提供していたということはできず、被告は、上記の信義則上の情報提
供義務を怠ったというべきであるから、原告に対し、民法709条に基づき、損害賠
償責任を負う。」

3　保護義務
【肯定事例】
(21)　東京高判平成11年10月28日
（判タ1023号203頁、フランチャイズエイジ2006年５月号22〜25頁）

　クリーニング店のフランチャイズにおいて、フランチャイジーであるＸがフラン
チャイザーであるＹに対して、Ｙから提供された情報が適正でないとして、保護義
務違反による損害賠償請求が認容された事例（過失相殺７割）である。
【判決要旨】
　「Ｙは、競合店について、行徳店の周辺１キロの第一次商圏内に11店舗あるもの
とした（実際には12店舗あった。）が、行徳店が他の多くの取次店と異なり、納期
については短時間に仕上げが可能なこと、誤配、紛失等のトラブルが少ないことを

特徴としているので、右取次店は実質的に競合店ではないとして、実質上の競合店数を数店舗（以内）として、同商圏内の１万3,436世帯のうちの2,100世帯を固定客にすることができると判断したものであるが、一般的に取次店とユニット店とで納期について特段の差があるものとは認められず、また、取次店とユニット店とでYの主張するようなトラブルの多寡（取次店に対する客の不安）があると認めるに足りる資料もなく、Yの主張するフランチャイズ店のユニット店としての特徴が顧客にとって店舗選択のポイントとはなっていないものと認めざるを得ない。そうすると、Yのした売上試算、予測は、競合店についての判断を誤ってしたものというほかなく、Yが契約に先立ってXに対して示した情報が客観的かつ的確な情報でなかったものと認められる。」

(22) 福岡高判平成18年１月31日

（判タ1216号172頁、フランチャイズエイジ2006年11月号20〜23頁）

フランチャイジーであるXがコンビニエンスストアのチェーン店を展開しているフランチャイザーであるYとの間で、フランチャイズ契約を締結するに当たって、Yが損益分岐点をはるかに下回る売上げ予測の数値を開示せず、Xの店舗も損益分岐点をクリアできるかのような説明に終始したことが信義則上の保護義務としての情報提供義務に違反するとして、XのYに対する開業関係費用の損害賠償請求を認めた事例（過失相殺２割５分）である。

(23) 仙台地判平成21年11月26日

（判タ1339号113頁、フランチャイズエイジ2011年11月号26〜29頁）

コンビニエンスストアのフランチャイズにおいて、フランチャイジーであるXがフランチャイザーであるYに対し、リロケート物件に関する情報提供に関して信義則上の保護義務違反を理由として損害賠償を請求した事例である。

【否定事例】

(24) 東京地判平成23年１月26日

（Westlaw.Japan2011WLJPCA01266004、フランチャイズエイジ2012年７月号30〜33頁）

元フランチャイジーであるXが、フランチャイザーであるYに対し、売上げ予測などの情報提供義務違反を理由として、損害賠償などを請求し、Yは、Xに対して未払いのロイヤルティなどを請求した事案について、Yの提供した売上げ予測（シミュレーション）は、十分な合理性を有するとはいえないものの、加盟希望者であ

るＸは、過去の勤務経験や知識、自己の調査結果に基づき、本件フランチャイズ店の開店を決意したと推認され、本件シミュレーションが同人に契約締結の判断を誤らせるおそれが著しく大きいものであったとは認められないから、Ｘの本件シミュレーションの提示は、信義則上の保護義務に違反するとはいえないなどとして、Ｘの請求を棄却した事例（Ｙの請求は一部認容）である。

【判決要旨】

「本件シミュレーション①②は、十分な合理性を有するものとはいえない。……しかしながら、……Ｘ２は、①およそ20年間にわたり、フランチャイズ事業を営む会社に勤務し、また、父であるＸ３の経営する洋菓子店のフランチャイズ店の手伝いをしていたこと、②その間、「カレーハウスCoCo壱番屋」のスーパーバイザーとして半年程度定期的に加盟店を訪問し、売上げや客数を確認するなどした上で、加盟店に対する指導をしたほか、「サイゼリヤ」高崎高島屋店の店長としておよそ６年間店長業務を経験し、さらに、およそ１か月間、サイゼリヤ高崎高島屋店の店長とサイゼリヤの高崎地区（所属店舗は７店舗）の担当マネージャーを兼務して、同地区に所属する店舗の売上げや収益、客数を把握するなどの業務に携わったこと、③本件両ＦＣ店を開店する決意をする前、それぞれ近隣の飲食店数店舗や周辺の店舗に行き、来客数、店舗に接する道路を通行する車両数及びその客層等を調査した上、本件両ＦＣ店についても、道路に立って店舗に接する道路を通行する車両数を数えるなどの交通量調査をしたこと、④上記③の調査終了後、本件両ＦＣ店を開業することを決意したこと、⑤本件シミュレーション①が佐野店の収支を基に作成されたものであることの説明を受け、佐野店のデータを見せてもらっていたこと、などがそれぞれ認められ、これらの事実を併せ考慮すれば、Ｘ２は、過去の勤務経験を通じて、フランチャイズの客数、車両数及び客層など、本件両ＦＣ店の予想売上げや収益を調査するのに必要な知識を有していたものであり、現に、自らこれらの調査を実施し、その結果に基づいて本件両ＦＣ店の開店を決意したものと推認されるから、本件シミュレーション①②が、Ｘ２に契約締結の判断を誤らせるおそれが著しく大きいものであったものとは認めることができない。」

第3節　出　　店

(25) 福岡地判平成23年9月15日

（判時2133号80頁、フランチャイズエイジ2015年1月号22～25頁、福岡高判平成25年3月

28日判時2209号10頁）

コンビニエンスストアのフランチャイジーであったXが、フランチャイザーであるYに対し、競合店を出店させたことが債務不履行及び不法行為に当たるとして損害賠償を請求した事案について、請求を否定した事例である。

【判決要旨】

「本件契約書6条1項及び2項前段では、セブン-イレブン店の経営の許諾は、Xの店舗の存在する一定の地域を画し、Xに排他的、独占的権利を与えたり、固有の営業地盤を認めたりすることを意味するものではなく、Yは、必要と考えるときはいつでも、Xの店舗の所在する同一市・町・村・区内の適当な場所において、新たに別のセブン-イレブン店の経営をさせることができると規定されているから、Yは、Xの承諾を得ることなく、原告の本件店舗と商圏が重なる地域に別のセブン-イレブン店を出店させることができる。

そうすると、たとえb店の商圏が本件店舗の商圏と一部重なり、b店の出店によって本件店舗の売上げが減少したとしても、そのことにより直ちに本件契約違反となるものではないし、また、不法行為が成立するものではない。

もっとも、本件契約書前文3項がXとYが相協力して、事業の繁栄を図ることを本件契約の目的の一つとして掲げていること、本件契約書6条2項後段において、Yは、Xの営業努力が十分報いられるように配慮すると規定されていることの趣旨からすれば、Yが別のセブン-イレブン店を出店させることによる本件店舗の売上げやXの生活に与える影響の程度、それに対するYの認識ないし認識可能性の有無によっては、別のセブン-イレブン店の出店が信義則（民法1条2項）に反するものとして債務不履行を構成する場合や不法行為を構成する場合もあり得るというべきである。」

第4節　経営指導、研修など

(26)　千葉地判平成19年8月30日

（判タ1283号141頁）

たこ焼き店のフランチャイズにおいて、フランチャイジーであるXがフランチャイザーであるYに対して、Yの営業指導義務違反などを理由として、損害賠償などを請求した事案について、これを認め、Xの請求の一部を認容した事例である。

【判決要旨】

「Xが受けた本件研修は、連日午前9時ころから翌午前2時ころまで、店舗でたこ焼きを焼く実地研修を受けながら、空き時間に仕材等の原価表を暗記し、そのテ

ストを受けるほか、毎日の終了後にDやFの面接を受けるというものであり、1か月を超えるものであったにもかかわらず、休日も与えられないというものであったところ、これらには泊まり込みながら初めてたこ焼きの業務を学ぼうとするXの精神的かつ肉体的な緊張や負担にYが細やかに配慮していた事情は十分には窺えず、客観的にみるならば、研修の処遇や条件そのものについて、既に適切さを欠いていたとの指摘は免れないというべきである上、その内容についてみても、実技に重点が置かれていたことについてはある程度首肯できるものの、自営業の経験など全くなかった原告Aにとって、それと同程度に重視されるべき経営や営業に関する事項については、単に仕材等の原価表を暗記させ、その正答率を高めさせることに終始していたこと、原価率以外に営業に際して不可避的に発生するロス（たこ焼きの廃棄等）について、それをどのように収益に考慮し以後の経営に反映させていくのかなどについて指導した形跡も全く窺えないことなどに鑑みると、Yがオープンを間近に控えたXに対して実施した本件研修は、フランチャイザーが行うものとしては不十分なものであったといわざるを得ない。……Yは、50円引券を1万枚用意し、これをXに配布するよう指導したというのであるところ、結果として、上記50円引券の配布が収益に重大な影響を与えたとまで認めることは直ちには困難であるものの、使用対象も個数も制限がないため、割引内容が大きいことや、使用期間制限がないのに配布枚数も大量であったことに照らすと、相応に収益を圧迫していたことは容易に推認できるものであるにもかかわらず、Yは、何ら事前に客観的な調査・予測などをすることなく、かつ、Xに事前に説明しその了承を得ることもなく、Xに50円引券の配布を指導しているのであって、このような姿勢はXの収益について極めて無責任であるといわざるを得ないから、フランチャイザーとして適切にXの経営を指導したものとは到底評価することはできない。

以上の各事実に鑑みれば、Yは、本件フランチャイズ契約により課せられた営業指導義務を適切に果たしたものとはいえない。」

第5節　契約終了後の競業避止義務

【肯定事例】

(27) 東京地判平成16年4月28日

（Westlaw.Japan2004WLJPCA04280003、フランチャイズエイジ2006年3月号20～22頁）

居酒屋営業に関するフランチャイズにおいて、フランチャイザーであるXが契約解約後に他の加盟店として居酒屋営業を継続していたフランチャイジーであるYに

対する競業禁止義務違反を理由とする差止請求が認められた事例である。

【判決要旨】

「一般に、フランチャイズ契約における競業禁止条項の趣旨は、特定の地域において加盟店を継続的に維持することによる商権の確保や事業の主宰者であるフランチャイザーの有している経営ノウハウ（営業秘密）の保護等にあると考えられるが、このような合意も、これに加盟するフランチャイジーの営業の自由等に対する不当な制限にならない限り、合理的なものとして効力を認められるというべきである。

本件競業禁止条項は、禁止の対象とする営業を『Xに類似する事業』としていわゆる居酒屋営業を対象としており、営業の種類は限定されている。禁止期間について、上記商権の確保や経営ノウハウの保護等のためには契約終了後一定期間制限することにも合理性が認められるところ、本件の2年間という期間は不当に長期間にわたるものとはいえない。また、禁止の対象地域については特に限定されていないものの、『居酒屋X』等の店名で直営及びフランチャイズ方式で多数の居酒屋店を全国的に展開している（争いがない）ところ、本件請求は、従来からYが営業していた茨城県と千葉県の2県に限定して営業の禁止を求めるものである。これらからすると、過度にYの営業を制約するものとはいえない。

この点、Yは、現在の営業においてXの経営ノウハウを必要とはしていないから、Yの営業を禁止することに合理性がない旨主張するが、本件競業禁止条項は、経営ノウハウの秘密保持のみを目的としているものではないし、保護の対象となる経営ノウハウとは必ずしも特別なものであることを要せず、XからYへ特定の経営ノウハウを提供した、あるいは、Yにおいてそれらを利用しているという具体的な事実がなければ、制限を正当化できないほど、本件競業禁止条項は強度の制限であるとは認められない。」

(28) 東京地判平成17年1月25日

（判タ1217号283頁、フランチャイズエイジ2007年11月号22〜24頁）

フランチャイザーであるXがフランチャイジーであるY1及び店長であるY2に対し競業避止義務違反を理由として営業の差止め及び損害賠償請求が認容された事例である。なお、フランチャイジーの店長が契約締結に関与し、経営を継続してきたことから、店長も信義則上、競業避止義務を負うとして、店長個人に対する営業の差止請求及び損害賠償請求が認容された。

【判決要旨】

「本件契約23条が定める競業避止義務は、期間（契約終了後3年）及び区域（本件営業エリア）を限定し、営業の種類（弁当宅配業）を特定して競業を禁止する内容であるから、特段の事情が認められない本件においては、フランチャイジーの営業の自由を不当に制限するものとはいえず、無効と解すべきではない。

そして、本件契約23条の趣旨は、フランチャイザーであるXがフランチャイジーであるY1に提供するノウハウ（開業宣伝の企画及び手配、商品説明方法等の具体的内容についてなど契約書6条が定める内容）が、いずれもフランチャイズシステムによる弁当宅配業の経営にとって基本的な重要性を有するものであり、フランチャイズ契約の本質的な要素であって、これらの情報が競業他社に漏洩され、また、対価の支払のないまま利用された場合には、フランチャイズシステムによる弁当宅配業の経営に著しい打撃を与えることになるため、このような情報を営業秘密とし、このような営業秘密を管理し保全する手段として、同一分野の営業に従事したり、ノウハウを使用漏洩したりすることを禁止したものであると解される。

これを本件についてみると、XはY1と本件契約を締結したが、Y1及びY2は、本件契約の締結段階からXと交渉し、Y2が過去に事業に失敗しているので信用上の問題があったため、契約書上はXとY1との間で契約を締結したこと、Y2は、本件契約締結後、Xが実施した平成14年6月24日から同月26日までの3日間の研修を受講したうえ、川口店において店長として営業を取り仕切っていたこと、Xは、支払の催促について、Y2が店長を務める川口店宛に文書を送付するなど、Xとの交渉の相手方はY2であったこと、Y2は、Xに対し、平成14年12月以降の支払について、すべて自分で履行したこと、Y2は、解除の前後において、同じ場所で、同じ従業員や車両を使って弁当宅配業を継続したことが認められる。

これらの事実によれば、Y2は、実質的に、本件契約の締結に関与し、川口店の店長として、本件契約で定められた各約定に従って、川口店の経営を継続してきたと認められ、これに競業避止義務の趣旨を考慮すると、信義則上、Y2も本件契約23条の競業避止義務を負うと解することが相当である。」

(29) 大阪地判平成22年1月25日

（フランチャイズエイジ2010年9月号24〜27頁）

弁当宅配業のフランチャイズにおいて、フランチャイザーであるXが、フランチャイジーであったYに対し、契約終了後の競業避止義務違反を理由として、同一市内における同種営業の差止め及び約定損害金の支払を請求し、認容された事例であ

る。

（30）新潟地判新発田支部平成23年2月25日

（未公表）

　リユース事業のフランチャイズにおいて、フランチャイザーＸがフランチャイジーであるＹに対して、契約終了後の競業避止義務違反を理由として、営業の差止め及び損害賠償の予定条項に基づく損害賠償を請求した事案について、競業避止義務条項及び損害賠償の予定条項の有効性を認め、Ｘの請求を認容した事例である。

（31）大阪地判平成26年12月26日

（Westlaw.Japan2014WLJPCA12266001、フランチャイズエイジ2015年3月号24〜27頁）

　炭火焼鳥飲食事業のフランチャイズにおいて、フランチャイザーであるＸがフランチャイジーであったＹに対し、契約終了後の競業避止義務違反を理由として、営業の差止め及び損害賠償を請求し、認容された事例である。

（32）東京地判令和4年3月2日

（フランチャイズエイジ2024年1月号）

　フランチャイズ契約期間終了後に類似製品を販売した加盟者（被告）に対して、原告である本部が差止めを求めたところ、競業避止義務条項は公序良俗に反せず、また、競業避止義務条項に基づいて競業の差止めを求めることも信義則に反しないとして差止めが認められた事例である。

【判決要旨】

　「本件競業避止条項の目的が、フランチャイジーの有する貴重な経営ノウハウ等の情報が適正な対価の支払もないまま流出することを防止する点にあることについては当事者間に争いがない。そして、その目的は、本件契約の他の条項に照らし、合理的なものである。……また、本件契約に基づき原告が提供するノウハウ等の保護のためには、被告が本件契約により営業が可能とされたエリアに限らず、地域を問わずに原告の事業と同種の事業を被告が営むことを防止する必要性もあるから、本件競業避止条項に地域的な限定がされておらず、広く『本件商品と類似する商品の販売』が対象とされているとしても、そのことが不当であるとは言い難い。……さらに、本件競業避止条項が、被告が本件契約を締結する前に従事・取扱いをしていた事業や商品を競業避止義務の対象外としていることからすれば、被告が競業避

止義務を負う期間が2年間とされているとしても、被告の営業の自由を不当に害するとまでいうことはできない。……以上によれば、本件競業避止条項が公序良俗に反し無効であるということはできない。」

「被告は、本件契約締結前に原告から提示された『事業の収支シミュレーション』が不正確なものであり、このような不正確な情報に基づき本件契約に係る事業の運営を余儀なくされたと主張するが、原告が提示したものはあくまでシミュレーションにすぎないし、原告が、被告に対し、本件契約締結前に、上記シミュレーションを示してその売上げを保証するなどそのシミュレーションに記載される売上げが確保されると信じさせるような言動をした事実を認めるに足りる証拠もない。……また、被告は、原告が、被告に対し、本件契約に基づき、被告にインターネット上での商品の販売や販売価格の割引の禁止を義務付ける一方、自身は被告に事前の相談もなく、被告を『飛ばし』て、インターネット上で定価を下回る金額で商品の販売をし、事後的にも適切な説明をしなかったことから、被告が競業に至ってもやむを得ないとの趣旨の主張をするが、仮に、原告の上記のような行動が、本件契約上許されないものであり、それによって被告が損害を被ったというのであれば、被告はそのこと自体を問題にすれば足り、そのことは被告による競業を正当化する事由たり得ない。……さらに、被告は、原告が、被告に対して、本件契約に基づいて適切にノウハウ等の提供をしてこなかったと主張するが、証拠によれば、原告は、被告に対して、研修や営業支援を通じて必要なノウハウを提供してきたと認められるから、この点についての被告の主張も失当である。」

【信義則上否定された事例】
(33) 大阪地判平成22年5月12日
(判タ1331号139頁、フランチャイズエイジ2011年3月号28〜31頁)

洗車場のフランチャイズにおいて、フランチャイジーであるXがフランチャイザーであるYに対して、Yの情報提供義務違反、指導援助義務違反を主張して損害賠償請求をした（本訴）のに対し、Yが契約終了後の競業避止義務違反を理由として営業差止め及び損害賠償を請求した（反訴）事案について、Yに立地診断や収益予測には客観的かつ正確な情報を提供すべき信義則上の義務違反があったとして、初期投資費用につき損害の発生を認め、7割の過失相殺をして本訴請求を一部認容し、反訴請求については、契約上の競業避止条項は、信義則に反して許されないとして反訴請求を棄却した事例である。

【判決要旨】

「Xは、本件店舗開店にあたり初期投資費用として合計2,373万5,349円を支出したほか、ノーブラシ洗車機その他本件店舗の設備について、リース期間72か月、リース料月額60万5,430円のリース契約を締結するなど、本件店舗の開設、運営のために多額の費用を投じていること、本件店舗開店から平成20年6月までの本件店舗の収支は別紙1のとおりであり、ほぼ毎月営業損失を出している状態で、投下資本の回収ができていない状態にあること、Xが本件土地上に設置した建物やノーブラシ洗車機等の設備は本件土地上に定着しており、これを他の土地に移設することが可能であるとしても多額の費用が必要になることがそれぞれ認められ、これらの事実からすると、Xが本件土地上での洗車場の経営を禁止されることにより被る不利益は極めて大きいものと認められる。一方、Yが本件競業禁止条項に基づいて本件土地上に限って洗車場の経営を禁止することを求めていることからすれば、本件競業禁止条項の主な目的は、商圏の保護にあると推認されるところ、Yが、Xに代わって自ら又は他のフランチャイジーをして本件店舗又はその近隣でジャバ店舗を運営することを現実に予定していることを窺わせるような事情は本件証拠からは認められず、本件店舗の商圏を維持しなければ、Yが重大な不利益を受けるとは言い難い。また……そもそも、Xが本件店舗に多額の費用を投資したことは、Yによる情報提供義務に違反する勧誘行為が契機となっている。このように、自らの不適切な行為によってXに多額の費用を投下させたYが、Xの競業を禁止しなければ重大な不利益を被るといった事情がないにもかかわらず、Xに競業避止義務を負わせて投下資本の回収を事実上困難にすることは、信義則に反し許されないというべきである。」

(34) 横浜地判平成27年1月13日

(フランチャイズエイジ2016年3月号24〜27頁)

パソコン教室のフランチャイズにおいて、フランチャイジーであったXが、フランチャイザーであるYに対し、Yの情報提供義務違反を理由として、損害賠償請求した(本訴)のに対し、YがXに対し、契約終了後の競業禁止義務違反などを理由として営業の差止め及び違約金の支払などを請求した(反訴)事案について、Yの反訴請求が信義則上否定された事例である。

(35) 東京地判平成27年10月14日

(判タ1425号328頁、フランチャイズエイジ2016年7月号22〜25頁)

時計店のフランチャイズにおいて、ショッピングモール内で時計店を営んでいた
フランチャイジーであるXが、フランチャイザーであるYの解約申入れにより同契
約が終了した後、同モールにおいて直営の時計の販売及び修理業を営むにつき、Y
から同契約上の競業禁止条項に基づく営業禁止の通知を受けたため、Yの解約申入
れの経緯などからすれば、同条項を本件に適用することは信義則に違反することな
どを理由として、Yとの間で、同契約の終了日の翌日である平成27年1月12日から、
同日から2年を経過する日である平成29年1月11日までの間、同モールにおいて時
計の販売及び修理業を営んではならないとの義務の不存在の確認を求めた事案につ
いて、Xの競業避止義務の不存在が認められた事例である。

(36) 東京地判令和3年12月7日

（フランチャイズエイジ2023年1月号）

　フランチャイズ契約終了後の競業避止義務が公序良俗に反して無効であるとされ
た事例である。

【判決要旨】

　「フランチャイズ契約においては、フランチャイズ事業に関する情報の偏在が存
在することに加え、契約の内容のうち主要な部分をフランチャイザーにおいて決定
するもので、個々の条項についてフランチャイジー側の希望を入れる余地が乏しい
といえるところ、特に、フランチャイズ契約終了後に、フランチャイジーに対し、
閉店義務又は競業禁止義務を課す場合には、独立の事業者であるフランチャイジー
の営業の自由や所有権等に対する相当程度の制約が生じることになるから、フラン
チャイザーのノウハウの流出等による不利益の防止や、フランチャイザーの商圏を
維持するための必要性など、フランチャイザー側の利益と、フランチャイジーの営
業の自由等の制約の程度など、フランチャイジー側の不利益とを総合考慮した上で、
フランチャイジーに対する過度な制約となる場合には、そのような制約を定める契
約条項は、公序良俗に反し無効になるというべきである。」

　「本件においては、原告のノウハウの流出防止及び商圏の維持といった観点から
本件各義務条項を課す必要性及び合理性がほとんど認められない一方で、被告の営
業の自由に対する相応の制約が存在することが認められるのであるから、本件各義
務条項は、被告に対して過度な制約を課すものであり、公序良俗に反し無効である
というべきである。」

第6節　契約の終了

1. 更新拒絶について契約を継続し難いやむを得ない事由を必要とする判例

(37) 名古屋地判平成 2 年 8 月31日

（判時1377号90頁）

　フランチャイズ契約の更新拒絶には、契約を継続し難いやむを得ざる事由が必要であるとして、フランチャイザーの更新拒絶を否定した事例である。

(38) 東京高判平成24年10月17日

（判時2182号60頁、フランチャイズエイジ2014年 7 月号28～31頁）

　マスターフランチャイザーであるXがサブフランチャイザーであるYに対して行ったエリアフランチャイズ契約の更新拒絶の効力について、やむを得ない事由が必要とした上で、やむを得ない事由があったと判断した事例である。

【判決要旨】

　「上記各契約は、契約期間の定めのあるフランチャイズ契約であるところ、フランチャイズ契約のような長期にわたって継続的にフランチャイジーが相当多額の投資を行うことが必要とされる契約については、フランチャイジーの契約継続に対する期待を考慮すると、フランチャイジーの営業保護の観点から、たとえ契約の文言上は契約期間が定められていたとしても、フランチャイザーは、やむを得ない事由がなければ契約の更新を拒絶することはできないものと解するのが相当である。

　そして、上記各契約のようなフランチャイズ契約は、当事者間の信頼関係を基礎とする継続的取引であるから、フランチャイジーがそのフランチャイズ契約に基づいて信義則上要求される義務に違反して、その信頼関係を破壊することにより、そのフランチャイズ契約の継続を著しく困難なものとしたような場合には、上記のやむを得ない事由があるものというべきであり、フランチャイザーは、そのフランチャイズ契約の更新を拒絶できるものといわなければならない。」

　原審（東京地判平成22年 5 月12日判タ1331号184頁）は、契約を継続し難いやむを得ない事由を否定したが、控訴審（東京高判平成24年10月17日）は、これを肯定した。

(39) 東京地判平成30年3月22日

（フランチャイズエイジ2018年11月号）

　被告（フランチャイザー）からの更新拒絶に正当な理由がなく、かえって原告（フランチャイジー）による契約解除と損害賠償請求が認められた事例である。

【判決要旨】

　「被告は、本件更新拒絶には正当な理由があると主張するが、①被告が本件更新拒絶をした通知書には期間満了以外の理由（原告の契約違反行為など）を記載していないこと、②原告において月1回程度キャンペーンを行う義務があったとは認められないこと、③原告が講師に出勤を禁止したことについての客観的証拠がないことなどに照らせば、本件更新拒絶に正当な理由がないことも明らかである。」

　「被告は、正当な理由なく本件更新拒絶を行い、また原告に対し不当な費用の請求やロイヤリティの変更を行ったもので、これらは本件契約上被告が果たすべき義務の違反（債務不履行）にあたるといえ、これを受けて行った原告の本件解除には、合理的な理由があることは明らかであるから、本件契約は、被告による債務不履行を原因とする本件解除により終了したと認められる。」

(40) 東京地判平成30年8月10日

（フランチャイズエイジ2020年3月号）

　被告（フランチャイザー）による契約更新拒絶が不法行為に該当するとして、原告（元フランチャイジー）による損害賠償請求が認められた事例である。

【判決要旨】

　「被告は、本件更新拒絶は、原告が、本件契約で定められた生徒募集業務を怠り、適切な教室経営を行わなかったことを理由とするもので、合理的理由がある旨主張する。……確かに、本件契約においては、「生徒募集」が原告の担当業務とされているが、その具体的内容については何ら定められていないのであり、被告のパンフレットの記載に照らしても、被告が主張するような、最低でも2箇月に1回生徒募集を実施することが原告の義務であったと認めることはできない。……被告は、原告に対し、営業活動をするように再三にわたり催促したが、原告が営業活動をしなかった旨主張し、原告も、被告からキャンペーンの実施の提案があったが、当然には応じなかった旨の供述はするところであるが、キャンペーンの効果が必ずしも明確ではない中で、1回につき25万円の費用を必要とするキャンペーンの実施に原告が積極的でなかったからといって、本件契約の義務違反に当たると認めることはで

きない。……以上の点から、本件更新拒絶は、本件契約の更新に係る原告の合理的
期待を正当な理由なく侵害するものとして、不法行為を構成するものと認めるのが
相当である。」

2. 更新拒絶について契約を継続し難いやむを得ない事由を不要とする判例

(41) 名古屋地判平成元年10月31日

（判時1377号90頁）

フランチャイズ契約の更新拒絶について、やむを得ない事由の存在は必要ではな
いとするフランチャイザーであるXの主張が認められた事例である。

【判決要旨】

「本件契約のように、有効期間が予め定められているフランチャイズ契約におい
ては、特に契約の更新の制限等について当事者の特約がなく、または更新を拒絶し
て契約を終了させることが公序良俗や信義則に反する等の特段の事情がない限り、
期間の満了とともに終了するものと解するのが相当である。

けだし、本来私人間の契約の内容は、公序良俗に反しない限り、自由に定められ
るべきものであり、期間に関する定めもその例外ではないし、他の継続的契約の場
合を見ても、契約関係の維持が図るべき要請の強い雇用契約、賃貸借契約、代理商
契約等においても、期間の定めがある場合について、当然契約が終了することを前
提とした規定があり、更新拒絶について制限を定めた借地、借家契約においても、
賃貸人が更新拒絶できる要件を法定して、法的安定性を最小限維持しようとしてい
るのであり、フランチャイズ契約についてのみ、なんら法律の定めがないのに、契
約期間が定まっていない場合や契約期間中の解約と異なり、更新拒絶という契約の
終了事由について制限をすることはできないからである。

Xは、フランチャイズ契約の更新拒絶によってサブフランチャイザーが著しい打
撃を蒙ることを主たる理由とし、右契約が原則として無期限であるとし、期間の定
めがあっても、更新拒絶が認められるのは、相手方に右契約終了の不利益を蒙って
もやむを得ないほどの背信的事由等のある場合に限るべきであると主張するが、右
は前記の通り、法律上の根拠を欠くものであるだけでなく、その理由は専らサブフ
ランチャイザーであるYからのものであり、かつ右のように解すると、更新拒絶に
つき、フランチャイザー側のみならず、サブフランチャイザー側も右事由のない限
り永久に契約を続けなければならないことになり、仮にフランチャイザー側のみが

127

右の制約を受けるものと解するとすれば、フランチャイザー側が更新拒絶につき、債務不履行による契約解除の場合以上に厳しい要件を課されることになり、他方サブフランチャイザー側に不当に有利な結果をもたらすものであって衡平を欠くことになるから、右主張は採用できない。」

(42) 東京地判平成21年9月17日
(Westlaw.Japan2009WLJPCA09178005、フランチャイズエイジ2010年5月号20〜23頁)

アートフラワー教室のフランチャイズにおいて、フランチャイザーであるXがフランチャイジーであるYらに対して、レッスン料やロイヤルティの支払を請求した事案で、Yらの「本件契約は期間の定めがあっても当然に更新継続されるべきものであったところ、Xが一方的に契約終了を通告してきたのは重大な契約違反である」との反論が排斥された事例である。

3．フランチャイズ契約の解除
(43) 東京地判令和元年7月16日
(フランチャイズエイジ2020年9月号)

被告（フランチャイジー）のセクシャルハラスメントが、フランチャイズ契約上無催告解除が認められた道徳・法令順守規範違反に該当するとして、原告（フランチャイザー）によるフランチャイズ契約の解除が認められた事例である。

第7節　コンビニエンスストア関連

1．廃棄ロス原価とチャージ
(44) 最高裁平成19年12月27日
(判タ1250号76頁、フランチャイズエイジ2008年1月号20〜25頁)

コンビニエンスストアのフランチャイズにおいて、フランチャイジーであるXがフランチャイザーであるYに対して、チャージ金額の算定の基礎となる売上総利益から控除されるべき費目である廃棄ロス原価及び棚卸ロス原価並びに仕入値引高に対してチャージが課されたと主張し、チャージ料金の一部相当額などを不当利得として返還請求した事例である。

【判決要旨】

「(2)……本件で問題となるのは、本件条項がチャージ算定の基礎として規定する「売上総利益（売上高から売上商品原価を差し引いたもの。）」という文言のうち、「売

上商品原価」の中に廃棄ロス原価及び棚卸ロス原価が含まれるか否かという点である。X方式によれば、売上商品原価とは、Yが実際に売り上げた商品の原価のことであるから、廃棄ロス原価及び棚卸ロス原価が売上商品原価の中に含まれることはなく、その結果、廃棄ロス原価及び棚卸ロス原価に相当する額がチャージ率を乗じる基礎となる売上総利益の中に含まれることになる。まず、契約書の文言についてみると、「売上商品原価」という本件条項の文言は、実際に売り上げた商品の原価を意味するものと解される余地が十分にあり、企業会計上一般に言われている売上原価を意味するものと即断することはできない。

次に、前記確定事実によれば、本件契約書18条1項において引用されている付属明細書（ホ）2項には廃棄ロス原価及び棚卸ロス原価が営業費となることが定められている上、Xの担当者は、本件契約が締結される前に、Yに対し、廃棄ロス原価及び棚卸ロス原価をそれぞれ営業費として会計処理すべきこと、それらは加盟店経営者の負担であることを説明していたというのであり、上記定めや上記説明は、本件契約に基づくチャージの算定方式がX方式によるものであるということと整合する。

また、前記確定事実によれば、Yが本件契約締結前に店舗の経営委託を受けていた期間中、当該店舗に備え付けられていたシステムマニュアルの損益計算書についての項目には、「売上総利益」は売上高から「純売上原価」を差し引いたものであること、「純売上原価」は「総売上原価」から「仕入値引高」、「商品廃棄等」及び「棚卸増減」を差し引いて計算されることなどが記載されていたことも明らかである。

契約書の特定の条項の意味内容を解釈する場合、その条項中の文言の文理、他の条項との整合性、当該契約の締結に至る経緯等の事情を総合的に考慮して判断すべきところ、前記(2)の諸事情によれば、本件条項所定の「売上商品原価」は、実際に売り上げた商品の原価を意味し、廃棄ロス原価及び棚卸ロス原価を含まないものと解するのが相当である。そうすると、本件条項はX方式によってチャージを算定することを定めたものとみられる。」

2. 収納代行サービス等の実施、深夜営業の要請と優越的地位の濫用

(45) 東京地判平成23年12月22日

（判タ1377号221頁、東京高判平成24年6月20日裁判所ウェブサイト、フランチャイズエイ
ジ2013年3月号20〜23頁）

コンビニエンスストアのフランチャイズにおいて、フランチャイジーであるXら
がフランチャイザーであるYに対して、公共料金などの収納代行サービスなど及び
深夜営業を強要するのは独占禁止法2条9項5号ハ所定のいわゆる優越的地位の濫
用に該当し、同法19条に違反するとし、同法24条に基づく前記収納代行サービスな
ど及び深夜営業の強要の禁止などを請求した事案について、Yの取引上の優越的地
位は認めたが、濫用行為の該当性が否定され、Xらの請求が棄却された事例である。
控訴審も原審を維持した。

3．報告義務
(46) 最高裁平成20年7月4日

(判タ1285号69頁)

コンビニエンスストアのフランチャイズにおいて、フランチャイザーであるYが
フランチャイジーに代わって支払った商品仕入代金の具体的な支払内容について、
フランチャイジーであるXに報告すべき義務を負うとされた事例である。

【判決要旨】

「本件基本契約には、本件発注システムによる仕入代金の支払に関するフランチ
ャイザーであるYから加盟店経営者への報告については何らの定めがないことは前
記確定事実のとおりである。しかし、コンビニエンスストアは、商品を仕入れてこ
れを販売することによって成り立っているのであり、商品の仕入れは、加盟店の経
営の根幹を成すものということができるところ、加盟店経営者は、Yとは独立の事
業者であって、自らが支払義務を負う仕入先に対する代金の支払をYに委託してい
るのであるから、仕入代金の支払についてその具体的内容を知りたいと考えるのは
当然のことというべきである。また、前記事実関係によれば、Yは、加盟店経営者
から商品の発注データ及び検品データの送信を受け、推薦仕入先から検品データに
基づく請求データの送信を受けているというのであるから、Yに集約された情報の
範囲内で、本件資料等提供条項によって提供される資料等からは明らかにならない
具体的な支払内容を加盟店経営者に報告すること（以下、この報告を「本件報告」
という。）に大きな困難があるとも考えられない。そうすると、本件発注システム
による仕入代金の支払に関するYから加盟店経営者への報告について何らの定めが
ないからといって、委託者である加盟店経営者から請求があった場合に、準委任の
性質を有する本件委託について、民法の規定する受任者の報告義務（民法656条、
645条）が認められない理由はなく、本件基本契約の合理的解釈としては、本件特

性があるためにYは本件報告をする義務を負わないものと解されない限り、Yは本件報告をする義務を免れないものと解するのが相当である。そして、本件特性については、これのみに注目すると、通常の準委任と比較してYにとって不利益であり、Yの加盟店経営者に対する一方的な援助のようにも見えるが、このことは、仕入代金が前記のようにYにおいて加盟店の売上金の管理等をするオープンアカウントにより決済されることに伴う結果であるし、前記事実関係によれば、Yには、オープンアカウントによる決済の方法を提供することにより、仕入代金の支払に必要な資金を準備できないような者との間でも本件基本契約を締結して加盟店を増やすことができるという利益があり、また、加盟店経営者がオープンアカウントによる決済の方法を利用して仕入商品を増やせば、売上げも増えることが見込まれ、売上利益に応じた加盟店経営に関する対価を取得するYの利益につながるのであるから、本件特性があるためにYは本件報告をする義務を負わないものと解することはできない。

　したがって、Yは、本件基本契約に基づき、Xらの求めに応じて本件報告をする義務を負うものというべきである。」

4．仕入割戻金の収受
(47) 東京地判平成25年11月12日

(判タ1417号215頁)

　コンビニエンスストアのフランチャイジーであるXがフランチャイザーであるXに対し、加盟店がYに対し推薦仕入先との価格交渉代行事務を委託するという準委任契約関係があり、推薦仕入先との価格交渉においてXを含む加盟店の利益となるよう最善を尽くすべき義務があり、各推薦仕入先からリベートなどの金銭を受け取ったときは、これをXら加盟店に分配すべき義務の履行、損害賠償などを請求した事案について、準委任契約関係を否定し、請求を棄却した事例である。

【判決要旨】

　「確かに、本件契約によれば、Xを含む加盟店は、独立の事業者として、自己の判断で商品等の仕入れを行うものとされる一方、商品等を仕入れる際は、原則として推薦仕入先から商品等を仕入れる必要があるとされている。そして、弁論の全趣旨によれば、本件システムにおいては、個々の加盟店の店主が推薦仕入先との間で商品等の仕入価格について個別に条件交渉を行うことは予定されておらず、仕入価格の決定は、Yが当該推薦仕入先との間で条件交渉を行うことにより決まること、

Xが当該推薦仕入先から商品等を仕入れる場合には、このようにして定まった仕入価格で商品等を仕入れるほかないことが認められる。したがって、推薦仕入先とYとの間で適正かつ妥当な仕入価格が決定されることは、Xを含む加盟店にとって重要であるということができる。

しかしながら、そのことは、直ちに法律上XとYとの間に本件委託関係が存在することを認めるに足りるものではない。XとYとの法律関係は、本件契約によって定められているのであり、本件契約に係る各契約書には、XがYに対し、仕入代金の支払委託をする旨の条項はあるものの、仕入条件交渉事務を委託する旨の条項は一切存在しない。

そもそも、本件システムに係るY作成の上記「フランチャイズ契約の要点と概説」と題する書面によれば、「チェーン運営で一番大切なことは統一性」であり、「どこの店舗をご利用いただいても同じ商品、同質のサービスを受けられることが不可欠とされている。本件契約上、XがY又は推薦仕入先から商品等を仕入れるのが原則とされているのは「ミニストップ店全体のイメージを維持し、これを高める」ためである。そして、本件契約上、Yは、Xら加盟店のために仕入先及び仕入商品の推薦を含む販売促進活動及び仕入協力を行う契約上の義務を負担している。すなわち、Yは、本件システムによるフランチャイズチェーンを展開する者として、そのシステムの統一性を維持するため、加盟店に対し、仕入先及び仕入商品を推薦する契約上の義務を負っている。仮に推薦仕入先や仕入商品が不適切なものであるときは、加盟店やその顧客にとって本件システムによるフランチャイズチェーンの有用性が失われることになるのであるから、仕入先との間の商品等の仕入価格の交渉は、本件システムの運営者であり、かつ、本件契約上、原告を含む加盟店との関係で仕入先及び仕入商品の推薦義務を負担している被告自身の事務というべきであって、Xが主張するようにYがXから委託を受けてXのために仕入価格交渉を行っているものとは認められない。

さらに、本件契約上、Xは「独立の事業者」とされていることが認められるが、その「独立の事業者」性は、あくまでも、本件契約により定められた権利義務の枠組みの中で認められるものである。Xが「独立の事業者」とされていることは、直ちに、XとYとの間に仕入価格交渉事務の委託関係があることを示すものということはできない。上記のとおり、本件システムにおいては統一的な商品及びサービスを提供することが重要であり、そのためXを含む加盟店全体に供給可能な仕入商品及びその仕入先を検討し、推薦するのは、本件システムを提供するY自身の事務と

いうべきである。他方、Ｘにおいては、本件システムに加盟した者として、推薦仕入先からの仕入れについては、既に決定された仕入価格を前提として仕入れの可否その他の経営判断を行うことになるのであり、このように解することは、Ｘが本件契約上独立の事業者とされていることと何ら矛盾するものではない。したがって、本件契約上、Ｘが独立の事業者であるとされていることは、本件委託関係の存在を認めるに足りるものではない。

その他、Ｘが主張する本件委託関係の存在を認めるに足りる証拠はない。したがって、本件委託関係の存在は認められない。」

「……判示したとおり、ＸとＹとの間には、本件委託関係は認められない。すなわち、ＸＹ間には、仕入先との仕入条件交渉事務に関する準委任契約は存在しないから、ＹがＸに対し、仕入先との仕入条件交渉に関し、善管注意義務や受領物引渡義務を負うこともない。したがって、その余の点について判断するまでもなく、争点２及び３に係るＸの主張は、その前提を欠くものとして、いずれも理由がない。」

(48) **東京高判平成21年８月25日**（未公表）は、仕入割戻金について、支払事務の代行の関係を認め、仕入れを行った者は加盟店であるとして、仕入報奨金（リベート）が実質的に加盟店（の総体）に帰属することを認めた。

5．見切り販売・販売価格の拘束
(49) 福岡高判平成25年３月28日
（判時2209号10頁、フランチャイズエイジ2013年９月号26〜29頁、福岡地判平成23年９月15日、判時2133号80頁）

コンビニエンスストアのフランチャイジーであったＸ（一審原告）が、フランチャイザーであるＹ（一審被告）に対し、米飯・チルドなどの毎日納品される商品で短期間に鮮度が失われる商品（以下「デイリー商品」という。）について再販売価格を拘束したことが不法行為又は債務不履行に当たるとして損害賠償を請求した事例である。

【判決要旨】

「本件契約書30条及び31条によれば、Ｘには商品の販売価格の決定権があり、ＹがＸの販売価格を強制したり、販売価格についてのＸの自由な決定を妨害することは、独占禁止法違反につき検討するまでもなく、本件契約に違反する債務不履行になり、また、不法行為をも構成するということができる。

一方で、本件契約書前文、1条及び28条によれば、YとXは、Yが培ってきた経営ノウハウを活用して、統一性のある同一事業イメージのもとにコンビニエンスストアを開店し、相協力することを約し、Yは、加盟店に最も効果的と判断される標準的小売価格を開示するだけでなく、担当者を派遣して、店舗・品ぞろえ・商品の陳列・販売の状況を観察させ、助言、指導を行い、また経営上生じた諸問題の解決に協力するなどの助言、指導を行うこととされ、それがYの義務とされている。また、本件契約の定めを通覧すれば、本件契約においては、Yと加盟店は、コンビニエンスストア・チェーンとして、統一性のある同一事業イメージを構築するため、相協力すべきであり、Xにおいても「セブン-イレブン」というのれんの無形的価値を享受する上で、可能な限り、これを損なうことなく、事業活動を行うべきこととされていることがうかがわれる。

そうすると、Yが、Yの推奨価格以外の価格で商品を販売しようとする加盟店に対し、その販売による影響や長年の経験に照らして店舗経営上の不利があると判断していることを伝え、これを中止するように求めたとしても、それが直ちに販売価格の強制であるとか自由な意思決定の妨害であるとみるのは相当ではなく、本件契約に基づく上記の助言、指導の範囲であれば、許されると解される。

そこで、検討するに、Xが見切り販売の開始を通告して以降、BやCが頻繁に本件店舗を訪れるなどして、見切り販売の中止を求めた事実を認めることができる。

しかしながら、これらはいずれも、本件契約に基づく助言、指導の範囲内の行為であり、Xの価格決定権を侵害する行為であるとはいえない。

前記認定のとおり、Bは、見切り販売を開始しようとするXに対し、それが利益にならないことを示して説得していたにとどまることは明らかである。Xがあくまでも見切り販売開始に踏み切ることになってからは、それを一刻も早く中止してもらうとの方針に転換し、長期的な売上改善策、廃棄ロスの解消が必要であるとして、これを勧め、見切り販売実施後の営業成績の資料を示して、見切り販売が利益確保の点でも得策でないことを説得していたものであり、Xにおいても、売上げや廃棄の推移、客の受け止め方などを見極めながら、見切り販売の実施やその方法を自らの判断で決定していったものである。

もっとも、Bが、Xに対し、本件契約の合意解約にいざなうような話をした事実は認められる。しかし、これは、Xやその妻の経営意欲が減退し、Xが違約金を支払わずに契約関係を解消できるかを尋ねるなどし、廃棄ロスにチャージが掛かっていることに固執する発言をしたことに対し、Bにおいて、相互の信頼関係が失われ

134

ているとして、合意解約に誘う趣旨の発言をしたものと認められ、Yの意向に従わないXを一方的に排除しようとしたものではない。

　また、Bの後任のDMであるCが、平成19年11月1日、「今の段階では、口頭ですが、絶対にやめていただきたいという意思だけはお伝えしておきます。」、「セブン-イレブンイメージを逸脱していますので、改善勧告はさせていただきますから。そのステップを経て、こちらができることをやっていきますから。」などと述べた事実は認められる。しかし、これは、周辺の加盟店からXが値下げ販売をすることを中止してほしいとの要望があったこと、それまでにXが1円値下げ販売を実施したこと、1円値下げ販売は本件契約に違反する行為と認識していたことや、その場の雰囲気から、些か強い表現がとられたものであり、助言、指導の域を出るものではない。C又は同席した担当者は、価格の決定権がオーナーにあるとの発言も再三しており、1審原告が「改善勧告をしてくれるわけね。やめてくださいと。」と発言したのに対し、「やめてくださいとは言ってない。これをね。」と発言しており、あくまでも、強制はできないという前提で上記発言をしたことは明らかである。

　このように、BやCは、本件契約上の義務である指導、助言を果たしたというべきであり、Cの発言には、その場のやりとりから、多少感情的な発言になった嫌いのあるものの、見切り販売を行っていた本件店舗の売上げや利益が減少していたことや他の加盟店の意向を受けて、Xに対し、強い調子で見切り販売をやめるのが良いとの意見を述べたにすぎないものと認められる。

　以上のとおり、Yの担当者らは、本件契約の指導助言義務に基づき、Xに対し、デイリー商品の見切り販売によって、本件店舗の経営状況が改善しているか否か、Xにとって経営状況の改善のための最良な方法は何かという観点から、必要なデータを示すなどして、発注量の見直し、デイリー商品の見切り販売の方法や程度の見直しについて助言、指導を行ったもので、これが強制や自由な意思決定の妨害になったことを認めることはできない。」

(50) 東京高判平成24年12月25日

　　　　　（フランチャイズエイジ2013年9月号26〜29頁）などがある。

6．返　　品
(51) 札幌地判平成30年4月26日、札幌高判平成31年3月7日

　　　　　（フランチャイズエイジ2020年5月号）

コンビニ本部が米卸売業者に製造委託契約の商品を返品したことについて、その一部が優越的地位を濫用してされた公序良俗に反する無効な合意に基づく返品であるとして、不法行為等による損害賠償請求が一部認容された事例である

第8節 その他

1．本部の営業政策

(52) 東京地判平成18年2月21日
　　　　　　　　　　　（判タ1232号314頁、フランチャイズエイジ2006年7月号28〜31頁）

フランチャイジーであるYがフランチャイザーであるXに対して、Xの100円マック政策がフランチャイズ契約の債務不履行に当たる旨の主張を排斥した事例である。

2．ブランド価値維持義務

(53) 東京地判平成22年7月14日
　　　　　　　　　　　（判タ1381号140頁、フランチャイズエイジ2011年7月号26〜29頁）

Y洋菓子チェーン・フランチャイズにおいて、フランチャイジーであるXがフランチャイザーであるYに対し、フランチャイズ契約に基づくフランチャイズ・システムのブランド価値維持義務違反を理由とする損害賠償を請求した事例である。

【判決要旨】

「本件フランチャイズ契約は、YがXに対し、商標、サービス・マーク等を使用し、経営ノウハウ及び商品等の継続的な提供を受ける権利を付与するとともに、Yが開発したシステムによるY洋菓子チェーン店の経営を行うことを許諾し、その対価として、XがYに対し、ロイヤルティー、加盟料等を支払うことを内容とするものというのであるから、Yは、Xに対し、その使用を許諾した商標、サービス・マーク等のブランド価値を自ら損なうことがないようにすべき信義則上の義務を負うものというべきである。

……XとYは、相互に「相手方もしくはY洋菓子チェーン・フランチャイズ・システムの信用、名誉、のれんを傷つける行為」をしてはならないとの契約上の義務を負っているものというべきである。そして、「相手方」もしくは「Y洋菓子チェーン・フランチャイズ・システム」と規定されているところに照らせば、Xのみならず、Yも、「Y洋菓子チェーン・フランチャイズ・システム」の信用、名誉、のれんを傷つける行為をしてはならないとの契約上の義務を負っているものと解すべ

きである。

　……①Ｙは、（ア）平成18年11月８日に消費期限切れの牛乳を使用したシュークリームを製造販売したこと、（イ）埼玉工場で消費期限切れの牛乳を７回使用したこと、（ウ）アップルフィリングを消費期限切れで４回使用したこと、（エ）プリンの消費期限が社内基準より１日長く表示されていたことが１回あったこと、（オ）細菌検査で出荷基準に満たないシューロールを出荷したことが判明し、新聞やテレビ等で報道されたこと、②その結果、デパート・スーパーなどの大型店の店頭から、Ｙ商品が撤去され、返品されるなどの事態を招くに至ったことが認められ、これらの事実に照らせば、Ｙは、「Ｙ洋菓子チェーン・フランチャイズ・システムの信用、名誉、のれん」を傷つけてはならない義務に違反し、本件フランチャイズ契約に係る商標、サービス・マーク等のブランド価値を自ら損なわないようにすべき義務に違反したものと認められる。」その他ブランド価値維持義務違反の事例として、

　(54) 東京地判平成26年３月27日（Westlaw. Japan2014WLJPCA03276004、フランチャイズエイジ2015年11月号22～25頁）がある。

3．名板貸し
(55) 東京地判平成２年２月28日

（判タ733号221頁）

　運送の依頼人であるＸが運送を依頼した赤帽軽自動車運送協同組合の組合員であるＹ柏木、赤帽軽自動車運送協同組合及び全国赤帽軽自動車運送協同組合連合会に対して名板貸しの責任を理由に損害賠償を請求した事案について、名板貸しの責任を否定した事例である。

【判決要旨】

　「(1)　Ｙ柏木を含めた組合員の商号は、「赤帽埼玉日進運輸」「赤帽板屋運送」というように、頭文字に「赤帽」を掲げ、これに組合員の固有名詞とともに運送事業を表す名称を付したものとなっている。(2) 指定車両には、前部両側の扉に合計２か所、組合員の個人商号及び電話番号が記載され、Ｙ柏木の場合は、後部の下部扉にも、すなわち合計３か所に個人商号及び電話番号が記載されている。(3) 運賃請求書及び領収書には、Ｙ協同組合の表示の下部に、組合員の個人商号、住所及び電話番号がゴム印で押印され（個人商号の部分については、被告協同組合の表示より大きい字体となっている。）、さらにその上に個人商号の読み取れる角印が押印されている。(4) 職業別電話帳では、その地区のＹ協同組合支部の広告とは別枠で組合

員の個人商号（Y柏木のように代表者として個人名をも記載している例もある。）
での広告あるいは電話番号の記載が多数存在し、かえってY協同組合支部と各組合
員とは別個独立している印象を与える。(5) 新聞広告や利用者向けのパンフレット
にも、「誰でもできる赤帽運送事業。ご希望の方はお近くの赤帽までお申込み下さ
い。」「赤帽組合員は、組合の指導を受け、国から軽車両運送事業者の資格を取得し、
かつ、全国組織の所属員適格者として赤帽協同組合加入を認められた有能な事業者
です。現在、1万数千人の組合員は、ひとりひとり事業オーナーとしての誇りをも
ち、全国の荷主さんに、確実、礼儀、親切をもって接しています。」「私達赤帽車は、
ご存知のとおり運送業界の中でも一番小さな車両を保有した、零細な業者の集まっ
た全国協同組合連合会ではございますが……」等の、赤帽車による営業が組合員個
人の事業である旨の記載がある。」

「……右商標の使用が、商法23条の名板貸に該当するというためには、組合員の
「赤帽」の商標を使用しての運送業の営業が右商標を貸与しているY両組合そのも
のの営業あるいはその一部と見られる外観が存在することが必要であるところ、各
組合員個人が使用している商号の表示は、「赤帽」の商標が最も目立つように冠され、
一見すると紛らわしい点があり、先に認定した広告の方法等とも合わせ考えると、
運送契約締結の際における個別業者の説示の仕方如何によっては、運送契約の責任
主体が「赤帽」の商標権者であるとの誤解を与えることも考えられないでもないが、
Y協同組合の組合員と取引をしようとする一般第三者の立場から、全体として右表
示方法を見れば、右商号の表示は、先に認定したとおり、組合員個人の商号を表示
したものと見ることができ、Y両組合の事業の表示とは区別することが可能であり、
自らの契約の相手方が事業者である組合員個人であると認識することに格別の困難
はないものと認められる。」

4．店舗事故

(56) 大阪高判平成13年7月31日

（判時1764号64頁、フランチャイズエイジ2006年1月号24〜26頁）

コンビニエンスストアで顧客であるXがコンビニチェーンのフランチャイザーで
あるYに対して、店舗の濡れた床に滑って転倒し受傷した事故につき、安全指導義
務違反を理由とする損害賠償責任が認められた事例である。

【判決要旨】

「本件店舗の床材はファミリーマート全店における統一規格の特注品であり、モ

ップと水切り（リンガー）もＹから統一的に支給されていた製品である。そして、《証拠省略》によると、Ｙはフランチャイザーとして、フランチャイジーに「ファミリーマート」の商号を与えて、継続的に経営指導、技術援助をしていることが認められるから、Ｙは、本件店舗の経営主体たるフランチャイジー、又はフランチャイジーを通してその従業員に対し、顧客の安全確保のために、本件のような場合には、モップによる水拭き後、乾拭きするなど、顧客が滑って転んだりすることのないように床の状態を保つよう指導する義務があったというべきである。そして、《証拠省略》によれば、Ｙがこの義務に反していることは明かであるから、Ｙはこの点について不法行為責任を負わなければならない（なお、上記認定の事実及び《証拠省略》によれば、Ｙは、Ｘの主張する使用者責任も負うものと解される。)。」

(57) 名古屋地判平成25年11月29日

（判時2210号84頁、フランチャイズエイジ2014年 9 号23〜26頁）

コンビニエンスストアのフランチャイズにおいて、フランチャイジーの店舗を訪れた際に転倒して受傷したＸが、フランチャイジーであるＹ及びフランチャイザーであるＹに対して損害賠償を求めた事案において、Ｙらの不法行為責任を否定した事例である。

5．違 約 金
(58) 横浜地判平成29年 5 月31日

（フランチャイズエイジ2017年11月号）

原告（フランチャイザー）による違約金の請求が一部無効とされた事例である。
【判決要旨】
「本件規定上、被告が本件規定に違反した場合に原告に支払うのは「違約金」であるところ、本件各契約において、当該違約金の支払は原告の被告に対する損害賠償請求を妨げるものではないとの条項が置かれている上、本件規定は違反行為のなされた期間や原告の損害の大小を考慮することなく１日でも違反行為がなされれば所定の金額の支払義務が発生する建前のものであるから、当該違約金は、損害賠償額の予定ではなく、違約罰であると解するのが相当である。」

「違約罰が公序良俗に違反するかどうかは、以下のとおり、契約内容、違約罰の原因となる債務不履行の態様・期間、債権者の損害、債務者の不利益の内容等を総合して判断すべきである。……本件に顕れた事情を総合すれば、本件規定のうち、

競業行為について、1店舗当たり、ロイヤルティ及び広告協賛金を合計した月額21万6,000円の6箇月分の129万6,000円、2店舗分で合計259万2,000円を超える金額の違約金が生じるとする部分は、公序良俗に違反し、無効であると解するのが相当である。」

6．破産時の在庫商品買い取り
(59) 東京高判平成30年11月15日

（フランチャイズエイジ2019年7月号）

　フランチャイザーが閉店に当たって破産することとなるフランチャイジーから在庫商品一式を買い取った行為が後に破産管財人によって否認された事例である。

【判決要旨】

　「平成26年10月14日に締結された本件契約は、破産者の控訴人に対する同年9月分の売掛代金債務を消滅させるものであるところ、当該債務の弁済期は、毎月末に締め切り、翌月20日を期限とするから（本件フランチャイズ契約28条1項）、同年9月分の債務の弁済期は、同年10月20日となり、破産者は、同年10月14日の本件契約により、時期的に義務に属しない行為を行ったことになる。……そして、同年11月10日時点では、破産者は支払不能であったことが認められるから、その前30日以内にされた本件契約による債務消滅行為によって、控訴人が他の債権者を害することを知らなかったということができるかどうかが問題となる（破産法162条1項2号ただし書）。……控訴人担当者は、3か月に1回程度本件店舗を訪れて、Cから経営全般について相談を受けており、また、本件フライチャイズ契約上は、加盟店は、決算書のほか、月次損益計算書を毎月本部に提出することとなっており（38条）、月次報告については厳格に遵守はされておらず、毎月は提出されていなかったとしても、POSシステムによる把握も可能で、控訴人は破産者の経営状態は相当程度把握していたことが認められる。……そうすると、控訴人は、Cが本件店舗の開業資金としてS信用金庫から借り入れ、破産者に引き継がれた債務の存在を知っていたことは容易に推認することができ、本件フランチャイズ契約の更新について相談を受け、破産者の控訴人に対する平成26年9月分までの債務の返済を受けて同契約上のフランチャイジーとしての事業を承継することに応じた場合には、破産者による他の債権者であるS信用金庫らに対する返済が不可能となって同債権者らを害することを知っていたものと推認することもできる。」

7．フランチャイジーの労働者性

(60)　東京地判令和4年6月6日

（フランチャイズエイジ2023年5月号）

　コンビニエンスストアの加盟者が労働組合法上の労働者に該当しないとされた事例である。

【判決要旨】

　「加盟者が労組法上の労働者に該当するか否かを判断するに当たっては、①加盟者が相手方の事業遂行に不可欠ないし枢要な労働力として組織に組み入れられているか、②契約の締結の態様から、加盟者の労働条件や労務の内容を相手方が一方的・定型的に決定しているか、③加盟者の報酬が労務供給に対する対価又はそれに類するものとしての性格を有するか、④加盟者が、相手方からの個々の業務の依頼に対して、基本的に応ずべき関係があるか、⑤加盟者が、一定の時間的、場所的拘束を受け、参加人の指揮命令の下において労務を提供していたか、⑥加盟者が独立した事業者としての実態を備えているか、といった事情を総合的に考慮して、使用者との交渉上の対等性を確保するために労組法の保護を及ぼすことが必要かつ適切と認められるかという観点から判断するのが相当である。」

　「本件フランチャイズ契約において、①参加人は、加盟者に対し、○○・システムによる加盟店を経営することを許諾し、本部として、継続的に経営の指導や技術援助、各種サービスを行うことを約し、他方、加盟者は、参加人の許諾の下に加盟店の経営を行い、これについて参加人に一定の対価を支払うことを約束した旨のほか、②参加人と加盟者はフランチャイズ関係においては、ともに独立した事業者であり、加盟店の経営は、加盟者の独自の責任と手腕により行われ、その判断で必要な従業員を雇用する等、使用主として全ての権利を有し、義務を負う旨などが規定されているから、本件フランチャイズ契約上、加盟者は独立した事業者として位置付けられており、参加人の事業の遂行に不可欠な労働力として参加人の事業組織に組み入れられていないことは明らかである。……実態としても、加盟者は、参加人と独立した立場で、従業員の採否・労働条件等を決定し、他人労働力を使用するとともに、商品の販売・サービスの提供について独立の事業者と評価するに相応しい裁量を有し、店舗の立地・契約種別・共同フランチャイジー・複数出店の選択についても自ら判断・決定している。さらに、加盟者は、自身が担当する店舗運営業務の内容や程度についても、加盟者自身の判断により決定している。……したがって、加盟者は、参加人から個別具体的な労務の提供を依頼され、事実上これに応じなけ

ればならないという関係に立つものでもなく（④）、参加人の事業の遂行に不可欠な労働力として組織に組み入れられていると認めることもできない（①）。」

「加盟者は、オープンアカウントを通じて参加人から月次引出金等の支払を受けるところ、これは、加盟者が加盟店における商品の販売やサービスの提供の対価として顧客から得た収益を獲得しているものであって、加盟者が本件フランチャイズ契約上の何らかの義務の履行をしたことに対する報酬であると評価することはできない。……なお、仮に加盟者が加盟店において店舗運営業務に従事していることをもって、参加人に対する労務の提供を行っているとみるとしても、①月次引出金等の金額は、加盟者本人の加盟店における店舗運営業務の多寡やその成果のみに連動するものではなく、参加人に対する労務の提供とはおよそ評価し難い経営判断業務や、他の従業員による労務を含む、総体としての加盟店の運営の結果を反映したものであること、②法人を共同フランチャイジーとする場合、加盟者は、参加人からではなく、当該法人から報酬の支払を受けることからすれば、月次引出金等について、加盟者が労務の提供をしたことに対し、参加人から支払われる対価であると評価することもできない。……したがって、報酬の労務対価性を認めることはできない。」

「本件フランチャイズ契約は、参加人が統一的な内容を定型化したものであり、加盟希望者がその内容を決定することはできず、参加人との個別交渉や加盟者の個別事情等により契約内容が変更されることもないから、一方的・定型的に定められたものということができる。……しかしながら、本件フランチャイズ契約は、加盟店の事業活動について規定したものであり、その経営の在り方に一定の制約を課すものということはできるものの、加盟者が、加盟店の経営を、自己の労働力と他人の労働力のそれぞれを、どのような割合で、どのような態様で供給することによって行うかや、加盟者自身の具体的な労務提供の内容については、加盟者の判断に委ねられている。……したがって、本件フランチャイズ契約において、加盟者の労務提供の在り方が一方的・定型的に定められているものと評価することはできない。」

「加盟者は、本件フランチャイズ契約及び加盟店付属契約上、参加人と文書による特別の合意をしない限り、契約期間を通じて、年中無休かつ24時間、加盟店を開店し、営業することを義務付けられており、年中無休・24時間営業を行わない加盟店については、2％相当額の○○チャージの控除を受けることができないから、営業日・営業時間の選択という点において、加盟店の事業活動に一定の制約を受けているということができる。……しかしながら、かかる制約は、加盟店の事業活動に

関するものであって、加盟者が、自身が担当する店舗運営業務の内容や程度について、自身の判断により決定している以上、加盟店の営業日・営業時間に制約があるからといって、加盟者の労務提供が時間的に拘束されているとはいえない。……加盟者は、加盟店の立地を自ら選択しているから、加盟者が何らかの場所的拘束を受けていると評価することはできない。……加盟者は、自身が担当する店舗運営業務の内容や程度について、加盟者自身の判断により決定しているのであって、参加人の指揮命令を受けて労務提供をしているものではない。そうである以上、加盟者がシステムマニュアル等を準拠すべきことや指導・助言を受けることは、加盟店の事業活動に対する一定の制約と評価し得るとしても、加盟者の労務提供の在り方に向けられた制約とみることはできない。……したがって、加盟者が参加人の指揮命令下において労務を提供していると評価することはできない。……以上のとおり、加盟者は、参加人から個別具体的な労務の提供の依頼に事実上応じなければならない関係にはなく、参加人の事業の遂行に不可欠な労働力として組織に組み入れられているともいえない。また、加盟者は、参加人から労務提供の対価としての金員の支払を受けているとはいえず、労務提供の在り方が一方的・定型的に定められているものでもなく、時間的場所的拘束の下、参加人の指揮命令を受けて労務を提供しているともいえない。……そうすると、加盟者が独立した事業者としての実態を備えているか（⑥）について検討するまでもなく、参加人との本件フランチャイズ契約を締結する加盟者は、参加人との交渉上の対等性を確保するために労組法の保護を及ぼすことが必要かつ適切と認められるかという観点からみて、労組法上の労働者に該当しないというべきである。」

Ⅲ．独占禁止法、下請法など

1．優越的地位の濫用
(61) 公正取引委員会平成21年6月22日

（公正取引委員会ウェブサイト、フランチャイズエイジ2010年1月号20～24頁）

【排除措置命令】

　「(2)　ア　セブン-イレブン・ジャパンが自ら経営するコンビニエンスストア（以下「直営店」という。）及びセブン-イレブン・ジャパンのフランチャイズ・チェーンに加盟する事業者（以下「加盟者」という。）が経営するコンビニエンスストア（以下「加盟店」という。）は、一部の地域を除く全国に所在している。平成20年2月

29日現在における店舗数は、直営店が約800店、加盟店が約１万1,200店の合計約１万2,000店であり、平成19年３月１日から平成20年２月29日までの１年間における売上額は、直営店が約1,500億円、加盟店が約２兆4,200億円の合計約２兆5,700億円であるところ、セブン−イレブン・ジャパンは、店舗数及び売上額のいずれについても、我が国においてコンビニエンスストアに係るフランチャイズ事業を営む者の中で最大手の事業者である。これに対し、加盟者は、ほとんどすべてが中小の小売業者である。

イ　（ア）セブン−イレブン・ジャパンは、加盟者との間で、加盟者が使用することができる商標等に関する統制、加盟店の経営に関する指導及び援助の内容等について規定する加盟店基本契約と称する契約（当該契約に附随する契約を含む。以下「加盟店基本契約」という。）を締結している。

加盟店基本契約の形態には、加盟者が自ら用意した店舗で経営を行うＡタイプと称するもの（以下「Ａタイプ」という。）及びセブン−イレブン・ジャパンが用意した店舗で加盟者が経営を行うＣタイプと称するもの（以下「Ｃタイプ」という。）がある。

（イ）加盟店基本契約においては、契約期間は15年間とされ、当該契約期間の満了までに、加盟者とセブン−イレブン・ジャパンの間で、契約期間の延長又は契約の更新について合意することができなければ、加盟店基本契約は終了することとされている。加盟店基本契約においては、加盟店基本契約の形態がＡタイプの加盟者にあっては、加盟店基本契約の終了後少なくとも１年間は、コンビニエンスストアに係るフランチャイズ事業を営むセブン−イレブン・ジャパン以外の事業者のフランチャイズ・チェーンに加盟することができず、加盟店基本契約の形態がＣタイプの加盟者にあっては、加盟店基本契約の終了後直ちに、店舗をセブン−イレブン・ジャパンに返還することとされている。

ウ　セブン−イレブン・ジャパンは、加盟店基本契約に基づき、加盟店で販売することを推奨する商品（以下「推奨商品」という。）及びその仕入先を加盟者に提示している。加盟者が当該仕入先から推奨商品を仕入れる場合はセブン−イレブン・ジャパンのシステムを用いて発注、仕入れ、代金決済等の手続を簡便に行うことができるなどの理由により、加盟店で販売される商品のほとんどすべては推奨商品となっている。

エ　セブン−イレブン・ジャパンは、加盟店が所在する地区にオペレーション・フィールド・カウンセラーと称する経営相談員（以下「OFC」という。）を配置し、

加盟店基本契約に基づき、OFCを通じて、加盟者に対し、加盟店の経営に関する指導、援助等を行っているところ、加盟者は、それらの内容に従って経営を行っている。

オ　前記アからエまでの事情等により、加盟者にとっては、セブン-イレブン・ジャパンとの取引を継続することができなくなれば事業経営上大きな支障を来すこととなり、このため、加盟者は、セブン-イレブン・ジャパンからの要請に従わざるを得ない立場にある。したがって、セブン-イレブン・ジャパンの取引上の地位は、加盟者に対し優越している。

（3）ア　加盟店基本契約においては、加盟者は、加盟店で販売する商品の販売価格を自らの判断で決定することとされ、商品の販売価格を決定したとき及び決定した販売価格を変更しようとするときは、セブン-イレブン・ジャパンに対し、その旨を通知することとされている。

イ　セブン-イレブン・ジャパンは、加盟店基本契約に基づき、推奨商品についての標準的な販売価格（以下「推奨価格」という。）を定めてこれを加盟者に提示しているところ、ほとんどすべての加盟者は、推奨価格を加盟店で販売する商品の販売価格としている。

ウ　セブン-イレブン・ジャパンは、推奨商品のうちデイリー商品（品質が劣化しやすい食品及び飲料であって、原則として毎日店舗に納品されるものをいう。以下同じ。）について、メーカー等が定める消費期限又は賞味期限より前に、独自の基準により販売期限を定めているところ、加盟店基本契約等により、加盟者は、当該販売期限を経過したデイリー商品についてはすべて廃棄することとされている。

エ　加盟店で廃棄された商品の原価相当額については、加盟店基本契約に基づき、その全額を加盟者が負担することとされているところ、セブン-イレブン・ジャパンは、セブン-イレブン・ジャパンがコンビニエンスストアに係るフランチャイズ事業における対価として加盟者から収受しているセブン-イレブン・チャージと称するロイヤルティ（以下「ロイヤルティ」という。）の額について、加盟店基本契約に基づき、加盟店で販売された商品の売上額から当該商品の原価相当額を差し引いた額（以下「売上総利益」という。）に一定の率を乗じて算定することとし、ロイヤルティの額が加盟店で廃棄された商品の原価相当額の多寡に左右されない方式を採用している。

オ　加盟者が得る実質的な利益は、売上総利益からロイヤルティの額及び加盟店で廃棄された商品の原価相当額を含む営業費を差し引いたものとなっているところ、

平成19年3月1日から平成20年2月29日までの1年間に、加盟店のうち無作為に抽出した約1,100店において廃棄された商品の原価相当額の平均は約530万円となっている。

2 (1) セブン-イレブン・ジャパンは、かねてから、デイリー商品は推奨価格で販売されるべきとの考え方について、OFCを始めとする従業員に対し周知徹底を図ってきているところ、前記1(3)エのとおり、加盟店で廃棄された商品の原価相当額の全額が加盟者の負担となる仕組みの下でア　OFCは、加盟者がデイリー商品に係る別紙1記載の行為（以下「見切り販売」という。）を行おうとしていることを知ったときは、当該加盟者に対し、見切り販売を行わないようにさせる

　イ　OFCは、加盟者が見切り販売を行ったことを知ったときは、当該加盟者に対し、見切り販売を再び行わないようにさせる、ウ　加盟者が前記ア又はイにもかかわらず見切り販売を取りやめないときは、OFCの上司に当たるディストリクト・マネジャーと称する従業員らは、当該加盟者に対し、加盟店基本契約の解除等の不利益な取扱いをする旨を示唆するなどして、見切り販売を行わないよう又は再び行わないようにさせるなど、見切り販売を行おうとし、又は行っている加盟者に対し、見切り販売の取りやめを余儀なくさせている。

　(2) 上記（1）の行為によって、セブン-イレブン・ジャパンは、加盟者が自らの合理的な経営判断に基づいて廃棄に係るデイリー商品の原価相当額の負担を軽減する機会を失わせている。」

大規模小売業者の納入業者に対する優越的地位の濫用事件としては、

(62) 公正取引委員会平成24年2月16日（公正取引委員会ウェブサイト、フランチャイズエイジ2013年5月号24〜27頁）がある。

2．企業結合

コンビニエンスストアの合併について、

(63) 公正取引委員会平成26年事例9（公正取引委員会ウェブサイト、フランチャイズエイジ2016年9月号18〜21頁）がある。

3．下請法〜減額など〜

(64) 公正取引委員会平成28年8月25日
（公正取引委員会ウェブサイト、フランチャイズエイジ2017年1月号26〜29頁）

「次のアからオまでの行為により、下請事業者の責めに帰すべき理由がないのに、下請代金の額を減じていた。減額した金額は、総額約6億5,000万円である（下請事業者20名）。

ア　平成26年7月から平成28年6月までの間、「開店時販促費」を支払わせていた。

イ　平成26年7月から平成28年6月までの間、「カラー写真台帳制作費」を支払わせていた。

ウ　平成26年7月から平成28年6月までの間、「売価引き」を支払わせていた。

エ　下請事業者に上記アの「開店時販促費」、上記イの「カラー写真台帳制作費」又は上記ウの「売価引き」を自社の指定する金融機関口座に振り込ませる方法で支払わせた際に、振込手数料を支払わせていた。

オ　平成26年7月から平成27年9月までの間、下請代金を下請事業者の金融機関口座に振り込む際に、下請代金の額から自社が実際に金融機関に支払う振込手数料を超える額を差し引いていた。

平成28年6月29日、下請事業者に対し、上記オの行為により減額した金額を支払っている。」その他、プライベートブランドの事例として、

(65) 公正取引委員会平成24年9月25日（公正取引委員会ウェブサイト、フランチャイズエイジ2013年1月号22～25頁）が参考になる。

4．消費税転嫁対策特別措置法〜減額〜

内税方式で賃料を定めている賃貸借契約について、消費税値上げ分の減額が認定された事例として、

(66) 公正取引委員会平成26年9月24日（公正取引委員会ウェブサイト、フランチャイズエイジ2015年9月号22～25頁）がある。

―――――――――― 判例リスト ――――――――――

(1)　大阪地判平成17年 5 月26日（裁判所ウェブサイト、フランチャイズエイジ
　　2007年 1 月号20～24頁）

(2)　知財高判平成27年 9 月15日（裁判所ウェブサイト、フランチャイズエイジ
　　2016年 5 月号20～23頁）

(3)　大阪高判平成10年 1 月30日（知財集30巻 1 号 1 頁、フランチャイズエイジ
　　2007年 7 月号28～31頁）

(4)　大阪高判平成19年12月 4 日（裁判所ウェブサイト、大阪地判平成19年 7 月 3
　　日判時2003号130頁）

(5)　東京地決平成28年12月19日（裁判所ウェブサイト）

(6)　知財高判令和 4 年 9 月14日（フランチャイズエイジ2024年 1 月号）

(7)　東京地判平成11年10月27日（判時1711号105頁、フランチャイズエイジ2014年
　　5 月号21～24頁）

(8)　東京地判令和 3 年 7 月28日（フランチャイズエイジ2022年 9 月号）

(9)　東京地判平成14年 1 月25日（裁判所ウェブサイト）

(10)　那覇地判平成17年 3 月24日（判タ1195号143頁、フランチャイズエイジ2006年
　　9 月号18～22頁）

(11)　東京地判平成25年 3 月27日（Westlaw.Japan2013WLJPCA03278004、フラン
　　チャイズエイジ2015年 7 月号24～27頁）

(12)　東京地判平成25年 7 月18日（フランチャイズエイジ2016年 1 月号26～29頁）

(13)　東京地判平成27年 6 月18日（フランチャイズエイジ2017年 7 月号）

(14)　千葉地判平成19年 8 月30日（判タ1283号141頁、フランチャイズエイジ2009年
　　3 月号28～31頁）

(15)　大津地判平成21年 2 月 5 日（判タ2071号76頁、フランチャイズエイジ2011年
　　1 月号22～25頁）

(16)　大阪地判平成22年 5 月12日（判タ1331号139頁、フランチャイズエイジ2011年
　　3 月号28～31頁）

(17)　横浜地判平成27年 1 月13日（判時2267号71頁、フランチャイズエイジ2016年
　　3 月号24～27頁）

(18)　東京地判平成29年12月21日（フランチャイズエイジ2018年 7 月号）

148

(19) 東京地判平成30年3月28日（フランチャイズエイジ2019年3月号）

(20) 東京地判令和2年10月9日（フランチャイズエイジ2022年1月号）

(21) 東京高判平成11年10月28日（判タ1023号203頁、フランチャイズエイジ2006年5月号22～25頁）

(22) 福岡高判平成18年1月31日（判タ1216号172頁、フランチャイズエイジ2006年11月号20～23頁）

(23) 仙台地判平成21年11月26日（判タ1339号113頁、フランチャイズエイジ2011年11月号26～29頁）

(24) 東京地判平成23年1月26日（Westlaw.Japan2011WLJPCA01266004、フランチャイズエイジ2012年7月号30～33頁）

(25) 福岡地判平成23年9月15日（判時2133号80頁、フランチャイズエイジ2015年1月号22～25頁、福岡高判平成25年3月28日判時2209号10頁）

(26) 千葉地判平成19年8月30日（判タ1283号141頁）

(27) 東京地判平成16年4月28日（Westlaw.Japan2004WLJPCA04280003、フランチャイズエイジ2006年3月号20～22頁）

(28) 東京地判平成17年1月25日（判タ1217号283頁、フランチャイズエイジ2007年11月号22～24頁）

(29) 大阪地判平成22年1月25日（フランチャイズエイジ2010年9月号24～27頁）

(30) 新潟地判新発田支部平成23年2月25日（未公表）

(31) 大阪地判平成26年12月26日（Westlaw.Japan2014WLJPCA12266001、フランチャイズエイジ2015年3月号24～27頁）

(32) 東京地判令和4年3月2日（フランチャイズエイジ2024年1月号）

(33) 大阪地判平成22年5月12日（判タ1331号139頁、フランチャイズエイジ2011年3月号28～31頁）

(34) 横浜地判平成27年1月13日（フランチャイズエイジ2016年3月号24～27頁）

(35) 東京地判平成27年10月14日（判タ1425号328頁、フランチャイズエイジ2016年7月号22～25頁）

(36) 東京地判令和3年12月7日（フランチャイズエイジ2023年1月号）

(37) 名古屋地判平成2年8月31日（判時1377号90頁）

(38) 東京高判平成24年10月17日（判時2182号60頁、フランチャイズエイジ2014年7月号28～31頁）

(39) 東京地判平成30年3月22日（フランチャイズエイジ2018年11月号）

（40）東京地判平成30年8月10日（フランチャイズエイジ2020年3月号）

（41）名古屋地判平成1年10月31日（判時1377号90頁）

（42）東京地判平成21年9月17日（Westlaw.Japan2009WLJPCA09178005、フラン
チャイズエイジ2010年5月号20〜23頁）

（43）東京地判令和元年7月16日（フランチャイズエイジ2020年9月号）

（44）最高裁平成19年12月27日（判タ1250号76頁、フランチャイズエイジ2008年1
月号20〜25頁）

（45）東京地判平成23年12月22日（判タ1377号221頁、東京高判平成24年6月20日裁
判所ウェブサイト、フランチャイズエイジ2013年3月号20〜23頁）

（46）最高裁平成20年7月4日（判タ1285号69頁）

（47）東京地判平成25年11月12日（判タ1417号215頁）

（48）東京高判平成21年8月25日（未公表）

（49）福岡高判平成25年3月28日（判時2209号10頁、フランチャイズエイジ2013年
9月号26〜29頁、福岡地判平成23年9月15日、判時2133号80頁）

（50）東京高判平成24年12月25日（フランチャイズエイジ2013年9月号26〜29頁）

（51）札幌地判平成30年4月26日、札幌高判平成31年3月7日（フランチャイズエ
イジ2020年5月号）

（52）東京地判平成18年2月21日（判タ1232号314頁、フランチャイズエイジ2006年
7月号28〜31頁）

（53）東京地判平成22年7月14日（判タ1381号140頁、フランチャイズエイジ2011年
7月号26〜29頁）

（54）東京地判平成26年3月27日（Westlaw.Japan2014WLJPCA03276004、フラン
チャイズエイジ2015年11月号22〜25頁）

（55）東京地判平成2年2月28日（判タ733号221頁）

（56）大阪高判平成13年7月31日（判時1764号64頁、フランチャイズエイジ2006年
1月号24〜26頁）

（57）名古屋地判平成25年11月29日（判時2210号84頁、フランチャイズエイジ2014
年9月号23〜26頁）

（58）横浜地判平成29年5月31日（フランチャイズエイジ2017年11月号）

（59）東京高判平成30年11月15日（フランチャイズエイジ2019年7月号）

（60）東京地判令和4年6月6日（フランチャイズエイジ2023年5月号）

（61）公正取引委員会平成21年6月22日（公正取引委員会ウェブサイト、フランチ

150

ャイズエイジ2010年 1 月号20～24頁）

（62） 公正取引委員会平成24年 2 月16日（公正取引委員会ウェブサイト、フランチ
ャイズエイジ2013年 5 月号24～27頁）

（63） 公正取引委員会平成26年事例 9 （公正取引委員会ウェブサイト、フランチャ
イズエイジ2016年 9 月号18～21頁）

（64） 公正取引委員会平成28年 8 月25日（公正取引委員会ウェブサイト、フランチ
ャイズエイジ2017年 1 月号26～29頁）

（65） 公正取引委員会平成24年 9 月25日（公正取引委員会ウェブサイト、フランチ
ャイズエイジ2013年 1 月号22～25頁）

（66） 公正取引委員会平成26年 9 月24日（公正取引委員会ウェブサイト、フランチ
ャイズエイジ2015年 9 月号22～25頁）

第3部

海外の規制と倫理綱領

第1章 海外の法律と自主規制

第1節 世界のフランチャイズ法

1. フランチャイズ法の歴史

　わが国のフランチャイズ・ビジネスは、中小小売商業振興法（小振法）とともに発展してきたといってよい。フランチャイズ・ビジネスの黎明期であった1973年に制定され、フランチャイズ契約の前提となる開示義務を定めたことで、小振法は、健全なフランチャイズ・ビジネスの姿を示す指標となった。

　1973年当時には、アメリカの幾つかの州を除いて、フランチャイズ法は存在しなかった。つまり、小振法は、世界でも極めて早い時期に作られたフランチャイズ法だったわけである。しかし、その後の40年間に世界の状況は大きく変わり、いまでは、アジア、ヨーロッパ、南北アメリカなど全世界の数十ヵ国でフランチャイズに関する法律が作られている（フランチャイズ法の発展史については、第1部第5章を参照）。

　このようにフランチャイズ法が急速に広まった背景の一つは、1990年代に入って、旧社会主義国や途上国でフランチャイズ・システムに対する関心が高まってきたということであった。1990年代は、冷戦が終わって、それまでの社会主義国や社会主義的な政権の下にあった途上国に市場経済が導入された時期である。フランチャイズ・ビジネスは、欧米や日本のビジネスモデルを取り入れてノウハウを移転しながら、地元企業がフランチャイジーとして生き残っていくための有効な方法と考えられた。そこで、わが国がフランチャイズ・ビジネス発展の初期段階に小振法を立法したように、それらの国々でフランチャイズ法が立法されていったのである。

　21世紀に入るころから、今度は先進国で、フランチャイズ法を制定する動きが活発化した。経済のグローバル化が進み、また新興市場の発展に対して先進国の地位が相対的に低下していく中で、国によっては、フランチャイジーが自分たちの経済的な地位に不満を持ち、その利益を守るための立法を要求するようになったためである。オーストラリア、カナダの一部の州、そしてベルギー、イタリア、スウェーデンといったヨーロッパ諸国のフランチャイズ法が、そうした例である。

　なお、いわゆるフランチャイズ法とは別に、各国の契約法（民法）や競争法（日

本の独占禁止法に当たる法律）などが、実質的なフランチャイズ契約の規制となる国もある。それらを含めた関連法の全体を「広義のフランチャイズ法」とみることもできよう。

2．フランチャイズ法の分類

　フランチャイズ法の種類については、「開示義務法」（disclosure law）と「関係規制法」（relationship law）の2つに大別されるといわれることが多い。これは、1970年代にアメリカの幾つかの州でフランチャイズ法が作られたときに、フランチャイズ展開に先立って開示書面を作成し、当局に提出するように義務付けた法律と、契約の終了（解約や更新）について、正当な理由がなければ解約はできず、フランチャイザーは契約の更新に応じなければならないと定めた法律の2類型が存在したことに基づいている。

　しかし、最近になって世界各国でフランチャイズ法が作られた結果、その内容には、かなりのバラエティが見られるようになった。それらの分類方法としては幾つかのものがあり得るが、例えば次の5つに整理することが考えられる。

第一類型：フランチャイズ展開に先立って当局への届け出を義務付け、かつ、フランチャイジーの勧誘に際し、届け出の内容を開示書面にして交付することを義務付けるもの。アメリカの州法に多く見られる他、韓国や中国、ベトナムなどが採用している。

第二類型：当局への届け出制度はなく、フランチャイズ契約の締結前に、フランチャイジーに対して開示書面を交付しなければならないとだけ定めるもの。フランスやオーストラリアのフランチャイズ法がこれに当たる。わが国の小振法もこの類型である。

第三類型：フランチャイズ契約の内容について強行法的に規制し、それに反する契約条項を無効とするもの。アメリカで初期に作られた、契約の終了を規制する法律が典型である。韓国のようにフランチャイズ契約の他の面について規制する例もある。

第四類型：民法の「典型契約」の一つとしてフランチャイズ契約についての規定を置くもの。民法の一部なので大半は任意規定であり、契約でそれと違った内容を合意することもできる。ロシアの民法が最初にこの形式をとり、かつてのソビエト連邦に属する国々に多い。

155

第五類型：紛争解決手続や産業政策的な規制を定めるもの。調停手続を設けているオーストラリア法、フランチャイズ取引士という国家資格を創設した韓国法などである。

第2節　先進国のフランチャイズ法

1．アメリカ

アメリカでは、フランチャイズ法の制定に関して、アメリカ全体に適用される連邦法ではなく、州議会が制定する州法が先行した。最も早いものは、1970年にカリフォルニア州が制定したフランチャイズ投資法（Franchise Investment Law）である。

アメリカは、連邦国家であるから、ワシントンの連邦議会とは別に、各州が法律を作る権限を持つ。日本でも国の法律と並んで地方自治体に条例を制定する権限があるが、アメリカの州は独立国家に近く、権限の大きさは、日本の地方自治体とは比較にならない。とりわけカリフォルニア州は、時代を先取りしたような先進的な法律を作ることが多い。フランチャイズ法の場合にも、そうであった。

しかし、現在では、連邦の規制として、わが国の公正取引委員会に当たる連邦取引委員会（FTC）が定めたフランチャイズ契約に関する規則（いわゆるFTC規則）の方が重要性は高い。2007年の改正により、州法に基づく開示書面が、FTC規則上、適法な開示と取り扱われないことになったからである。

その結果、アメリカでフランチャイズ展開をしようとするフランチャイザーは、基本的にFTC規則に合致する開示書面（Franchise Disclosure Document: FDD）を使用し、州当局が独自の要求をするときには、その部分だけを修正して提出するという実務対応がとられている。

とはいえ、州法が廃止されたわけではない。現在も多くの州に、何らかのフランチャイズ法が存在する（表3-1-1）。先に述べたように、アメリカでは、その内容を開示義務型と関係規制型に大別しているが、これは、前述の分類では、それぞれ第一類型と第三類型に該当する。

開示義務型の法律は32州に存在し、その中には、カリフォルニア、フロリダ、ハワイ、ニューヨーク、ワシントンなど日本企業にもなじみの深い州が含まれている（なお、アメリカの資料では、ビジネスオポチュニティ法（Business Opportunity Laws）など不実表示による勧誘を禁止するだけの法律を除いて数え、開示義務型の法律の数を15とするものや、さらにそこから開示書面の届出を要しないオレゴン

表3-1-1　アメリカ各州のフランチャイズ法

開示義務型	フランチャイズ・システムにおける開示義務を定める法律がある州	カリフォルニア州、ハワイ州、イリノイ州、インディアナ州、メリーランド州、ミシガン州、ミネソタ州、ニューヨーク州、ノースダコタ州、ロードアイランド州、サウスダコタ州、バージニア州、ワシントン州、ウィスコンシン州、オレゴン州
	フランチャイズ・システムに適用可能性があるビジネスオポチュニティ法がある州	カリフォルニア州、イリノイ州、インディアナ州、メリーランド州、ミシガン州、ミネソタ州、サウスダコタ州、バージニア州、ワシントン州、アラスカ州、コネチカット州、アイオワ州、ルイジアナ州、ネブラスカ州、アラバマ州、フロリダ州、ジョージア州、ケンタッキー州、メイン州、ニューハンプシャー州、ノースカロライナ州、オハイオ州、オクラホマ州、サウスカロライナ州、テキサス州、ユタ州
関係規制型		カリフォルニア州、ハワイ州、イリノイ州、インディアナ州、メリーランド州、ミシガン州、ミネソタ州、ノースダコタ州、ロードアイランド州、バージニア州、ワシントン州、ウィスコンシン州、アラスカ州、アーカンソー州、コネチカット州、デラウェア州、アイダホ州、アイオワ州、ルイジアナ州、ミシシッピ州、ミズーリ州、ネブラスカ州、ニュージャージー州、プエルトリコ、アメリカ領バージン諸島

を除いて数え、14とするものもある）。同じ開示義務型といっても、州当局への開示書面の届出が求められるか否か、州当局が登録を許可する前に開示書面を詳細にレビューするか否かについて、州によって規制の濃淡に一定の差がある。

　関係規制型の方は、カリフォルニア、ハワイ、ニュージャージー、ワシントンなど25の州と地域（ワシントンD.C.）にある。

　これを州の側から見ると、開示義務型のみを持っている州が15州、関係規制型のみを持っている州が8州、カリフォルニアやハワイ、ワシントンなどのように双方を持つ州が17州となっている。

　FTC規則や州法には数多くの除外事由があるが、その要件はそれぞれ少しずつ異なるため、除外事由に該当するかどうかの判断に際しては注意が必要である。

⑴ 連 邦 法

a. FTC規則制定の位置付け

まず、連邦の規制であるFTC規則の内容から見てみよう。この規則は、連邦取引委員会法の規定を具体化するものである。アメリカでは、わが国の独占禁止法に相当する「反トラスト法」が3つの法律から構成されているが、連邦取引委員会法はその一つであり、その第5条は、「不公正またはぎまん的な行為または慣行」を禁止している。そして、何がこれに当たるかを規則によって定める権限がFTCに与えられていることから、その権限を活用した結果として作られたものが、フランチャイズ契約に関するFTC規則である。

b. FTC規則の特徴

FTC規則は、開示義務型の規制である。FTCに対して募集の届け出が義務付けられるわけではなく、開示は、フランチャイザーからフランチャイジーに対する書面の交付によって行われるから、第二類型の規制である。

開示書面が契約の締結または対価の支払いの14日前までに交付されなかったり、書面中の情報に不実の記載が含まれていたりするなどのFTC規則の違反があると、「不公正またはぎまん的な行為・慣行」に該当し、連邦取引委員会法の違反となる。

これに対しては、FTCによる排除命令、裁判所の判決による差し止め、民事罰、および消費者救済訴訟といった手段が用意されている。なお、フランチャイジーからフランチャイザーに対する損害賠償訴訟は認められていない。

c. FTC規則の内容

FTC規則が要求する開示事項は、2007年の改正以降は、表3−1−2に掲げる23項目であり、各州の開示義務法とほぼ一致している。これを大別すると、①フランチャイザーに関する事項、②フランチャイズ契約の主要な内容、および③フランチャイジーの収支見通しに役立つ情報、に分けられる（なお第23項は、フランチャイジーが開示を受けたことを確認する受領証のフォーマットである）。

前記①に含まれる情報が多い点は、アメリカの開示規制の特徴である。フランチャイザーの名称（第1項）や財務諸表（第21項）、フランチャイザーやその関係者の訴訟歴（第3項）、破産歴（第4項）などである。

フランチャイズ契約の勧誘に際しての開示規制である以上、②が含まれることは当然であろう。具体的には、契約中で両当事者が負う義務の内容（第9、11項）、原材料などの納入業者の指定（第8項）、テリトリーの有無および範囲（第12項）、

158

表 3-1-2　FTC規則の開示事項

第1項	フランチャイザー、親会社、前所有者および関係会社
第2項	事業経験
第3項	訴訟
第4項	破産
第5項	イニシャル・フィー
第6項	その他のフィー
第7項	想定される初期投資
第8項	製品およびサービスの購入先の制限
第9項	フランチャイジーの義務
第10項	融資
第11項	フランチャイザーの支援、宣伝、コンピュータシステム、訓練
第12項	テリトリー
第13項	商標
第14項	特許、著作権および保護された情報
第15項	フランチャイズ事業の実際の仕事に参加する義務
第16項	フランチャイジーが販売できるものへの制限
第17項	更新、終了、譲渡、紛争解決
第18項	有名人
第19項	事業成績表示
第20項	店舗およびフランチャイジー情報
第21項	決算報告書
第22項	契約書
第23項	受領書

契約の期間・終了・更新などに関する条件（第17項）などがこれに当たる。また、フランチャイズ契約そのものも、関連する賃貸借契約、売買契約などとともに、添

付書面としてフランチャイジーに交付しなければならない（第22項）。

それに対して、③の情報が少ない点も重要である。開業時までに必要となる支出の金額または費目についての記述は必須とされているが（第7項）、わが国でしばしば紛争の原因になる売上げ・収益に関する情報を開示する義務は課されていない。こうした売上げ・収益に関わる情報は、事業成績表示（第19項）と呼ばれ、情報提供を行わない場合には、「当社では業績関連情報の提供を行っていない」という開示をせよというのが、FTC規則の考え方である。

逆に、事業成績表示の提供を行うためには、合理的な根拠と算出過程を示す書面がなければならず、かつ、「実際には予測と異なる結果になる可能性がある」という注意書きを付す必要がある。これは、フランチャイズ契約の締結に当たっては、フランチャイジーが自らの責任において事業の見通しを調査し、判断するべきである、という考え方を反映している。

もとよりアメリカでも、勧誘担当者が適当な見通しを述べ、素人的なフランチャイジーがそれをそのまま信じ込むという事態がないわけではない。しかし、あるべき姿としては、フランチャイジーは独立の事業者であり、法定の開示情報を材料とした判断に基づいてビジネス・リスクを引き受けるべきだと考えられているのである。

(2) 州　法

a.　開示義務型の州法の内容

第一類型の法律の典型として、カリフォルニア州のフランチャイズ投資法を見ておこう。まず、カリフォルニア州内でフランチャイジーを募集しようとするフランチャイザーは、開示書面を州当局に届け出し、登録（register）をしなければならない。これは、営業許可のようないわゆる「登録制」とは異なり、開示書類を当局にファイルしなければならないという意味での「登録」である。わが国の金融商品取引法でも、有価証券の募集をする際には内閣総理大臣（金融庁または地方財務局）に有価証券届出書を提出しなければならないが、それと同様の制度であり、その目的は開示（ディスクロージャー）にある。

届け出られた開示情報は、フランチャイジーに対しても、書面の形で交付しなければならない。金融商品取引法でいえば目論見書に相当する。交付の時期は、フランチャイズ契約の締結または何らかの金銭支払いの14日前とされている。

届け出や開示書面の交付を怠ったままフランチャイジーの募集を行った場合には、

160

罰則の対象となる他、当局によって募集の差し止めが命ぜられる可能性がある。また、フランチャイジーは、フランチャイザーに対して損害賠償を請求することができる。

なお、開示事項については、前述のとおり、「基本的にFTC規則に従った開示書面（FDD）を作成すること」と定められている（独自の表紙を付けるなど、若干の追加事項がある）。

b. 関係規制型の法律の内容

第三類型に属する関係規制型の法律は、州によって内容に大きな違いがある（何らかの合理的な理由があってそうなったというよりは、各州におけるフランチャイザーとフランチャイジーのロビイング合戦の結果であったといわれている）。そのため、簡単にまとめることは難しいが、最も典型的な規制は、フランチャイザーがフランチャイズ契約を終了することは「正当な理由」が存在しなければ許されない、と定める終了規制である（カリフォルニア州、アイオワ州、ニュージャージー州など）。

このような法律の下では、「正当な理由」とは何かという点が決定的な意味を持つ。しかし、それをきちんと定義することは難しく、州によって、事由を細かく列挙したり、裁判所の判断に委ねたりとさまざまに規定されている。規制の適用範囲についても、期間満了前の解約のみを対象とするのか、満了時の更新についても、「正当な事由」がない限り更新しなければならないものとするのか、など幾つものパターンが存在する。

関係規制型の州法としては、終了規制の他にも、不公正な取引手段を禁じた法律（サウスダコタ州）や、新規の出店に際して既存のフランチャイジーとの協議を義務付けた法律（アイオワ州）などもある。

アイオワ州の法律は、1990年に突然作られて、アメリカのフランチャイズ業界に衝撃を与えたものであるが、フランチャイジーの売上げを5％以上（2000年の改正後は6％以上）低下させるような新規出店を原則として規制し、例外的に許される場合を細かく定めるなど、複雑なものである（この法律は、第3節1.で述べる韓国法に影響を与えているように思われる）。

これらの関係規制型の法律は、当事者間の契約関係を規制する。すなわち、本来であればフランチャイズ契約によって規定されるべき事柄について、強行法としての枠をはめるものである。従って、その使われ方も、当局による運用を予定するわけではなく、フランチャイザーとフランチャイジーの間の民事訴訟において援用さ

れるという形になる。

２．フランス

⑴　立法に至る経緯

　フランスには、アメリカのFTC規則に着想を得て作られたといわれる開示義務規定があり、商法典の中に置かれている（L 330-3条）。この条文は、1989年に制定された当初は、「ドゥバン法」（Loi Doubin）と呼ばれる独立の法律に含まれていた。細目については、同じ商法典のR.330-1条に規定されている。

　フランスにアメリカのFTC規則が紹介されたのは、1981年のことであったといわれる。その後1980年代を通じて、フランスではフランチャイズ・システムが急成長し、それに伴って、悪質なフランチャイザーの出現など、フランチャイズ・システムに関わる紛争も目立つようになった。アメリカに倣った法規制の導入は、そうした中で次第に現実的な要請となり、1989年に至って、ついにドゥバン法が制定されたのである。

⑵　内　　容

　商法典の中に置かれていることからも分かるように、フランス法の定めるフランチャイザーの開示義務は、まったく民事的なものである。第二類型の中でも徹底していて、事前の届け出制度がないことはもとより、FTC規則のように事後的な執行を当局が担う体制にもなっていない。法律の規定上は刑事罰の規定が置かれているが、施行直後の時期を除けば、利用されていないようである。むしろフランスでは、開示書面の交付は、民法典の詐欺や錯誤の規定の延長として、契約の有効要件の一つに位置付けられている。

　フランチャイザーは、フランチャイジー希望者に対して、フランチャイズ契約締結の20日前までに法定の開示書面を交付しなければならない。これに違反した場合の効果は、法律上は明記されていないが、契約の無効を主張できると解釈されており、さらにフランチャイザーに対して損害賠償を請求できるとする裁判例もある。

　ただし、破毀院（フランスの最高裁判所）は1998年２月10日の判決で、フランチャイジーが契約の無効を主張するためには、「開示義務の違反による情報の不足がなければ契約を締結していなかった」ということを証明する必要がある、という判例を作った。この要件が満たされると、契約は遡及的に効力を失って、それまでに

支払われたフランチャイズ・フィーなども全て返還しなければならなくなる。わが国でいえば契約の取り消しに近い。

開示を求められる情報についても、アメリカとは考え方が若干異なり、フランチャイジーの判断に役立つ情報（前述第2節1.(1)-cの③）がやや重視されている。そのことは、開示項目に「その市場の現状と将来の見通し」が含まれているところに現れている。

もっとも、それも一般的な説明を求めるものにすぎず、開業後の業績の予測をフランチャイザーの負担とする趣旨ではない。開業するか否かの判断は、フランチャイジーが自己責任において行うべきものだと考えられている点では、アメリカとの違いはないといってよいであろう。

(3) EU競争法による規制

フランスを含むEU加盟国でフランチャイズを展開する場合には、EU競争法の規制にも留意する必要がある。以下では、フランチャイズを展開するにあたり重要となるEU競争法上のポイントについて解説する。

a. 概　要

EU競争法では、欧州連合の機能に関する条約（Treaty on the Functioning of European Union。以下「TFEU」という。）101条1項において、（a）EU加盟国間の通商に影響しうる、（b）EU域内市場の競争を妨害、制限もしくは歪曲する目的を有し、またはこのような結果をもたらす、（c）事業者間の協定、事業者団体による決定および協調的行為を禁止している。

このうち、（a）については、複数のEU加盟国にフランチャイズまたは代理店を展開する場合、および、EU加盟国のうち1か国のみでフランチャイズまたは代理店を大規模に展開する場合、基本的に肯定される。また、（c）は、フランチャイズ契約および代理店契約は「事業者間の協定」であるため、特に問題なく該当する。

次に、（b）は、以下のとおり、欧州委員会規則2022/720（Commission Regulation（EU）2022/720。以下「規則」という。）および垂直的制限に関するガイドライン（Guidelines on Vertical Restraints。以下「ガイドライン」という。）の判断プロセスに沿って検討する必要がある（図3-1-1）。

b. 違法推定類型

違法推定類型は規則4条に定められているところ、再販売価格維持が典型例として挙げられる。この点、再販売価格の下限を設定することは違法推定類型に該当す

図3-1-1　EU垂直的制限ガイドラインの判断フロー

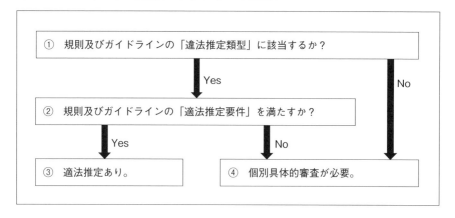

る一方、最高価格または推奨価格の設定にとどまる限り、違法推定はなされないと考えられている。

また、排他的流通システム（川上の供給事業者が川下の流通事業者に対して販売地域や顧客を排他的に割り当てる制度）や選択的流通システム（川上の供給事業者が一定の基準に基づき選定した流通事業者に対してのみ商品等を供給する制度）を採用する場合には、除外事由に該当する場合を除き、違法推定類型に該当すると規定されている。

c. 適法推定要件

違法推定類型のいずれにも該当しない垂直的制限は、以下の3要件のうちいずれか1つを満たせば、適法と推定される。

① 垂直的制限の当事者双方とも、グループベースで、関連市場におけるシェアが15%以下である場合
② 垂直的制限の当事者双方とも、グループベースで、（a）従業員数250人未満、かつ（b）年間売上5,000万ユーロ以下または総資産額4,300万ユーロ以下である場合
③ 垂直的制限の当事者双方とも、グループベースで、関連市場におけるシェアが30%以下であり、かつ
　（a）競業避止義務（専属店契約を含む。）を課す場合、当該義務の存続期間が有期かつ5年以下であるとき
　（b）契約終了後における商品またはサービスの製造または販売を禁止する場

合、移転したノウハウを保護するために必要不可欠であり、契約に係る商品またはサービスと競合する商品またはサービスに関するものであり、契約期間中に使用していた店舗におけるもののみが対象であり、かつ当該禁止期間が契約終了後1年以内であるとき、または、

（c）選択的流通制度を採用している場合、流通業者に対して、サプライヤーの競合他社ブランドの販売を禁止する直接的または間接的な義務を課すものではないとき

d.　個別具体的審査

　違法推定類型に該当する場合、または適法推定要件を満たさない場合は、個別具体的な審査が必要となるが、かかる審査は反競争的効果および競争促進的効果の分析等に困難を伴う傾向にあり、時間とコストを要するうえ、適法性の見通しも明確性を欠く。そのため、フランチャイズ契約および代理店契約を締結する際には、極力、適法推定を受けられる内容にすることが望ましい。

3．その他ヨーロッパ諸国（イタリア、スウェーデン、オランダ）

⑴　イタリア

　EUにはフランチャイズに関する共通の法的枠組みは存在しないが、いくつかのヨーロッパ諸国では、特にフランチャイズ契約締結前における情報の非対称性を中心として、フランチャイザーとフランチャイジーとの関係を規律するフランチャイズ法が制定されている。

　イタリアには、2004年に制定されたフランチャイズ法がある。事前開示規制に関しては、強行規定であり、フランチャイズ契約における準拠法にかかわらず、全てのフランチャイザーに適用される。フランチャイザーは、契約締結の30日前までに法定の開示書面とフランチャイズ契約書を交付しなければならない（なお、外国のフランチャイザーに対しては、別途追加で情報開示規則が省令により定められている）。フランチャイザーがこれらの情報開示義務に違反した場合、フランチャイジーは、錯誤や詐欺を理由にフランチャイズ契約の解除ないし取消しをして、支払った金銭の返還請求および損害賠償請求をすることができる。また、フランチャイザーは罰則の対象となる可能性もある。

　関係規制の観点からは、フランチャイズ契約書は書面でなければならず、フランチャイザーが提供する特定のノウハウが詳細に記載されていることが要請されてお

り、これに違反した場合には、フランチャイズ契約は無効とみなされ、フランチャイザーは受け取った金銭の返還債務および損害賠償義務を負う（ただし、裁判所の審査能力の観点からノウハウの記載の欠如を理由にフランチャイズ契約が無効とされた判決はほとんどない）。

これに加えて、フランチャイズ法では、フランチャイズ契約の契約期間は最低3年と定められており、フランチャイザーは、契約違反やフランチャイジーが破産した場合などの重大な事由がない限り、最初の3年間が終了する前に契約を解除することはできない。

⑵　スウェーデン

スウェーデンは、イタリアと異なり、関係規制はなく、事前開示規制の法律（第二類型のフランチャイズ法）があるのみである。もともとスウェーデンでは、フランチャイズ・システムを労働関係に準ずるものとして規制するという観点から一度は法案が作られたものの、廃案となった。しかし、その後紆余曲折はありながらも、フランチャイジー保護の観点から2006年にフランチャイザーの情報開示義務に関する法律が制定された。

この法律は、フランチャイザーは契約前に書面にて少なくともフランチャイズ契約書の意味やその他の条件についての情報を合理的な期間内に提供しなければならないと規定している。この合理的な期間とは、明示されていないものの14日程度と解釈されている。開示義務違反の効果については、開示の履行を求める訴えが規定されており、開示命令に附帯して、違約金の支払い請求をすることができる。

⑶　オランダ

オランダは、2016年から自主規制（The Netherlands Franchise Code）があったが、2021年に民法典内に導入される形でフランチャイズ法が制定され、事前開示規制（第二類型）と関係規制（第三類型）が定められている。

事前開示義務としては、少なくとも契約締結の4週間前までに、フランチャイジーに対して、フランチャイズ契約書の草案やフランチャイジーが負担すべき金額等の法定の情報を提供しなければならない。開業後の業績予測について情報提供義務はないが、類似立地についての情報を開示する義務が課されている。オランダのフランチャイズ法で特徴的なのは、4週間の熟考期間（Stand-Still period）中は、フランチャイジーにとって不利に条項の変更をすることはできないとされている点

である。契約締結後も原則として、フランチャイザーは継続的な情報開示義務を負い、フランチャイジーから受領した金銭について、毎年報告しなければならない。

関係規制に関しては、フランチャイズ契約について強行規定が設けられており、フランチャイズ契約の準拠法によらずに、在オランダのフランチャイジーであれば、オランダのフランチャイズ法が適用され、フランチャイズ法に違反した営業権や競業避止義務に関する条項は無効なものとして扱われる。また、フランチャイザーは"good franchisor"として、フランチャイジーは"good franchisee"として振る舞う義務を負う旨が明記されている点も特徴的であろう。

4．オーストラリア

⑴　フランチャイズ規則の位置付け

オーストラリアのフランチャイズ法は、競争・消費者法（Competition and Consumer Act）の中にあるフランチャイズ規則（Franchising Code of Conduct）である。これは競争法（わが国でいえば独占禁止法）と消費者保護法・製造物責任法などを併せた法律であり、執行については競争・消費者委員会（ACCC）が権限を有している。

競争・消費者法の規定は「不公正な取引」、「ぎまん的表示」といった一般的な要件によって定められ、産業別規則において産業ごとに規則を具体化するという仕組みになっている。この産業別規則のうち全ての事業者に対して拘束力を持つ強制的規則の一つとして、フランチャイズ規則が定められている。

⑵　フランチャイズ規則の内容

フランチャイズ規則は、2022年に最終改正がなされているが、その特徴は、開示義務と関係規制の双方が盛り込まれていることと、それに加えて紛争解決のための調停手続が定められているところにある。

前の分類でいえば、第二類型と第三類型、および第五類型の混合型である。

まず、開示義務の部分であるが、契約締結時の開示に加え、2022年4月の改正により、フランチャイザーには、フランチャイズ開示登記制度（Franchise Disclosure Register）に基づき、フランチャイザーの名称や住所等の所定の開示情報を政府に提出するとともに、毎年、フランチャイザーの会計年度末から4か月以内に、政府に対してこれらの情報に変更がないこと、または変更点の通知を行う義

167

務が課された。また、情報開示書面についてフランチャイズ規則の別紙の中で詳細項目が示されており、内容だけでなく形式もこれに準拠して作成することが義務付けられている。情報開示の際には、契約締結の14日前までに情報開示を行うことが求められ、この際同時にフランチャイズ規則の写しなどを交付しなければならない。

そして、2022年4月の改正により、フランチャイザーは、フランチャイジーとの間でフランチャイズ契約を締結しようとする場合は、少なくともその14日前までに、フランチャイズ開示登記制度（Franchise Disclosure Register）に基づき、フランチャイザーの名称や住所、ABN（Australian Business Number）、電話番号及びメールアドレス並びにANZSIC（Australian and New Zealand Standard Industrial Classification）Code等の情報を政府に提出するとともに、毎年、フランチャイザーの会計年度終了後5か月目の14日目までに、政府に対してこれからの情報に変更がないこと、または変更点の通知を行う義務が課された。

契約締結の際にも、フランチャイザーは、独立した法律家またはアドバイザーや会計士から、フランチャイズ契約についての助言を受けた旨が記載された書面をフランチャイジーから受領することが求められている。

次に、関係規制の部分であるが、契約締結後14日以内のフランチャイジーによるクーリング・オフを認めている。また、フランチャイジーは契約期間中にいつでも契約終了を提案でき、提案を受けたフランチャイザーは28日以内に書面により実質的な回答をしなければならない。他方で、フランチャイザーによる契約解除については、原則としてフランチャイジーの契約違反に対して、是正のために何が必要かをフランチャイジーに伝え、是正のための合理的な期間を与えなければならないなど厳しい制限がかけられている。

さらには、フランチャイザーは、事前に開示をしていたり、フランチャイジーの同意がある場合を除き、フランチャイジーに対して契約期間中の過大な追加投資要求を禁じられている。契約終了後においても、フランチャイジー側から契約延長の申し入れがあったにもかかわらず契約終了した場合には、一定の営業補償をしなければ、競業禁止義務を課すことができないとされている。

アメリカやフランスにない特色として挙げられるのが、紛争解決手続が法定されていることであろう。なお、紛争解決のための訴訟またはADR手続について、フランチャイジーが事業を行う州または準州以外の場所を専属管轄と定めてはならない。また、複数のフランチャイジーがフランチャイザーと同種の紛争を抱えている場合、すべての紛争を同様に解決する合意が可能である。この場合、フランチャイ

ジーは、同様の解決に同意するか否かを判断するため、フランチャイズ契約中の守秘義務にかかわらず相互に協議をすることができるとされている。

このように、さまざまな内容を盛り込んだフランチャイズ規則であるが、フランチャイジー側からの関係規制の強化のための改正に向けた動きはいまだに強い。取引慣行法時代のフランチャイズ規則制定後も数次にわたる改正が行われているが、今後も改正が数年ごとに行われることも考えられる。

⑶　労働法上の責任

フランチャイズ規則のほかにも、オーストラリアでは、2017年のフェアワーク法（Fair Work Amendment（Protecting Vulnerable Workers）Act）の改正によって、一定の状況下でフランチャイジーの労働法違反に対してフランチャイザーにも責任を負わせることが法制化された。具体的には、フランチャイザー又はその役員が、フランチャイジーによる違反が発生し、または同一若しくは同種の違反が発生する可能性があることを認識し、若しくは合理的に認識し得た場合には、フランチャイジーである雇用主によるフェアワーク法の違反に対して責任を負うとされている。ただし、当該フランチャイザー等が違反を防止するために合理的な措置を講じた場合には責任を負わない。

第3節　アジア・新興国のフランチャイズ法

1．韓　　国

韓国のフランチャイズ法は、2002年に制定され、同年施行された「フランチャイズ取引適正化法」とその施行令である。制定後、幾度にも亘る改正があり、現行法は2024年7月に施行された法律である。

この法律は、フランチャイザーに対して、あらかじめ公正取引委員会に登録した情報開示書面に基づく情報開示を義務付けるとともに、契約書の内容についても一定の制約を置き、さらにはフランチャイズ紛争解決のための独自の調停機関や、フランチャイズ取引の専門家であるフランチャイズ取引士の設置を規定するなどしており、前述の分類に即して考えると第一類型、第三類型、第五類型の混合型の法律ということができる。

まず、フランチャイザーは、フランチャイズ事業開始前に、公正取引委員会（または市・道知事）に対して情報開示書面を登録しなければならない。情報開示書面の記載事項は、法および施行令に詳細が定められているが、ハングルで記載するこ

とが求められる。登録手続の過程では、情報開示書面以外にも、定められた書類の提出をしなければならず、事実上フランチャイザーの登録制度として機能している。実際の情報開示については、契約締結の14日（弁護士またはフランチャイズ取引士が関与している場合は7日）以上前に行わなければならず、情報開示から契約までの期間を熟慮期間としている。

次に、契約の締結に際しても、加盟金預置制度が法定されており、フランチャイザーはフランチャイジーから直接加盟金を徴収することができず、預置機関（銀行など）を通じて徴収する必要がある。また、不公正な取引方法が法律上列挙されて、それらの行為をフランチャイザーが行うことを制限している。契約の解除の場面についても、契約違反があった場合において、複数回の催告を経た上でなければ、原則として契約解除ができないとされ、更新拒絶については正当な事由のない更新拒絶を禁止している。

契約の内容についても、フランチャイザーに対して厳しい規制が課されている。まず、一定規模以上のフランチャイザーについては売上予測提示義務がある。売上予測の内容についても根拠の提示が求められ、最高値の上限が定められている。ただし、売上予測は、実績値の開示で代えることができる。

次に、フランチャイズ契約上テリトリーの設定を行わなければならない。また、営業時間拘束の禁止や店舗改装強制の禁止などもルール化されている。さらに、2024年7月3日に施行された改正法では、フランチャイズ契約に特定の仕入先から仕入れることが必要とされる品目及び供給価格の計算方式を記載することが求められており、既に締結済みのフランチャイズ契約についても2024年7月3日の施行日から6カ月以内に改定することが要求されている。これらを変更する場合には、フランチャイズ契約書に定められた手続に従って必ず協議する義務も、施行令の改正により導入される予定である。

紛争解決については、フランチャイジーの団体との交渉応諾義務が定められているほか、「フランチャイズ紛争調停協議会」という調停機関が存在し、ADR機関の役割を果たしている。この協議会は公正取引委員会の外局である公正取引調停院の内部に設置されている。紛争の調停を申し立てた者や、公正取引委員会の調査に協力した者に対する報復行為は禁止され、さらに、フランチャイザーの違反行為の調査を促進するため、フランチャイザーの違反行為を通報したフランチャイジーに対して報奨金を支給する制度が設けられている。

2．中　　国

　中国では、フランチャイズを「商業特許経営」と呼ぶ。2007年に、国務院の定める行政法規として、商業特許経営管理条例が制定され、また、これに付随する法令として商業特許経営情報開示管理弁法と商業特許経営届出管理弁法が定められた。これらは、中国におけるフランチャイズ・ビジネスの発展、変遷に伴い、法改正を重ねながら、一体となって中国のフランチャイズ法として機能してきた（2007年の二つの管理弁法は、2011年と2012年に、新しい管理弁法によって置き換えられた）。さらに、2023年11月には商務部が公安部や市場監督管理局等を含む他の4つの部門と共同で、「商業フランチャイズ経営の規範的かつ秩序による発展を促進するための総合監督管理制度の整備に関する通知」を公表し、これにより「一条例二弁法一通知」という形でフランチャイズ法体系が構築された。

　それとは別に、裁判所の指導意見として、2011年に北京高級人民法院が「フランチャイズ契約の紛争案件の審理における法律適用に関する若干の問題についての指導意見」を、2012年には上海高級人民法院が「フランチャイズ契約の紛争案件の審理における若干の問題に対する解答」を公表しており、これらも、法解釈、法適用に関する一定の法規範性を有する。

　中国のフランチャイズ法のもとでは、フランチャイザーはフランチャイズ・ビジネスの展開地域に応じて商務部または地方商務主管部門に対し、最初のフランチャイズ契約締結後15日以内に届出を行わなければならない。また、情報開示についても開示項目が法律上定められている。この部分は前述の類型でいうと第一類型に該当する。さらには、契約書の必要的記載事項も法定されている。これは、一部強行法規があるものの、大半が任意規定であることも含めて考えると前述の第四類型に当たる。

　まず、フランチャイズ事業を行うには前述のとおり行政に対して届出をしなければならないが、届出を行うに当たって、フランチャイザーは、「成熟した経営モデルを有し、かつフランチャイジーのために経営指導、技術支援および業務研修などのサービスを継続的に提供する能力」が求められ、この能力の担保として直営店2店舗以上を1年間以上経営していることが要件とされている。この直営店には海外の店舗も含まれると解されている。届出に当たっては、フランチャイズ契約書のひな型および実際に締結した最初の契約書の写しの他にマニュアルなども必要書類に含まれている。

　次に情報開示であるが、契約締結の30日前までにフランチャイザーはフランチャ

イジー候補者に対して情報開示書面を交付しなければならない。情報開示書面に記載すべき項目は、商業特許経営情報開示管理弁法に詳細が定められている。また、虚偽表示や不実表示、重要な事実の不開示は、フランチャイジーの契約解除権を発生させるほか、商務部により最高10万人民元の行政罰が科される場合がある。

　フランチャイズ契約の締結に当たっては、フランチャイズ契約は書面で行うことが要求され、契約期間は３年を下回ってはならないとされている（ただし、フランチャイジーの個別の同意があった場合にはこの限りではない）。また、フランチャイザーは、フランチャイズ契約締結に当たって、クーリング・オフ期間（期間は任意）を設定しなければならない。

３．ロシア

　ロシアでは、民法の中にフランチャイズ契約についての規定がある。売買契約や委任契約と並んで「商業コンセッション」について定めた章があり、これがフランチャイズ契約を意味している。第四類型のフランチャイズ法の代表例であり、条文の大半は、強行的な契約の規制ではなく、当事者間の契約で民法の規定と異なる内容を書けば、契約の方が優先する（任意規定）。ただし、幾つかの規定は、関係者の保護を図って強行規定とされている。

　ロシアの民法は、市場経済への移行が始まったばかりでまだ混乱が続いていた1996年に制定された。その中にフランチャイズ契約についての規定を置いた理由について、当時の関係者は、ロシア社会ではフランチャイズ・ビジネスというものの存在が知られていないので、民法に「典型契約」として書き込み、そのような契約が可能であることを人々に知らせるのだと説明していた。類似の立法形式は、ほかにも、バルト三国やカザフスタンなど、かつてのソビエト連邦構成国に見られる。

　しかし、ロシア民法の規定の中には、フランチャイズ・ビジネスの障害となる点もあると指摘されてきた。たとえば、フランチャイズ契約を登録することが義務付けられていること、フランチャイズ店で販売した商品の欠陥があって消費者が損害を受けた場合などに、厳しい製造物責任の規定が定められていること、登録された商標をフランチャイジーに使用させることがフランチャイザーの契約上の義務とされていることなどである。2022年のロシアによるウクライナ侵攻のため、ロシアでの事業展開は困難な状況になっているが、仮にそうした情勢が落ち着いても、ロシアでのフランチャイズ事業は容易ではないであろう。

4．マレーシア

　マレーシアでは1998年にFranchise Act 1998が立法され、直近では、Franchise（Amendment）Act 2020による改正が2022年4月28日に施行されている。

　まず、フランチャイザーはフランチャイズ事業の開始またはフランチャイジーの募集前に、起業家育成・協同組合省（Ministry of Entrepreneur and Cooperatives Development）にフランチャイズ登録（6条登録）をしなければならない。外国のフランチャイザーは、それに加えて、マレーシアにおいてフランチャイズ事業を営む前にフランチャイズ登録局から承認を得る必要がある（54条承認）。もっとも、6条登録と54条承認の申請は、オンライン手続により一度で行うことができるようである。

　また、フランチャイザーは、契約を締結する少なくとも10日以上前に情報開示書面とフランチャイズ契約書の写しを加盟希望者に交付しなければならないところ、情報開示書面の必要的記載事項は法定されており、フォーマットも含めて指定がなされている。また、フランチャイズ契約についても同様に必要的記載事項が法定されており、必要的記載事項を欠いた場合には罰則の対象となる。これらの規制は前述の分類でいえば第一類型に分類される。マレーシアでは、フランチャイザーのみならず、フランチャイジーやフランチャイズ・ブローカー、フランチャイズ・コンサルタントにも登録を要求している点が特徴的ということができる。

　なお、フランチャイズ契約は書面によることを要する。またフランチャイズ契約締結後7日以内であれば、フランチャイジーによるクーリングオフが認められている。

　次に関係規制の面であるが、契約の解除については、正当な事由が必要とされており、特に無催告での解除については法定事由が列挙されている。また、更新拒絶の場合については、一定の補償をフランチャイザーが行わなければならないとされている。

　一方で、フランチャイジーに対しても競業避止義務や秘密保持義務を法律が課している点で、他に類を見ない特徴的な規定が見られる。

　これらに対する違反に対しては、刑事的な罰則が存在する。このような内容は、前の分類でいえば第三類型に当たるといえる。

5．ベトナム

　ベトナムでは、2005年に制定された商法の中に、商業フランチャイズという規定

を設けて8条の条文が存在している。この商法の規定を補完するのが2006年に制定された政令第35号、2011年に制定された政令第120号、2018年に制定された政令第08号と2008年に制定された経済省令第09号であり、これらの法令が一体となって、フランチャイズ法として機能している。

　まず、ベトナム国内でフランチャイズ・ビジネスを行うためには、1年以上直営店の運営実績がなければならない。また、ベトナム企業が外国フランチャイザーのマスターフランチャイジーとなる場合には、サブフランチャイズを行う前に、フランチャイズ方式により1年以上ベトナム国内でビジネスを行っていることが必要とされる。

　外国のフランチャイズは、産業貿易省に登録しなければならない（ベトナム国内の輸出加工地区などに拠点を置いた場合も同じ）。国内のフランチャイズには、登録義務はないが、当局への報告義務が課されている。

　情報開示書面については、記載すべき項目がフォーマットと共に非常に詳細に規定されており、これに従った記載をしなければならないとともに、契約締結の15営業日前にはフランチャイジー候補者に対して情報開示をすることが求められている。

　また、フランチャイズ契約書の必要的記載事項についても、若干の項目が存在している。これらを考えると厳密な意味では、フランチャイズ登録を要求することで開示制度を担保しているものとはいえないものの、前述の第一類型に近いものということができる。

　関係規制については、商法上に当事者の権利・義務という形で若干の規定を置いている。また、フランチャイズ契約は、ベトナム語で作成する必要があるとされ、また、情報開示書面をベトナム語以外で作成した場合には認証付きのベトナム語翻訳が必要とされる。

　もっとも、これらは一般法の中の規定であり、任意規定であるものが多く、その意味では、前の分類に即していえば、第四類型に分類される法制度であると考えられる。

　なお、契約解除を一定事由に制限したり、フランチャイジーによる第三者への権利譲渡の拒絶を一定の場面に限定するなどの制限も存在している。

　ベトナムには、フランチャイズ法とは別に「技術移転法」が存在しており、フランチャイザーからフランチャイジーに教示されるノウハウがこの法の適用対象である場合には、技術移転法に基づく内容をフランチャイズ契約書の中で合意しなければならない可能性や技術移転に係る登録が必要となる可能性がある。

174

6．インドネシア

　インドネシアにおける主要なフランチャイズ規制は、フランチャイズに関する政府規則2007年第42号とフランチャイズの実施に関する商業大臣規則2019年第71号である。

　このインドネシアのフランチャイズ法令におけるフランチャイズの要件の中には「収益性の証明」という要素がある。そして収益性の証明のためにはフランチャイザーが5年以上の事業経験と成長実績を有することが必要であると説明される。従って、インドネシアにおいては一定の直営店運営経験がなければ、フランチャイズ事業ができないこととなる。

　フランチャイズ事業を行うに当たって、フランチャイザーおよびフランチャイジーの双方がフランチャイズ登録証（STPWといわれる）を取得しなければならない。STPW申請には、情報開示書面やフランチャイズ契約等の多くの書類及び情報が必要とされている。STPWは登録から5年間有効であり、以後更新をしなければならない。

　そして、情報開示書面および契約書の必要的記載事項も法定されているため、法令に従った書面を作成して、STPWの申請手続を行うことが必要である。また、登録を維持する要件として、年次報告義務等が課せられている。なお、現地報道によると、手続上の負担を避けるためにSTPWを取得せずにフランチャイズ展開している企業も多く存在しており、インドネシア政府は、フランチャイズ法令の改正作業を進めている旨を公表している。

　これらの法制度は、一見すると第一類型の規制であると見える。ただし、インドネシアの登録制度は、元々はフランチャイジーの登録制度に端を発しており、情報開示の担保としての登録制度とは異なる、フランチャイズの統制のためのものであるともいえる。

　実際の情報開示は、契約締結の2週間前までに情報開示書面をフランチャイジー候補者に対して交付することが求められている。なお、契約書のひな型も契約締結の2週間前までにフランチャイジー候補者に対して交付をしなければならないこととされている。

　なお、フランチャイズ契約は、インドネシア語で作成し、かつインドネシア法を準拠法としなければならないとされている。また、インドネシアの個人又は法人と契約を締結する場合は、契約書をインドネシア語で作成する必要がある（インドネシア語に加えて他の言語で作成することも可能であり、その際に、いずれの言語が

175

優先するかは契約当事者間で自由に規定することが可能である（2010年第16号大統領規則の改訂であるPR63/2019参照））。

7．タ　イ

　タイにはフランチャイズ分野に特化した法律は存在していないものの、フランチャイズ契約については、一般法である民法と不公正契約法（UnfairContract Act）などによって規律される。虚偽または詐欺的な情報提供と、それに基づく契約に対しては民法や不公正契約法で救済が与えられる他、契約解除や競業禁止義務の有効性についても一定の制限に服することとなる。また、2017年に行われた取引競争法の全面的な法改正を経て設置されたタイ取引競争委員会（Office of Trade Competition Commission）によって、フランチャイザーによるフランチャイジーの搾取防止等を目的としたガイドラインが2020年に発効した。

　同ガイドラインは、①フランチャイズ契約締結前にフランチャイジーに対して事業内容に関連する事項（事業運営の費用、事業運営計画、許諾される知的財産権の内容等）を開示する義務、②フランチャイズ契約期間中におけるフランチャイザーのフランチャイジーに対する優先出店権の付与の義務、③合理的な理由なくフランチャイジー間で異なる条件を課すことなどのフランチャイジーに損害を与える可能性のある取引方法の禁止等を規定している。

　同ガイドライン上は、フランチャイズ契約を登録する義務は課されていないが、タイにおいては、登録商標をライセンスする場合には、商標ライセンス契約を書面にて締結した上で、知的財産局（Department of Intellectual Property）に登録しない限り、民事上無効と解されている。そのため、フランチャイズに際して登録商標をフランチャイジーにライセンスする場合には、フランチャイズ契約が無効となるリスクを避ける観点から、知的財産局に当該ライセンスを登録するかを検討する必要がある。

8．フィリピン

　フィリピンでも、2022年5月12日に公布および施行された大統領令第169号（中小企業の保護のためのフランチャイズ産業強化に関する大統領令）によりフランチャイズに対する規制が導入された。

　この大統領令は、中小零細企業（Micro, Small and Medium Enterprise）をフランチャイジーとする全てのフランチャイズ契約について、契約締結後30日以内に貿

易産業省（Department of Trade and Industry）に登録することを義務づけている。ただし、当該登録制度に関して当局は、まだ大統領令169号に関する施行規則やガイドラインを発表していないため、登録制度の運用は2024年12月末日時点において開始されていない。

さらに、中小零細企業をフランチャイジーとするフランチャイズ契約は、書面で作成され、公証を行うことが必要とされ、フランチャイズ契約に一定の必要的記載事項を定めることも必要とされている。

このほか、ノウハウの移転を伴うフランチャイズ契約には、知的財産法の技術移転契約に関する規制も適用され、契約中に、紛争解決に関する条項などの法定されている条項を、法定されている内容で規定することが求められる。また、技術移転制限の中には、一部、競争法的な要素も含まれており、競業禁止や抱き合わせ販売について一定の制約を課している。

以上のほか、契約解除については、民法などの一般法の原則により、契約目的に照らして重大な契約違反でなければ契約解除ができないこととされている。

9．その他アジア

⑴　シンガポール

シンガポールにはフランチャイズ分野に特化した法律は存在していない。しかし、虚偽の情報提供などについてはコモン・ロー上の救済が与えられ、契約が無効となるなどの可能性は存在する。また、不公正契約法（Unfair Contract Terms Act）では、過失によって生じた財産上の損害について、責任免除をし、または責任限定をする内容の契約は履行強制できないなど、フランチャイズ契約を作成する上での一定の制約もある。さらに、競争法が2005年より施行されており、価格拘束や差別的取扱いなどについて一定の制限が課せられている。

また、競業禁止については一定の合理性が求められ、フランチャイズ契約の期間、テリトリーと比較して、制限される期間や地理的範囲などの合理性が判断される傾向にある。

契約解除についても特別の規制は存在しないものの、契約解除条件が不明確なことによって紛争になっている裁判例が見られることから、契約上の定めが重要である。

177

⑵　台　　湾

　台湾には、フランチャイズを規制する法律は存在していない。しかし、台湾の競争法である公平交易法（わが国の独占禁止法に当たる）に関するフランチャイズ分野のガイドライン「公平交易委員会対於加盟業主経営行為案件之処理原則」が存在している。

　このガイドラインの中において、フランチャイザーに対する契約締結の10日前までの情報開示義務が定められており、情報開示項目についても言及されている。

　また、競争法のガイドラインであるだけに、不公平行為（わが国の「不公正な取引方法」に相当する）として、差別的取扱いの禁止、抱き合わせ販売の禁止、購入強制の禁止、返品拒否の禁止などが定められている他、公平交易法本文において、優越的地位の濫用や価格拘束についても制限をしている。

第4節　中東のフランチャイズ法

1．中東のフランチャイズと法規制

　中東では、アラブ首長国連邦（UAE）、サウジアラビア等の湾岸諸国を中心に、代理店ビジネスを規制する代理店法が存在する国が多く、フランチャイズ契約も代理店法制の規制を受けるケースが多い。日本企業の多くは、会社設立が容易で、また規制が明確である等の点でビジネス環境のよいUAEに中東のヘッドクオーターを設けた上で、中東全域を統括する形を採用している。中東の法規制は、主に現地の事業者の保護を目的としているものが多く、いずれの国においても似たような法規制が存在する一方で、運用面での厳しさが国によって異なることがあるので、各国の実務を踏まえた上で進出を検討することが重要である。また、いわゆる外国企業の資本参加を規制する外資規制も、各国によってかなり異なるため、留意する必要がある。

2．UAE

　UAEは、アブダビやドバイなど七つの首長国からなる連邦国家である。UAEでは、連邦および首長国レベルのいずれにおいても、フランチャイズに特化して規制している法令は存在しない一方で、国内の卸売業者や代理店との間で締結する代理店契約に関連する代理店法（The Regulation of Commercial Agencies Federal Law No. 18）が存在し、同法に基づきフランチャイジーを代理店登録した場合のみ、フ

ランチャイズ契約にも適用される。

　同法上、フランチャイズ契約締結前の情報開示義務は定められていないが、代理店登録がなされると、フランチャイジーには、同法が定める代理店の保護のために設けられた各種の規制（契約の解除、終了に関する制限など）が適用される。とくに、契約終了時には、フランチャイザーは高額の補償義務を負うことになる。この補償義務をめぐって紛争となることも多いが、紛争が継続している間は、新たなフランチャイジーを指定してはならないとされていたが、2022年の改正により、紛争が継続していても経済省の承認の下で商品やサービスの提供ができることとなった。もっとも、今後の実務運用については注視が必要な状況である。

　代理店登録は、フランチャイザーの義務とはされていないが、フランチャイジーは、フランチャイザーに対し、代理店登録を行うことで当局を通じた模倣品等の輸入の差止めが可能となることなどのメリットを示唆しながら代理店登録をする方向で促してくることがある。しかし、代理店法による強力な保護をフランチャイジーに付与しない方がフランチャイザーにとって有利になることから、フランチャイザーの立場からすると、フランチャイズ契約の締結に際して、代理店登録を回避した方が望ましいケースが多い。

３．サウジアラビア

　サウジアラビアでは、他の中東諸国と同様に代理店法（Law of Commercial Agencies Royal Decree No.11）が存在し、フランチャイズ契約も同法の適用対象であると考えられてきたが、2019年にフランチャイズ法（Franchise Law Royal Decree No. M/22）が制定された後は、フランチャイズ契約は代理店法ではなく、フランチャイズ法により規制されることとなった。

　主要な規制内容としては、フランチャイズ契約締結前の事前開示義務に加えてフランチャイズ契約および事前開示書類の登録義務が課されている（なお、フランチャイズ契約がアラビア語以外で作成されている場合には認証されたアラビア語翻訳が必要とされている。）。

　現地企業と直接にフランチャイズ契約を締結するユニットフランチャイズの形態でサウジアラビアに進出する場合には、サウジアラビアでフランチャイズ事業を展開する前に一定の条件で１年以上事業を実施している必要があること、マスターフランチャイズでの形態で展開する場合には、サウジアラビア国内で１年以上複数拠点または複数人でフランチャイズ事業を運営している必要があるとされているため、

留意が必要である。

　また、その他には、契約の解除事由が法令により限定されていること、契約で定められている場合を除き、フランチャイズ法に定めるルールがデフォルトルールとして適用される、といった規制があり、実務上もフランチャイズ法の規定を踏まえた契約交渉が行われることが多いことから、契約内容についてはフランチャイズ法を参照の上で定めをおく必要がある。

　UAEとサウジアラビアのフランチャイズ規制の概要をまとめると下表のとおりである。

表3-1-3　UAEとサウジアラビアのフランチャイズ関連法制

	UAE	サウジアラビア
フランチャイズ法	なし	あり
商業代理店法	あり（フランチャイズ・システムへの適用ありうる）	あり（ただし、フランチャイズ・システムへの適用なし）
事前開示制度	なし	あり
登録制度	あり（ただし、登録しないことも可能）	あり（強制適用）
契約の必要的記載事項	なし	あり
FC法・商業代理店法適用の除外可否	登録された場合、不可能	不可能
更新拒絶・解除の制限	あり	あり
補償制度	あり	あり
契約終了時の在庫買取	なし	一定の場合、義務あり
罰金	5,000ディルハム以上	FC法違反時、500,000リヤル以下 商業代理店法違反時5,000～50,000リヤル
概要	オンショア：100％出資可能（首長国ごとに要件が異なる。） オフショア：100％出資可能	ライセンス取得が必要。業種によって、サウジ資本を一定程度入れる等の要件あり。

180

第5節　フランチャイズ協会の活動とフランチャイズ法

フランチャイズ・ビジネスがある程度発達した国には、フランチャイズ協会が作られている。そうしたフランチャイズ協会の活動は、自主規制とも呼ばれ、法律による規制と深く関係する。

フランチャイズ協会による自主規制の主なものは、「倫理綱領」やそれに付属した文書（わが国の「要点と概説」などもこれに該当する）の制定、実施と、調停などの裁判によらない紛争解決（いわゆるADR）である。

そして、法律による規制との関係の観点からは、自主規制を実施することで厳しい立法を阻止しようとする場合と、むしろ法律の実施に協力して、その円滑な実施を実現しようとする場合とに区別できる。

1．イギリス

ヨーロッパ諸国の中で、フランスに次いでフランチャイズが発達している国はイギリスであるといわれるが、イギリスにはフランチャイズ法がない。他方で、イギリスでは、フランチャイズ協会が強い指導力を発揮し、倫理綱領の徹底などに努めている。

言い換えれば、イギリスでは、自主規制を十分に行うことによって、法律による規制の必要がないようにしているのである。これは、適切な情報開示や不公正な取引の禁止などはフランチャイズ・システムの健全な発展のために必要であるが、法律によって規制しようとすると柔軟性を欠き、政府にもその実施のためのコストがかかるので、業界の自主規制によって実現することが望ましい、という考え方に基づいている。

自主規制の違反に対しては、イギリスのフランチャイズ協会は、会員資格の停止や除名を含む処分をもって臨むことにしている。会員規約の中で、自主規制の遵守が会員資格を維持する要件であると明記されているので、このことは、いわば世間に対して公言されているわけである。

もっとも、実際には、除名や会員資格の停止にまで至る事案は多くないようであり、それ以前に、協会内部で当該会員から事情を聞き、インフォーマルな形で問題の解決を図るケースが大半だといわれる。そうしたインフォーマルな調整が不調に終わり、正式の処分を避けがたい事態に立ち至ったときには、フランチャイザーの側で協会からの脱退を申し入れるという結果になるのであろう。

181

2．オーストラリア

　フランチャイズ協会が、自主規制によって立法を阻止するという戦略をとっても、それが常に成功するとは限らない。イギリスと違って結果的に自主規制が失敗し、かえって厳しい法律が作られてしまった例として、オーストラリアが挙げられる。

　第2節4．に述べたとおり、オーストラリアには、競争・消費者法に基づく「フランチャイズ規則」が存在する。しかし、ここに至るまでには、かなりの紆余曲折があった。フランチャイズに対する法規制の必要性がオーストラリアで議論されるようになったのは、1990年代の初めであったが、これに対して、業界団体であるオーストラリア・フランチャイズ協議会は、自主規制で十分であり、法律は必要がない、と主張した。そして、一旦はその主張が受け入れられ、立法は見送られた。

　ところが、この自主規制は失敗に終わった。大手のフランチャイザーの中に、自主規制スキームに参加しなかった者があったことは理由の一つである。また、自主規制に参加していたフランチャイザーが規制に違反したことが判明したので処分を課そうとすると、そのフランチャイザーが、名誉毀損で告訴するといって理事会の関係者を脅迫したという事件もあったらしい。

　結局、自主規制は十分な効果が上がらず、業界団体や自主規制に対する社会の信頼は失われてしまった。そこで、議会が再びフランチャイズの問題を取り上げるようになり、結局、1998年に「フランチャイズ規則」が制定されたのである。

　これは、重要な教訓である。自主規制には、確かに、法律にはない柔軟性や実務への適合性などの優れた点があるが、それが実現されるためには、規制が実効的に行われることが前提となる。そして、自主規制の実効的な実施は、業界団体が強力な指導力を発揮しなければあり得ないのである。

3．フランス

　フランスで、1989年に、ドゥバン法第1条としてフランチャイザーの開示義務が定められると、悪質なフランチャイザーの数が減少したといわれている。それによってフランスのフランチャイズ産業は安定し、フランスはヨーロッパで最もフランチャイズの発達した国になった。その後、フランチャイズ法制のあり方が再検討された際にも、現在の制度が十分に機能しており、法改正を要しないとの結論になった。

　このように、フランスのドゥバン法（現在は商法典L330-3条）は大きな成功を収めたといえるが、その要因の一つとして、フランチャイズ協会の活動があった。

フランスのフランチャイズ協会は、フランチャイザーとフランチャイジーの双方の利益を図ることを目的として、さまざまな啓発活動に取り組んでいる。法の遵守についても、その一環として、セミナーなどを実施してきた。また、開示書面のひな型を作成し、協会のウェブサイトからフランチャイザーがダウンロードできるようにもしている。フランチャイジーの関係者も含めた現状に対する高い満足度は、こうしたフランチャイズ協会の努力によって支えられてきたのである。

4．アメリカ

アメリカの協会は、国際フランチャイズ協会（IFA）という名称になっている。わが国のフランチャイザーが会員になっている例もあるから、「国際」という看板も偽りではないが、実質的にはアメリカの国内組織である。

IFAの大きな特徴は、1993年以来、フランチャイジーに対して会員資格を認めている点である。これは、IFAがフランチャイザーとフランチャイジーを対等に扱っていることの反映であるとして紹介される場合もある。

もっとも、フランチャイザーとフランチャイジーの利害は常に共通ではなく、どちらかといえば対立する局面も多いから、フランチャイジーを会員として受け入れると、協会として統一的な政策を形成することは難しくなる。

IFAでは、2001年に自主規制プログラムの見直しが行われ、それまで持っていた条文形式の行為規範は放棄されてしまった。現在の倫理綱領は、フランチャイズ・システムの理念を、「信頼、真実、誠実：フランチャイジングの礎石」「互いに敬い、報い合う：チームとしての勝利へ」などと抽象的に記述しているだけである。

現在のIFAによる自主規制活動の中で注目されるものとしては、「対話促進型オンブズマン」のプログラムがある。これは、調停や紛争解決の専門家をオンブズマンとして、フランチャイザー・フランチャイジーのどちらからでもトラブルについての相談を持ち込むことができるというものである。IFAの会員・非会員を問わずこのプログラムを無料で利用することができる。オンブズマンは、中立的な第三者として当事者と対話し、対立を解消する方策を見出すよう努める。オンブズマンの役割は対話を促して対立がエスカレートすることを避けるところにあるとされているが、対立の解消に至らない場合は、IFAの裁判外紛争解決（ADR）パネルに紛争を付託したり、商事調停を開始したりすることになる。

このように、IFAにおける自主規制活動は、イギリスやフランスなどのヨーロッパのフランチャイズ協会とは、非常に違ったものになってきている。ヨーロッパで

も、ヨーロッパフランチャイズ連盟（EFF、ヨーロッパ各国の協会の連合体）などが、フランチャイジーの関係者を協会の運営に関与する立場で受け入れるようになっているが、その場合にも、「協会はフランチャイズ・チェーンの集まりであり、チェーン内部の利害対立を持ち込む場ではない」という考え方が明確に取られており、IFAとは基本的な考え方が違っている。自主規制のあるべき姿を考えていこうとすれば、結局のところ、こうした協会のあり方に対する哲学が問われることになるであろう。

第6節　世界各国・地域のフランチャイズ協会団体リスト

（2025年1月現在）

協会名	住　　所	連絡先
Argentinean Franchise Association	Av. Del Libertador 184 11° D, (1001), Capital Federal, Argentina	TEL：54-11-4311-4009 Email：info@aamf.com.ar www.aamf.com.ar
ASIA PACIFIC FRANCHISE CONFEDERATION	SECRETARIAT – See Philippine Franchise Association	TEL：63-2-687-0365 Email：international@pfa.org.ph www.franchise-apfc.org
Franchise Council of Australia	Level 3, 21 Victoria Street, Melbourne VIC 3000, Australia	TEL：61-3-9508-0888 Email：info@franchise.org.au www.franchise.org.au
Belgian Franchise Federation	Researchdreef 12 Allée de la recherche, B-1070, Brussel/Bruxelles	TEL：32-2-523-9707 Email：info@fbf-bff.be www.fbf-bff.be
Brazilian Franchise Association	Av. das Nacoes Unidas, 10.989-11th floor-112, Sao Paulo - SP Brazil, CEP 04578-000	TEL：55-11-3020-8800 Email：international@abf.com.br www.abf.com.br）
British Franchise Association	Merchant House, 5E St, Abingdon OX 14 5EG, UK	TEL：44-1235-820-470 Email：mailroom@thebfa.org www.thebfa.org
Canadian Franchise Association	116-5399 Eglinton Avenue West - Suite 116 Toronto, ON M9C 5K6 - Canada	TEL：1-416-695-2896 FAX：1-416-695-1950 Email：info@cfa.ca www.cfa.ca
China Chain Store & Franchise Association	Room 811, Foreign Economic & Trade Plaza, No22 Fuchengmenwai STR, Xicheng District, Beijing, P.R. China, 100037	TEL：86-10-6878-4996 Email：zyz@ccfa.org.cn www.ccfa.org.cn
Colfranquicias	Carrera 7 No 127-48, Casa B Piso 2 Centro Empresarial 128, Bogota, Columbia	TEL：57-1-5200422 Email：info@colfranquicias.com www.colfranquicias.com

185

協会名	住　所	連絡先
Croatian Franchise Association	Sokolsgradska 28, 10 000 ZAGREB, Croatia	TEL：385-981697427 Email：lkukec@inet.hr www.fip.com.hr
Czech Franchise Association	TESNOV 5 CZ - Praha 1, 110 00, Czech Republic	TEL：420-222-513-691 Email：caf@czech-franchise. cz www.czech-franchise.cz
Egyptian Franchise Development Association	49 EL-Batal Ahmed Abd El-Aziz, Giza Governorate 3751420, Egypt	TEL：20-2-3346-43-06 Email：info@efda.org.eg www.efda.org.eg
EUROPEAN Franchise Federation	40 Rue Washington BE-1050 Brussels, Belgium	TEL：32-2-520-1607 Email：info@eff-franchise. com www.eff-franchise.com
Federacion Iberoamericana de Franquicias Ibero-American Franchising Federation	Sao Paulo-Brazil	Email：secretariogeneral@ portalfiaf.com www.portalfiaf.com
Finnish Franchising Association	Bulevardi 7, FI-00120 Helsinki, Finland	TEL：358-9-586-5847 Email：office@franchising.fi www.franchising.fi
FRANCE Franchise Federation	29 Boulevard de Courcelles, Paris 75008, France	TEL：33-1-53-75-22-25 Email：info@franchise-fff. com www.franchise-fff.com
Greek Franchise Association	7 Stadiou Street, PC 10562, Athens, Greece	TEL：30-210-3225324 Email：info@franchise.org.gr www.franchise.org.gr
Guatemala Franchise Association	Blv. Los Próceres 24-69 zona 10, Zona Pradera Torre II, oficina 1006, 01010, Gua temala	TEL：502-2386-8809 Email：info@ guatefranquicias.org www.guatefranquicias.org
Hong Kong Franchise Association	c/o Hong Kong General Chamber of Commerce (HKGCC) 22/F Unit A United Centre, 95 Queensway, Hong Kong	TEL：852-2529-9229 FAX：852-2527-9843 Email：hkfa@franchise.org. hk www.franchise.org.hk

186

協会名	住　所	連絡先
Hungarian Franchise Association	Margit krt.64/B H-1027, Budapest, Hungary	TEL：36-20-342-3342 Email：info@franchise.hu www.franchise.hu
Franchising Association of India	609, Mahalaxmi Chambers, 22 Bhulabhai Desai Road, Numbai 400026, India	TEL：91-98-20057519 Email：support@fai.co.in www.fai.co.in
Indonesian Franchise Association	Jl. Darmawangsa X No. A 19, Kebayoran Baru Jakarta Selatan 12150, Indonesia	TEL：62-21-7395577 FAX：62-21-7234761 www.franchiseindonesia.org
Italian Franchise Association	Via Melchiorre Gioia, 70 IT-20125　Milano - Italy	TEL：39-02-29-00-37-79 FAX：39-02-65-55-919 Email：assofranchising@assofranchising.it www.assofranchising.it
Japan Franchise Association	2nd Akiyama bldg. Toranomon 3-6-2, Minato-ku, Tokyo 105-0001, Japan	TEL：81-3-5777-8701 FAX：81-3-5777-8711 www.jfa-fc.or.jp
Korean Franchise Association	#603, at Center 27 Gangnam-daero, Seocyo-gu, Seoul, Republic of Korea	TEL：82-2-3471-8135 FAX：82-2-3471-8139 Email：master@ikfa.or.kr www.ikfa.or.kr
Lebanese Franchise Association	Chamber of Commerce, Commerce bldg, 13th floor, Sanayeh, Beirut, Lebanon	TEL：961-1-742-134 Email：info@lfalebanon.com www.lfalebanon.com
Macau Chain Stores & Franchise Association	Avenida do Infante D. Henrique n°. 47, The Macau Square, 10° andar "C", Macau	TEL：00853-28922331 Email：info1.mcfa@gmail.com www.mcfa.org.mo
Malaysia Franchise Association	Unit 3A-9, Eco Sky, No 972, Batu 6 1/2, Jalan Ipoh, 68100 Kuala Lumpur, Malaysia	TEL：603-6241-4141 FAX：603-6241-1551 Email：seartmfa@mfa.org.my www.mfa.org.my
Mexican Franchise Association	Av.Rio Churubasco 601, Col. Xoco, Coyoacán, 03330 Mexico City	TEL：55-9505-4466 www.amfranquicias. mx
Netherlands Franchise Association	Melkpad 41, 1217 KB HIlversum, The Netherlands	TEL：31-35-624-23-00 Email：franchise@nfv.nl www.nfv.nl

187

協会名	住　所	連絡先
Franchise Association of New Zealand	4 Whetu Place, Rosedala, Auckland, 0632 New Zealand	TEL：64-9-274-2901 Email：info@franchise.org.nz www.franchiseassociation.org.nz
Philippine Franchise Association	Unit 701 OMM-CITRA Bldg, San Miguel Av., Ortigas Center, Pasig City, Metro Manila, Philippines	TEL：63-2-8687-0365 FAX：63-2-8687-0635 Email：international@pfa.org.ph www.pfa.org.ph
Polish Franchise Organisation	Polska Organizacja Franczyzodawców, 16 ul. Brazownicza St., 01-929 Warsaw, Poland	TEL：48-22-560-80-35 FAX：48-22-560-80-21 Email：pof@franczyza.org.pl www.franchise.org.pl
Portuguese Franchise Association	Av. Visc. de Valmor 20, 1000-290 Lisboa, Portugal	TEL：351-969-105-891 Email：info@apf.org.pt www.associacaofranchising.pt
Russian Franchise Association	Moscow, Dmitrovskoe Shosse, 9	TEL/FAX：7-499-258-02-08 Email：marina@rusfranch.ru www.rusfranch.ru
Franchising and Licensing Association	9 Jurong Town Hall Road, #03-16 Trade Asscciation Hub, 609431 Singapore	TEL：65-6333-0292 Email：info@flasingapore.org www.flasingapore.org.sg
Slovenian Franchise Association	TZS, Dunajska 167, 1000 Ljubljana-Slovenia	TEL：386-1-5898-220 Email：edith.steiner@franadria.si www.franchise-slovenia.si
Franchise Association of South Africa	The Station, 191 Bekker Rd, Vorna Valley, Midrand, 1686, South Africa	TEL：27-11-615-03-59 Email：enquiries@fasa.co.za www.fasa.co.za
Spanish Franchise Association	Pº de la Castellana, 135, 6ª planta, despacho 621, 28046 Madrid, Spain	TEL：91-461-22-26 FAX：91-787-20-74 Email：aef@soporte1.com www.aefranquicia.es
Swedish Franchise Association	Drottninggatan 86 111 36 Stockholm, Sweden	TEL：46-766-10-41-66 Email：info@svenskfranchise.se

協会名	住　所	連絡先
Swiss Franchise Association	Stockerstrasse 38, CH-8002, Zurich, Switzerland	TEL：41-44-208-25-55 FAX：41-44-208-25-26 www.franchiseverband.ch
Franchise and License Association, Thailand	29 Soi Supawan 1, North Liebklongpasichareon Road, Nongkhaem, Bangkok 10160, Thailand	TEL：6661-961-6587 Email：thaifla@hotmail.com www.fla.or.th
Association of Chain and Franchise Promotion Taiwan	3F. No 82, Sec 1, Zhongshan No. Rd, Taipei City 104, Taiwan	TEL：886-2-2523-5118 FAX：886-2-2523-4215 Email：117@franchise.ofg.tw www.franchise.org.tw
Turkish Franchise Association	Besyol Mah. Inonu Cad., No.40 Sefakoy 34295, Istanbul, Turkey	TEL：90-212-599-1784 Email：info@ufrad.org.tr www.ufrad.org.tr
Emirates Association of Franchise Development	Abu Dhabi Chamber of Commerce & Industry P.O. Box：662, Abu Dhabi UAE	TEL：971-2-6177-459 Email：info@ emiratesfranchise.au
International Franchise Association	1900 K Street, NW, Suite 700 Washington, DC 20006, USA	TEL：1-202-628-8000 Email：info@franchise.org www.franchise.org
Cámara Venezolana de Franquicias	Oficentro Los Ruices, Piso 3, Of. P3-G Vrb. Los Ruices Caracas, Venezuela	TEL：58-212-239-9355 Email：comunicacionesyne rcadeo@profranquicias.com www.profranquicias.com

第6節　世界各国・地域のフランチャイズ協会団体リスト

| 第2章 | 倫理綱領 |

第1節　世界フランチャイズ協議会　倫理綱領

（2001年11月12日）

1．前　文

(1)　この倫理綱領は、世界五大陸34ヵ国における共通の原則および経験に基づき
これを作成する。

(2)　世界フランチャイズ協議会（World Franchise Council, WFC）に属する各
国協会または団体は、それぞれの国において、本綱領の形成に寄与し、普及活
動および具体的な解釈を行うものとする。

(3)　本綱領は法的に機能するものではない。世界各地でフランチャイズに専門的
に従事する者としての模範的な行動を記述するものである。

2．序　論

(1)　フランチャイズとは、独立した事業体であるフランチャイザーおよびフラン
チャイジーが互いに手を取り合い構築した結びつきに基づく、事業の発展戦略
である。

(2)　フランチャイザーおよびフランチャイジーは、共通かつ相互の成功を目指し
努力することを互いに約束する。

(3)　その目的を達成するために、両当事者は、相互の関係の中で基本的な倫理原
則に則って行動する。

(4)　本綱領は、フランチャイザーとフランチャイジーとの関係に適用されるもの
である。またマスターフランチャイジーとサブフランチャイジーとの関係にお
いても同様である。

3．フランチャイズ権の付与

(1)　フランチャイザーは、フランチャイジー希望者に対し、フランチャイズ事業
上の関係における義務や責任を十分理解してもらうために必要な情報を全て伝

190

えなければならない。その情報を提供するのは、契約を締結するよりも7日以上の合理的な期間の前とする。

(2) 提供する情報は客観的かつ検証可能でなければならず、誤解やぎまんを招くものであってはならない。

(3) フランチャイジー希望者に事前に提供する契約書は、そのフランチャイジー希望者が理解できる言語で記述されなければならない。当該国の倫理綱領も同様である。

(4) フランチャイザーは共通かつ相互の成功を目的としてフランチャイジーを選定する。フランチャイザーによる選定の際、人種、宗教、性別などの差別があってはならない。

(5) フランチャイジー選定に当たり、フランチャイジー希望者は、フランチャイザーに提供する経歴、資金調達手段、教育などの情報について率直かつ誠実でなければならない。

(6) フランチャイズ契約を締結する前に、フランチャイザーは、フランチャイジー希望者に専門的アドバイスを求めるよう推奨する。

(7) フランチャイザーは、フランチャイジー希望者に、当該フランチャイズ・システムの既存フランチャイジーと連絡を取り、対話することを推奨する。

(8) フランチャイザーとフランチャイジー希望者がフランチャイズ契約締結前に「覚書」を結び、かつフランチャイジー希望者が保証金を支払う場合には、フランチャイザーは、その保証金返金の条件を明らかにしなければならない。

(9) フランチャイザーは、交渉段階で、法的拘束力のある「機密保持契約」に署名するようフランチャイジー希望者に求めることができる。

4. フランチャイズ事業の運営

(1) フランチャイザーの責任

a. フランチャイザーは、フランチャイズ・システムの根幹となる経営や技術のノウハウを構築し維持しなければならない。さらに、フランチャイザーのノウハウの保護と発展を図るため、フランチャイジーと継続的かつシステム的な対話を行わなければならない。

b. フランチャイジーが理念への尊敬を欠く行動をした場合、フランチャイザーは、当該フランチャイジーに対して告知し、義務に従うための合理的な時間を与える。

c．フランチャイザーは、各々のフランチャイジーがそのシステム共通の利益のために自身の義務と責任を尊重することを確保する。

⑵　フランチャイジーの責任

　a．フランチャイジーは、積極的にそのシステムに参画し、利益確保に貢献する。

　b．フランチャイジーは、フランチャイザーが提供したノウハウを盗用したり流用したりすることなどで、そのシステムと競合してはならない。

　c．フランチャイジーは、自身のフランチャイズ事業経営に関する情報をフランチャイザーに提供する。

　d．フランチャイジーは、フランチャイズ契約期間中、また契約終了後であっても、機密保持の義務を負う。

⑶　フランチャイザー、フランチャイジー共通の責任

　a．フランチャイザーとフランチャイジーは、互いの義務と責任を尊重し、誠意をもって協力しあう。

　b．訴訟が起こった場合、フランチャイザーとフランチャイジーの両方またはいずれか一方は、適当であれば調停を通じて紛争を解決するよう努力する。

　c．フランチャイザーとフランチャイジーは、消費者の利益を確保するという責任を果たすべく全力を尽くす。

⑷　フランチャイズ契約

　a．契約書には各当事者の権利と義務を明記する。

　b．契約書内では両当事者が公平に扱われなければならない。

　c．契約期間は、フランチャイジーの投資に見合う利益を上げるのに十分な長さでなければならない。

　d．契約書にはフランチャイジーの事業の売却または譲渡に関する条件を明記しなければならない。

　e．契約書には契約更新と契約解除の条件を明記しなければならない。

　f．契約書に、理念の実現に不必要な条項を設けてはならない。

　g．契約書はそれを使用する国の言語で作成する。

　h．契約書はそれを実施する国の法令を遵守する。

5．フランチャイズ契約の解除

　契約解除の規定には、フランチャイザーのノウハウを保護するためにフランチャイジーへの適正な競業の制約を盛り込む。

第2節 ヨーロッパフランチャイズ連盟 倫理綱領

(最終改定 2016年12月6日)

1. 前 文

⑴ この倫理綱領の目的を明らかにし、ヨーロッパフランチャイズ連盟（European Franchise Federation, EFF）のメンバーである各国の協会がそれぞれの国においてこれを適用するためにこの前文を設ける。

⑵ 本綱領は、フランチャイズ・ネットワークの枠組みの中で共に事業を行うフランチャイザーとフランチャイジーとの関係を維持するに当たって必要不可欠の事柄を示し、実務に資することを目指す。また、本綱領は全文にわたって信義誠実を貫いている。信義誠実とは、フランチャイザーとフランチャイジーとは信用を築くために不可欠な公正さ、誠実さおよび信頼に基づいた関係にあることをいう。

⑶ 本綱領の原則は、フランチャイズ関係のいかなる段階（契約前、契約期間中、契約終了後）においても適用される。

⑷ 本綱領は、フランチャイズ業界における自主基準であり、ヨーロッパでフランチャイズ事業を営む者の指導基準として存在する。

⑸ 本綱領の的確かつ端的な原則は、ヨーロッパ共同体各国の法令や基本的権利に矛盾するものではない。フランチャイズの枠組を効果的に作り上げるという不断の目的は変わらない。

⑹ 本綱領は、特に、EFFのメンバーである各国協会の行動の礎石となる。各国の会員規約、認証評価、処罰などは、本綱領の基準を満たさなければならない。また、本綱領は、全体として、メンバーである各国協会と同様、協会の会員それぞれに影響力を持つものでもある。本綱領はEFFメンバーである各国協会全てに是認されているものであり、それらの協会はそれぞれの国において本綱領の普及、解釈および適用に努める。また各国協会は、本綱領を、特にフランチャイズ事業関係者が実際に利用できるものとする責任がある。

⑺ EFFのメンバーである各国協会は、本綱領の価値を損なわない、誤った解釈のない範囲において、本綱領にその国独自の内容を組み込んだり解釈を与えたりしてもよい。

⑻ EFFは、フランチャイズ業界全体を代表する。ここでいうフランチャイズ業界とは、複数の利害関係者がある中で、国家機関、市民社会および消費者に対し

ての、フランチャイザーとフランチャイジーとを含むフランチャイズ・ネットワークの関係者を意味する。

(9)　本綱領の初版は、1972年、ヨーロッパ産業界を牽引してきたEFFの創設メンバーが共同して制定した。その後、ヨーロッパのフランチャイザーとフランチャイジーはそれに従って適切な行動を取ってきた。フランチャイズ業界が進化しヨーロッパ共同体の法的枠組みが変化したことに対応して、1992年、本綱領を改定した。

(10)　自主規制として機能させるべきという欧州委員会の勧告を受けて、また、EFFのメンバーである各国協会におけるフランチャイザーとフランチャイジーの経験を反映させて、本綱領は2016年に再度改定された。本綱領は今現在適用に値する行動指針であり、恒久的に進化する業界として存在し続けるために、今後も継続的に改正を行う。

(11)　EFFは、40年間ヨーロッパ唯一のフランチャイズ業界代弁者だった経験から、何よりも揺るぎない自主規制こそが、ヨーロッパのフランチャイズ業界のルールとして異なる状況に合わせて順応し、柔軟に利用されると信じる。これを基礎として、フランチャイズ業界は多くの起業家を輩出してきた。特に中小企業と近代的商取引の発展を促し、さらにはヨーロッパ市場の雇用促進にまで大きな役割を果たしてきた。

(12)　EFFは、1972年に設立された非営利の国際組織である。恒久事務局があるベルギーのブリュッセルで登記された。EFFのメンバーは、EFF規則で地理的・制度的な条件に合致した国においてEFFが是認した、当該国唯一のフランチャイズ協会である。

(13)　EFFの最も重要な役割は、各国で本綱領の適用を促進することである。それが、ヨーロッパ共同体の内の公正かつ倫理的なフランチャイズの発展に結びつく。

２．フランチャイズの定義

　フランチャイズとは、法律上も資本上も別個な独立事業者であるフランチャイザーとそのフランチャイジーとの緊密な継続的共同に基づく商品、サービス、技術の全てまたはいずれかを販売するシステムである。フランチャイザーがフランチャイジーに対してフランチャイザーのコンセプトに従って事業を行う権利を与え、同時に義務を課すことによって行われるものである。

　その権利は、フランチャイジーが直接または間接に対価を支払って得るものであ

り、その権利によってフランチャイジーは、フランチャイザーの商号、商標、サービスマーク、ノウハウ[*]、ビジネスや技術上の手法、手続上のシステムおよびその他の工業所有権ならびに知的財産権を、共同目的のため両当事者が締結した書面によるフランチャイズ契約の枠内において契約期間中に限りこれを使用する資格が与えられ、またそのような使用が求められる。

> [*] ここにいう「ノウハウ（Know-how）」とは、特許権のない実用上有効な一連の知的情報であって、フランチャイザーが経験と実績によって生み出したもので、機密性（Secret）のあるもの、実体価値（Substantial）のあるもの、および独自性（Identified）のあるものをいう。
>
> 「機密性（Secret）」とは、そのノウハウが、一般的には知られていないもの、または容易に入手できないものであることをいう。ただし、このことはノウハウの各構成要素のそれぞれがフランチャイザーの事業の外部では全く知られていないもの、または知り得ないものでなければならないと狭く限定する意味ではない。
>
> 「実体価値（Substantial）」とは、フランチャイジーが約定商品またはサービスを使用、販売、または再販するに当たり、そのノウハウが重要かつ役立つものであることを意味する。
>
> 「独自性（Identified）」とは、そのノウハウが機密性と実体価値に係る基準を満たしていることの立証が十分理解できるように記述されていなければならない、ということである。

3. 基本原則

フランチャイザーは、自己とそのフランチャイジーで構成されるフランチャイズ・ネットワークの先達であり、長期にわたる管理者である。

⑴ フランチャイザーの義務

a. フランチャイザーは、フランチャイズ・ネットワークを始める前に、合理的な期間、少なくとも一つ以上の直営店で成功したビジネスを運営した経験がなければならない。

b. フランチャイザーは、そのネットワークの商号、トレードマークまたはその他の識別標章の所有者、もしくは合法的使用権者でなければならない。

c. フランチャイザーは、フランチャイジーを独立した経営者とみなし、直接または間接に自身の従業者として従事させてはならない。

d. フランチャイザーは、フランチャイジーに初期研修を行い、契約期間を通じて継続的に経営や技術に関する支援を行わなければならない。

e. フランチャイザーは、ノウハウを使用する権利をフランチャイジーに与える。

195

フランチャイザーはノウハウを維持・管理し改良を加えなければならない。

f．フランチャイザーは、情報提供や研修など適切な手段を用いてフランチャイジーにノウハウを伝授する。その後は正しく使用されているかどうかを管理・監督する。

g．フランチャイザーは、フランチャイジーに使用を許可したノウハウを維持・管理し改良するため、フランチャイジーから情報を収集するよう努める。

h．フランチャイザーは、契約前、契約期間中、契約終了後のいかなる段階においても、自身のネットワークの利益を守るため、フランチャイジーがノウハウを誤って使用しないよう、特に競合する他のネットワークにそのノウハウが漏えいすることがないように努めなければならない。

i．フランチャイザーは、適切に資金・人材投資を行い、ブランド認知の促進および揺るぎない長期的な成長のため調査・刷新を進める。

j．フランチャイザーはフランチャイジー希望者および既存のフランチャイジーに、インターネット広告や販売戦略を説明しなければならない。

k．フランチャイザーは、インターネット広告や販売戦略を強化することによって、ネットワークの収益を上げることに努めなければならない。

(2)　フランチャイジーの義務

a．完全に独立した知識豊富な経営者として確実に成功するために、フランチャイジーは、自身の義務を受け入れフランチャイザーに忠義を尽くして共に取り組まなければならない。

b．フランチャイジーは、フランチャイズ・ビジネスの発展と、そのネットワークに対して社会が抱く同一性イメージと評価を維持するために、最善を尽くさなければならない。

c．フランチャイジーは、そのフランチャイズ事業に従事するための人員および資金調達に責任を持つ。また、独立した経営者として、そのネットワークの枠組みの中で自身の行動に責任を持つ。

d．フランチャイジーは、そのネットワークの他のフランチャイジーに対して、またそのネットワーク自体に対して、誠意をもって行動しなければならない。

e．フランチャイジーは、根拠がある運営データと効果的な経営指導を行うために必要な財務諸表とを、事業運営の意思決定に役立てるためにフランチャイザーに提出しなければならない。

f．フランチャイジーは、顧客や消費者に提供する商品およびサービスの質とイメージがコンセプトに反することなく適切に管理されているか確認する機会を、フランチャイザーに与えなければならない。

g．フランチャイジーは、完全に独立した経営者として、顧客や消費者に対して責任があることを認識しなければならない。

h．フランチャイジーは、フランチャイザーから提供を受けたノウハウなどの情報は契約期間中も契約終了後も第三者に漏らしてはならない。

(3)　フランチャイザーおよびフランチャイジーの継続的義務

a．両当事者は、各自の事業運営において、ネットワークの同一性イメージおよび評価を維持することに努めなければならない。

b．両当事者は互いに公正を旨として取引を行わなければならない。フランチャイジーへの契約不履行に関する通知は、書面によって行う。また、その不履行状態を改善するのに必要な合理的な猶予期間をフランチャイジーに与えなければならない。

c．両当事者は、互いに提供しあうフランチャイズに関する情報の機密性を尊重しなければならない。

d．両当事者は、不平、苦情および紛争問題の処理において、誠実と善意をもって公正で理にかなった直接のコミュニケーションと交渉を通じてその解決に当たらなければならない。

e．直接交渉をもってしても紛争解決に至らなかった場合、両当事者は、法的手段に訴える、またはEFFのメンバーである各国協会が構成または承認する裁定機関を利用する前に、誠意をもって調停に努めなければならない。

4．募集、広告および情報開示

(1)　フランチャイジー募集の広告は、曖昧な表現や誤解を招く恐れのある表現であってはならない。

(2)　募集案内、広告、印刷物の中にフランチャイジーが期待する将来の業績成果、数字または利益に関する内容を示す場合、その表現は、直接的な形であれ間接的な形であれ、客観的なものでなければならず、誤解を生じる恐れのあるものであってはならない。

(3)　フランチャイジー希望者が十分な知識を得た上で法的拘束力を持つ文書を締結

することができるよう、その法的拘束力を持つ文書が有効になる前の妥当な時期に、フランチャイザーは、あらゆるフランチャイズ関連情報が十分にかつ正確に記載された開示書面および現行倫理綱領の写しをフランチャイジーに提供しなければならない。

⑷　フランチャイザーは、フランチャイジー希望者と予約契約を締結する場合、次の原則に留意しなければならない。

　　ａ．予約契約期間中に発生した費用をフランチャイザーが負担し、後にフランチャイジー希望者にその実費を補う金銭の支払いを求めることがある場合、予約契約書の締結前に、フランチャイザーは、フランチャイジー希望者に対してその使用目的と金額とを書面で通知しなければならない。

　　ｂ．予約契約書には有効期限と予約終了条項を明記しなければならない。

　　ｃ．フランチャイザーは、フランチャイズ・ネットワークのノウハウと同一性イメージを守るために、競業避止、守秘義務の両方またはいずれか一方を課すことができる。

5．フランチャイジーの選定

　フランチャイザーは、合理的な調査に基づいて、そのフランチャイズ・ビジネスを遂行するための基本的技能、教育、素質、十分な資金を備えていると目される人だけをフランチャイジーとして選び、採用するものとする。

6．フランチャイズ契約

⑴　フランチャイズ契約は、自国の法律、ヨーロッパ共同体の法律、本倫理綱領および各国の関係法令に則ったものでなければならない。

⑵　フランチャイズ契約は、フランチャイザーの工業所有権および知的所有権を守り、フランチャイズ・ネットワークの同一性イメージと評価を維持し、そのフランチャイズ・ネットワーク構成員に利益をもたらすものでなければならない。

⑶　フランチャイズ関係に係る契約書および契約付属文書は、全て成文化し、公認翻訳者によってフランチャイジー所在国の公用語に翻訳されなければならない。署名調印済みの契約書は、フランチャイザーが直ちにこれをフランチャイジーに供与しなければならない。

⑷　フランチャイズ契約書には当事者それぞれの義務、責任およびその他全ての重要項目を明確に記載しなければならない。

⑸　フランチャイズ契約書に規定すべき最小限の必要条項は、以下のとおりである。

　　　a．フランチャイザーの権利

　　　b．フランチャイジーの権利

　　　c．フランチャイズ契約期間中またはその前後の、フランチャイザーのブランド、商標などの知的所有権

　　　d．フランチャイジーに提供される商品、サービスの両方またはいずれか一方

　　　e．フランチャイザーの義務

　　　f．フランチャイジーの義務

　　　g．フランチャイジーの金銭支払い条件

　　　h．契約期間の条項。これはフランチャイジーがそのフランチャイズのために行った初期投資を償却するのに十分な長さでなければならない。

　　　i．契約更新の基準。一方の当事者からもう一方の当事者への通知の義務も含む。

　　　j．フランチャイジーがそのフランチャイズ事業を売却または譲渡できる条件、およびその場合フランチャイザーが得られる買取優先権の条件

　　　k．フランチャイザーの識別記号、商号、商標、サービスマーク、看板、ロゴその他フランチャイズ・ビジネスを識別する標章をフランチャイジーに使用させることに関する条項

　　　l．フランチャイザーがそのフランチャイズ・ネットワークに新規の方法または変更を導入できる権利

　　　m．フランチャイズ契約終了の条項

　　　n．フランチャイズ契約終了時にフランチャイザーまたは他のオーナーに属する有形無形の財産を速やかに引き渡すための条項

7．マスターフランチャイズ・システムの適用

　この倫理綱領はフランチャイザーとそのフランチャイジーとの間に適用されるべきものである。またこれは同様に、マスターフランチャイジーとそのフランチャイジーとの間においても適用される。しかしフランチャイザーとそのマスターフランチャイジーとの間には適用されない。

第3節　アジア太平洋フランチャイズ連盟
　　　　倫理綱領

(2016年11月22日承認)

Ⅰ．前　　文

−この倫理綱領は、アジア太平洋ASEAN自由貿易地域（AFTA）における定義に
　いうアジア太平洋地域14ヵ国（2016年11月22日現在）および個別に連盟への加盟
　を承認された他の諸国における共通の原則および経験に基づきこれを作成する。

−アジア太平洋フランチャイズ連盟（Asia Pacific Franchise Confederation,
　APFC）に属する各国協会は、それぞれの国において、本綱領の形成に寄与し、
　普及活動および具体的な解釈を行うものとする。

−本綱領は法的に機能するものではない。世界各地でフランチャイズに専門的に従
　事する者としての模範的な行動を記述するものである。

Ⅱ．序　　論

−フランチャイズとは、独立した事業体であるフランチャイザーおよびフランチャ
　イジーが互いに手を取り合い構築した結びつきに基づく、事業の発展戦略である。

−フランチャイザーおよびフランチャイジーは、相互に共通の成功を目指し努力す
　ることを約束する。

−その目的を達成するために、両当事者は、相互の関係の中で基本的な倫理原則に
　則って行動する。

−本綱領は、フランチャイザーとフランチャイジーとの関係に適用されるものであ
　る。またマスターフランチャイジーとサブフランチャイジーとの関係においても
　同様である。

Ⅲ．フランチャイズ権の付与

−フランチャイザーは、フランチャイジー希望者に対し、フランチャイズ事業上の
　関係における義務や責任を十分理解してもらうために必要な情報を全て伝えなけ
　ればならない。その情報を提供するのは、契約を締結するよりも7日以上の合理
　的な期間の前とする。

−提供する情報は客観的かつ検証可能でなければならず、誤解やぎまんを招くもの

であってはならない。

- フランチャイジー希望者に事前に提供する契約書は、そのフランチャイジー希望者が理解できる言語で記述されなければならない。当該国の倫理網領も同様である。

- フランチャイザーは共通の成功をすることを目的としてフランチャイジーを選定する。フランチャイザーによる選定の際、人権、宗教、性別などの差別があってはならない。

- フランチャイジー選定に当たり、フランチャイジー希望者は、フランチャイザーに提供する経歴、資金調達手段、教育などの情報について率直かつ誠実でなければならない。

- フランチャイズ契約を締結する前に、フランチャイザーは、フランチャイジー希望者に専門的アドバイスを求めるよう推奨する。

- フランチャイザーは、フランチャイジー希望者に、当該フランチャイズ・システムの既存フランチャイジーと連絡を取り、対話することを推奨する。

- フランチャイザーとフランチャイジー希望者がフランチャイズ契約締結前に「覚書」を結び、かつフランチャイジー希望者が保証金を支払う場合には、フランチャイザーは、その保証金返金の条件を明らかにしなければならない。

- フランチャイザーは、交渉段階で、法的拘束力のある「機密保持契約」に署名するようフランチャイジー希望者に求めることができる。

Ⅳ. フランチャイザーおよびフランチャイジーの行動

フランチャイザーの責任

- フランチャイザーは、フランチャイズ・システムの根幹となる経営や技術のノウハウを構築し維持しなければならない。さらに、フランチャイザーのノウハウの保護と発展を図るため、フランチャイジーと継続的かつシステム的な対話を行わなければならない。

- フランチャイジーが理念への尊敬を欠く行動をした場合、フランチャイザーは、当該フランチャイジーに対して告知し、義務に従うための合理的な時間を与える。

- フランチャイザーは、各々のフランチャイジーがそのシステム共通の利益のために自身の義務と責任を尊重することを確保する。

フランチャイジーの責任

- フランチャイジーは、積極的にそのシステムに参画し、利益確保に貢献する。
- フランチャイジーは、フランチャイザーが提供したノウハウを盗用したり流用したりすることなどで、そのシステムと競合してはならない。
- フランチャイジーは、自身のフランチャイズ事業経営に関する情報をフランチャイザーに提供する
- フランチャイジーは、フランチャイズ契約期間中、また契約終了後であっても、機密保持の義務を負う。

フランチャイザー、フランチャイジー共通の責任

- フランチャイザーとフランチャイジーは、互いの義務と責任を尊重し、誠意をもって協力しあう。
- 訴訟が起こった場合、フランチャイザーとフランチャイジーの両方またはいずれか一方は、適当であれば調停を通じて紛争を解決するよう努力する。
- フランチャイザーとフランチャイジーは、消費者の利益を確保するという責任を果たすべく全力を尽くす。

フランチャイズ契約

- 契約書には各当事者の権利と義務を明記する。
- 契約書内では両当事者が公平に扱われなければならない。
- 契約期間は、フランチャイジーの投資に見合う利益を上げるのに十分な長さでなければならない。
- 契約書にはフランチャイジーの事業の売却または譲渡に関する条件を明記しなければならない。
- 契約書には契約更新と契約解除の条件を明記しなければならない。
- 契約書に、理念の実現に不必要な条項を設けてはならない。
- 契約書はそれを使用する国の言語で作成する。
- 契約書はそれを実施する国の法令を遵守する。

フランチャイズ契約の解除

契約解除の規定には、フランチャイザーのノウハウを保護するためにフランチャイジーへの適正な競業の制約を盛り込む。

202

付記：APFCは、本綱領が、WFCのメンバーに適用されるWFC倫理綱領に負っていることに謝意を表する。

　2016年11月22日、インドネシア、ジャカルタにて開催されたAPFC会合において承認され、採択された。

　［署名省略］

第4部

統計資料・年表

第1章 統計資料

第1節 日本のフランチャイズ統計50年間の推移

1．フランチャイズチェーン業界全体の変化

　日本フランチャイズチェーン協会では、日本で活動している全フランチャイズチェーンを対象にした『フランチャイズチェーン統計調査』を1975年（昭和50年）から毎年実施している。そのため、この統計は1974年度の数値が最も古いデータとなる。ここでは、当該統計をもとに、1974年度から最新統計の2022年度までの49年間の推移をみていく。以下、『フランチャイズチェーン統計調査』のデータは「年度」を「年」と表現する。

　まず、フランチャイズチェーン全体の1974年と2022年の値を比較し、49年間の全体的な成長をみると、チェーン数は、167チェーンから1,282チェーンと約7.7倍、店舗数は2万5,020店舗から24万9,316店舗へと約10.0倍、売上高は約1兆536億円から約26兆9,880億円へと約25.6倍に成長した（表4-1-1）（店舗数は各チェーンの加盟店・直営店数の合計、売上高は加盟店・直営店の店舗末端売上高）。業界別にみると、チェーン数は、小売業が4.2倍、飲食業が7.1倍、サービス業が25.4倍、店舗数は、小売業が7.9倍、飲食業が7.8倍、サービス業が18.2倍、売上高は小売業が25.5倍、飲食業が23.4倍、サービス業が46.2倍、となっている。サービス業のフランチャイズ企業が1974年時点で少なかったことも影響しているが、サービス経済化の進展に伴い、サービス業が大きく成長していることが分かる。

　このように規模を拡大してきたフランチャイズチェーン業界ではあるが、チェーン数は2018年以降、店舗数は2019年以降、減少を続けている。日本は人口減少社会に突入していることもあり、チェーン数と店舗数は飽和状態に達している。しかしながら、売上高に関しては、コロナ禍の影響により2020年に一度減少しているものの、その後は、増加し続けており、1チェーン当たりの売上高や1店舗当たりの売上高は増加傾向にある。

2．業界別の変化

　次に、業界別（小売業、外食業、サービス業）にチェーン数、店舗数、売上高の

表 4 - 1 - 1 　チェーン数・店舗数・売上高推移

年度	チェーン数	増減率(%)	店舗数	増減率(%)	売上高 （億円）	増減率(%)
1974	167	–	25,020		10,536	–
1975	199	19.2	28,695	14.7	13,852	31.5
1976	210	5.5	35,457	23.6	18,335	32.4
1977	328	56.2	31,555	▲ 11.0	19,512	6.4
1978	382	16.5	44,125	39.8	16,358	▲ 16.2
1979	418	9.4	48,562	10.1	18,918	15.6
1980	380	▲ 9.1	51,523	6.1	20,634	9.1
1981	407	7.1	56,429	9.5	26,911	30.4
1982	477	17.2	64,603	14.5	34,779	29.2
1983	512	7.3	67,518	4.5	34,435	▲ 1.0
1984	588	14.8	86,908	28.7	39,859	15.8
1985	596	1.4	89,267	2.7	45,154	13.3
1986	617	3.5	99,579	11.6	51,608	14.3
1987	626	1.5	104,488	4.9	59,391	15.1
1988	626	0.0	113,267	8.4	63,577	7.0
1989	666	6.4	118,650	4.8	80,139	26.1
1990	680	2.1	123,365	4.0	88,573	10.5
1991	688	1.2	127,821	3.6	101,587	14.7
1992	703	2.2	131,506	2.9	109,369	7.7
1993	714	1.6	139,788	6.3	114,216	4.4
1994	734	2.8	146,045	4.5	122,540	7.3
1995	755	2.9	158,223	8.3	130,587	6.6
1996	803	6.4	177,196	12.0	141,818	8.6
1997	890	10.8	189,556	7.0	151,760	7.0
1998	923	3.7	192,450	1.5	161,900	6.7
1999	968	4.9	195,335	1.5	165,858	2.4
2000	1,048	8.3	205,609	5.3	168,714	1.7
2001	1,049	0.1	209,980	2.1	169,963	0.7
2002	1,063	1.3	215,710	2.7	173,689	2.2
2003	1,074	1.0	220,710	2.3	178,689	2.9
2004	1,088	1.3	225,957	2.4	187,223	4.8
2005	1,146	5.3	234,489	3.8	193,889	3.6
2006	1,194	4.2	235,440	0.4	196,036	1.1
2007	1,246	4.4	235,686	0.1	203,038	3.6
2008	1,231	▲ 1.2	230,822	▲ 2.1	208,087	2.5
2009	1,206	▲ 2.0	231,666	0.4	208,031	▲ 0.0
2010	1,233	2.2	234,146	1.1	213,814	2.8
2011	1,260	2.2	238,838	2.0	216,167	1.1
2012	1,286	2.1	245,263	2.7	222,287	2.8
2013	1,304	1.4	252,514	3.0	234,773	5.6
2014	1,321	1.3	259,124	2.6	241,337	2.8
2015	1,329	0.6	260,992	0.7	245,945	1.9
2016	1,335	0.5	263,109	0.8	250,974	2.0
2017	1,339	0.3	263,490	0.1	255,598	1.8
2018	1,328	▲ 0.8	264,556	0.4	262,118	2.6
2019	1,324	▲ 0.3	262,869	▲ 0.6	266,480	1.7
2020	1,308	▲ 1.2	254,017	▲ 3.4	254,204	▲ 4.6
2021	1,286	▲ 1.7	250,288	▲ 1.5	258,809	1.8
2022	1,282	▲ 0.3	249,316	▲ 0.4	269,880	4.3

資料：『フランチャイズチェーン統計調査』により作成。

推移を詳細にみていく。

まず、チェーン数（表4-1-2）に関しては、小売業は2000年代前半までは増加傾向にあったが、2006年の346チェーンをピークに、その後2015年までほぼ横ばいで推移し、2015年以降は減少傾向にあり、2022年には305チェーンにまで減少している。一方、外食業は2017年まではチェーン数が増加傾向にあり、2018年以降は減少し続けている。サービス業は、2020年と2021年に若干減少する年もあるが、基本的に増加傾向である。

店舗数（表4-1-3）に関しては、小売業はチェーン数が飽和状態であった2000年代も店舗数は増え続け、1チェーン当たりの店舗数が増加している。小売業の店舗数は2018年までは増加したが、その後、減少傾向にある。外食業は、2006年頃に成熟期を迎え、2014年に向けて若干店舗数が増えているが、その後、減少傾向にある。サービス業は、1980年代に急激に店舗数が増加し、1986年には小売業の店舗数を超え、さらに1987年には外食業の店舗数を超え、2007年まで小売業や外食業より店舗数が多い状態であった。サービス業の店舗数は、2008年に大幅に減少し、その後増加を続けるが、2019年以降は減少し続けている。

売上高（表4-1-4）に関しては、小売業は若干減少する年があるものの、統計開始当初から2022年まで継続的に売上高を伸ばしている。長期的にみると、外食業とサービス業は小売業に比べると増加率は大きくなく、ゆるやかな上昇傾向である。近年においては、外食業では、コロナ禍の影響で2020年に売上高が減少しているが、2021年と2022年は上昇に転じている。サービス業は2019年から減少しはじめ、2020年に約10.3％のマイナスとなり、2021年も減少しているが、2022年には回復の兆しを見せている。

3．小売業・外食業全体におけるフランチャイズチェーンの位置づけ

日本における小売市場や外食市場は飽和状態にあるにもかかわらず、フランチャイズチェーンの市場規模は成長し続けている。すなわち、フランチャイズチェーンは、縮小する日本の小売市場や外食市場全体の中でも成長し、そのシェアを高めてきた。

図4-1-1は、『商業統計』または『経済センサス』の調査が実施された年におけるフランチャイズチェーンのシェアの推移を示したものである。小売業におけるフランチャイズチェーンのシェアは1976年時点では約2.4％であったが、その後シェアを高め、2021年時点では約14.4％となっている。外食業においては、1976年時

表4-1-2 業界別チェーン数の推移

年度	小売業	増減率（%）	外食業	増減率（%）	サービス業	増減率（%）
1974	73	–	77	–	17	–
1975	90	23.3	93	20.8	16	▲5.9
1976	93	3.3	93	0.0	24	50.0
1977	128	37.6	174	87.1	26	8.3
1978	137	7.0	207	19.0	38	46.2
1979	141	2.9	228	10.1	49	28.9
1980	143	1.4	191	▲16.2	46	▲6.1
1981	138	▲3.5	226	18.3	43	▲6.5
1982	174	26.1	249	10.2	54	25.6
1983	172	▲1.1	266	6.8	74	37.0
1984	188	9.3	281	5.6	119	60.8
1985	195	3.7	267	▲5.0	134	12.6
1986	199	2.1	291	9.0	127	▲5.2
1987	202	1.5	294	1.0	130	2.4
1988	203	0.5	288	▲2.0	135	3.8
1989	235	15.8	292	1.4	139	3.0
1990	239	1.7	302	3.4	139	0.0
1991	237	▲0.8	305	1.0	146	5.0
1992	258	8.9	297	▲2.6	148	1.4
1993	257	▲0.4	299	0.7	158	6.8
1994	263	2.3	316	5.7	155	▲1.9
1995	271	3.0	325	2.8	159	2.6
1996	301	11.1	333	2.5	169	6.3
1997	318	5.6	371	11.4	201	18.9
1998	335	5.3	368	▲0.8	220	9.5
1999	301	▲10.1	359	▲2.4	308	40.0
2000	326	8.3	381	6.1	341	10.7
2001	319	▲2.1	397	4.2	333	▲2.3
2002	338	6.0	417	5.0	308	▲7.5
2003	341	0.9	427	2.4	306	▲0.6
2004	328	▲3.8	442	3.5	318	3.9
2005	344	4.9	467	5.7	335	5.3
2006	346	0.6	497	6.4	351	4.8
2007	340	▲1.7	540	8.7	366	4.3
2008	333	▲2.1	533	▲1.3	365	▲0.3
2009	330	▲0.9	512	▲3.9	364	▲0.3
2010	333	0.9	518	1.2	382	4.9
2011	332	▲0.3	529	2.1	399	4.5
2012	340	2.4	538	1.7	408	2.3
2013	345	1.5	550	2.2	409	0.2
2014	344	▲0.3	562	2.2	415	1.5
2015	345	0.3	569	1.2	415	0.0
2016	342	▲0.9	571	0.4	422	1.7
2017	339	▲0.9	576	0.9	424	0.5
2018	331	▲2.4	568	▲1.4	429	1.2
2019	328	▲0.9	567	▲0.2	429	0.0
2020	322	▲1.8	558	▲1.6	428	▲0.2
2021	313	▲2.8	547	▲2.0	426	▲0.5
2022	305	▲2.6	545	▲0.4	432	1.4

資料：『フランチャイズチェーン統計調査』により作成。

表 4 - 1 - 3　業界別店舗数の推移

年度	小売業	増減率（%）	外食業	増減率（%）	サービス業	増減率（%）
1974	13,403	–	6,567		5,050	–
1975	15,408	15.0	8,502	29.5	4,785	▲5.2
1976	17,602	14.2	11,234	32.1	6,621	38.4
1977	12,975	▲26.3	12,976	15.5	5,604	▲15.4
1978	18,653	43.8	19,131	47.4	6,341	13.2
1979	17,540	▲6.0	21,191	10.8	9,831	55.0
1980	20,275	15.6	22,134	4.5	9,114	▲7.3
1981	21,302	5.1	24,880	12.4	10,247	12.4
1982	25,156	18.1	29,026	16.7	10,421	1.7
1983	26,653	6.0	31,307	7.9	9,558	▲8.3
1984	26,959	1.1	33,154	5.9	26,795	180.3
1985	27,595	2.4	35,484	7.0	26,188	▲2.3
1986	29,421	6.6	35,452	▲0.1	34,706	32.5
1987	29,330	▲0.3	36,111	1.9	39,047	12.5
1988	28,945	▲1.3	36,510	1.1	47,812	22.4
1989	35,346	22.1	36,621	0.3	46,683	▲2.4
1990	37,961	7.4	37,486	2.4	47,918	2.6
1991	41,424	9.1	37,109	▲1.0	49,288	2.9
1992	45,613	10.1	36,789	▲0.9	49,104	▲0.4
1993	47,864	4.9	38,342	4.2	53,582	9.1
1994	49,660	3.8	38,071	▲0.7	58,314	8.8
1995	55,371	11.5	38,994	2.4	63,858	9.5
1996	61,683	11.4	41,582	6.6	73,931	15.8
1997	64,057	3.8	45,239	8.8	80,260	8.6
1998	67,503	5.4	45,039	▲0.4	79,908	▲0.4
1999	70,061	3.8	43,886	▲2.6	81,388	1.9
2000	71,786	2.5	46,012	4.8	87,811	7.9
2001	74,926	4.4	48,676	5.8	86,378	▲1.6
2002	77,202	3.0	51,219	5.2	87,289	1.1
2003	79,498	3.0	53,322	4.1	87,890	0.7
2004	81,780	2.9	55,000	3.1	89,177	1.5
2005	85,035	4.0	56,865	3.4	92,589	3.8
2006	85,582	0.6	56,188	▲1.2	93,670	1.2
2007	85,333	▲0.3	55,465	▲1.3	94,888	1.3
2008	88,374	3.6	54,316	▲2.1	88,132	▲7.1
2009	89,680	1.5	54,426	0.2	87,560	▲0.6
2010	90,632	1.1	54,757	0.6	88,757	1.4
2011	93,572	3.2	54,798	0.1	90,468	1.9
2012	97,133	3.8	56,773	3.6	91,357	1.0
2013	101,660	4.7	57,683	1.6	93,171	2.0
2014	105,873	4.1	58,910	2.1	94,341	1.3
2015	107,591	1.6	58,548	▲0.6	94,853	0.5
2016	108,631	1.0	58,696	0.3	95,782	1.0
2017	109,708	1.0	58,554	▲0.2	95,228	▲0.6
2018	110,245	0.5	57,743	▲1.4	96,568	1.4
2019	110,220	▲0.0	56,987	▲1.3	95,662	▲0.9
2020	108,256	▲1.8	52,777	▲7.4	92,984	▲2.8
2021	105,750	▲2.3	51,877	▲1.7	92,661	▲0.3
2022	106,451	0.7	50,982	▲1.7	91,883	▲0.8

資料：『フランチャイズチェーン統計調査』により作成。

表 4 - 1 - 4　業界別売上高の推移（単位：億円）

年度	小売業	増減率（%）	外食業	増減率（%）	サービス業	増減率（%）
1974	8,194	–	1,705	–	637	–
1975	11,121	35.7	1,979	16.1	752	18.1
1976	13,476	21.2	3,915	97.8	944	25.5
1977	14,939	10.9	3,487	▲10.9	1,086	15.0
1978	8,873	▲40.6	6,280	80.1	1,205	11.0
1979	10,442	17.7	6,862	9.3	1,614	33.9
1980	10,027	▲4.0	6,980	1.7	3,627	124.7
1981	12,686	26.5	9,135	30.9	5,090	40.3
1982	20,091	58.4	11,640	27.4	3,048	▲40.1
1983	18,136	▲9.7	11,561	▲0.7	4,738	55.4
1984	18,696	3.1	15,006	29.8	6,157	29.9
1985	23,270	24.5	16,775	11.8	5,109	▲17.0
1986	28,796	23.7	17,915	6.8	4,898	▲4.1
1987	29,040	0.8	24,418	36.3	5,933	21.1
1988	35,348	21.7	21,215	▲13.1	7,013	18.2
1989	47,044	33.1	24,090	13.6	9,006	28.4
1990	54,146	15.1	24,503	1.7	9,923	10.2
1991	62,699	15.8	26,722	9.1	12,165	22.6
1992	70,398	12.3	26,179	▲2.0	12,792	5.2
1993	74,129	5.3	27,130	3.6	12,958	1.3
1994	80,898	9.1	28,107	3.6	13,536	4.5
1995	86,942	7.5	29,155	3.7	14,491	7.1
1996	94,480	8.7	31,243	7.2	16,095	11.1
1997	101,093	7.0	33,508	7.2	17,159	6.6
1998	109,433	8.2	33,821	0.9	18,646	8.7
1999	102,161	▲6.6	32,546	▲3.8	31,151	67.1
2000	111,322	9.0	32,459	▲0.3	24,934	▲20.0
2001	112,143	0.7	36,221	11.6	21,599	▲13.4
2002	116,435	3.8	36,067	▲0.4	21,186	▲1.9
2003	119,121	2.3	37,361	3.6	22,206	4.8
2004	124,764	4.7	38,415	2.8	24,044	8.3
2005	127,592	2.3	40,608	5.7	25,689	6.8
2006	129,675	1.6	40,751	0.4	25,610	▲0.3
2007	136,080	4.9	40,365	▲0.9	26,593	3.8
2008	144,456	6.2	39,394	▲2.4	24,238	▲8.9
2009	144,675	0.2	39,327	▲0.2	24,030	▲0.9
2010	150,280	3.9	38,870	▲1.2	24,664	2.6
2011	153,060	1.8	37,716	▲3.0	25,391	2.9
2012	157,051	2.6	39,102	3.7	26,134	2.9
2013	164,546	4.8	40,330	3.1	29,897	14.4
2014	169,454	3.0	41,045	1.8	30,837	3.1
2015	174,468	3.0	40,580	▲1.1	30,897	0.2
2016	178,404	2.3	41,148	1.4	31,421	1.7
2017	181,856	1.9	41,939	1.9	31,803	1.2
2018	185,826	2.2	42,688	1.8	33,604	5.7
2019	190,465	2.5	43,255	1.3	32,761	▲2.5
2020	188,126	▲1.2	36,703	▲15.1	29,376	▲10.3
2021	192,531	2.3	37,117	1.1	29,161	▲0.7
2022	200,590	4.2	39,852	7.4	29,438	1.0

資料：『フランチャイズチェーン統計調査』により作成。

点では約3.9％であったが、その後シェアを高め、2021年では約21.9％となっている。小売業に比べると外食業のほうが市場全体におけるフランチャイズチェーンのシェアが高い。

図4-1-1　全市場に占めるフランチャイズチェーン売上高のシェア

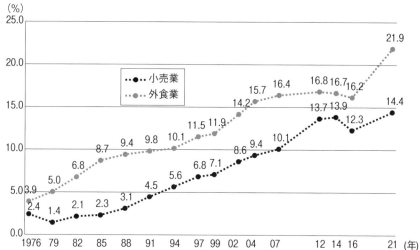

資料：『フランチャイズチェーン統計調査』『商業統計』『経済センサス』『JF外食産業市場動向調査』により作成。

注：小売業は1972年から2014年までは『商業統計』のデータを分母とし、2016年と2021年は『経済センサス』のデータを分母とした。データは、『商業統計』または『経済センサス』が実施された年のみとした。また、『フランチャイズチェーン統計調査』の「年度」のデータを便宜的に「年」のデータとして用いた。『フランチャイズチェーン統計調査』と『JF外食産業市場動向調査』は集計範囲が異なるため、シェアの値は厳密な数値ではなく、おおよその目安である。

図4-1-2は日本全体の小売業全体の市場規模の推移と、フランチャイズチェーンの小売業の市場規模の推移を示したものである。日本の小売業全体の市場規模は、1990年代後半まで増加してきたが、その後、2012年まで縮小傾向にあった。しかしながら、フランチャイズチェーンにおける小売業の売上高の合計は、小売業界全体の市場規模が縮小する中でも増加し続けた。

図4-1-2 小売業における全体の市場規模とフランチャイズチェーン市場規模の推移

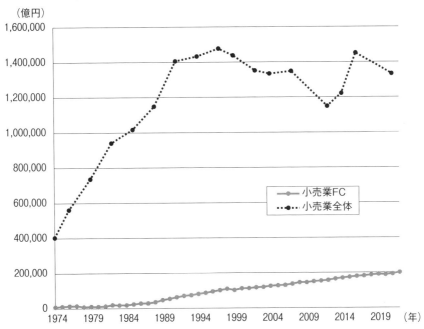

資料：『フランチャイズチェーン統計調査』『商業統計』『経済センサス』により作成。
注：小売業は1972年から2014年までは『商業統計』のデータを2016年と2021年は『経済センサス』のデータであるため、データは連続していない。

　図4-1-3は、日本の外食業全体の市場規模の推移と、フランチャイズチェーンの外食業の市場規模の推移を示したものである。日本の外食業全体の市場規模は、1997年代まで増加してきたが、その後、2011年まで縮小し、その後増加に転じた。しかしながら、2020年はコロナ禍の影響により、外食業全体の市場規模は2019年に比べて大幅に縮小した。一方、フランチャイズチェーンにおける外食業の売上高の合計は、外食業全体の市場規模が縮小する中で1998年以降も増加傾向にある。2020年のコロナ禍の影響に関しては、外食業全体が約30.7％のマイナスであったのに対して、外食業のフランチャイズチェーンは約15.1％のマイナスであり、減少割合は外食業全体の数値に比べると小さかった。

図 4-1-3　外食業全体の市場規模とフランチャイズチェーンの市場規模の推移

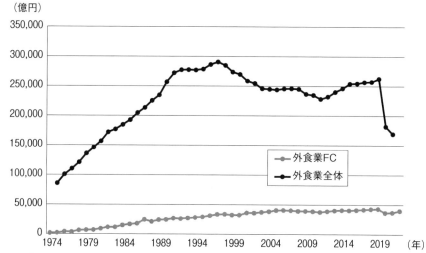

資料：『フランチャイズチェーン統計調査』『JF外食産業市場動向調査』により作成。
注：両統計の集計範囲が異なるため、単純には比較することができない。『フランチャイズチェーン統計調査』の「年度」のデータを便宜的に「年」のデータとして用いた。
最新の「フランチャイズ統計調査」は以下のWebサイトからご確認ください。
https://www.jfa-fc.or.jp/particle/29.html

第2章 フランチャイズ関係年表

第1節　前史

(注)①個人名に付随している肩書は記述時点のもの。
②フランチャイズ企業の動向欄で、「 」なしは会社名、「 」付きはストアブランド名。
③会社名は、支障のない限り現在使われているもので表記。ただし、一部略号を使用したところもある。

年	法律・行政・社会の動き	フランチャイズ企業・関連団体の動き
1947年 昭和22年	(4月) 独占禁止法公布。7月施行と同時に公正取引委員会発足	
1948年 昭和23年	(7月) 中小企業庁設置法公布、8月施行	
1962年 昭和37年	(5月) 不当景品類及び不当表示防止法公布、8月施行	
1963年 昭和38年	(3月) 中小企業近代化促進法公布、8月施行 (7月) 中小企業基本法公布、施行	(7月) ダスキン、ダストコントロールのFC1号店出店 (10月) 不二家が洋菓子店のFC1号店出店。この時から日本におけるフランチャイズ・ビジネスが始まる
1966年 昭和41年		(1月) ㈳日本ボランタリーチェーン協会設立 (5月) ハリー・カーシュ著・川崎進一訳『フランチャイズチェーン』(商業界)が出版、フランチャイズ・ビジネスに関する日本で初めての単行本
1967年 昭和42年	(6月) 第1次資本自由化。ホテル業は100%、レストラン業は資本金1000万円以上、従業員50人以上に限り、50%の対等合弁	(8月) 日本チェーンストア協会発足
1968年 昭和43年	(5月) 消費者保護基本法公布、施行	
1969年 昭和44年	(1月) 第2次資本自由化。レストラン業は100%資本自由化、洋酒は50%資本自由化	(8月) フランチャイズ・ビジネスに関する日本で初めての業界専門誌『月刊フランチャイズシステム』(東京経済)が発刊
1970年 昭和45年	(7月) 米カリフォルニア州で「フランチャイズ投資法」成立	ミスタードーナツ(5月)、ウインピー(6月)、ケンタッキーフライドチキン(7月)と外資系フランチャイズ・システムの日本進出が相次ぐ。71年6月にはマクドナルドが進出し、日本におけるフランチャイズ・システムの発展に大きな影響を与える

215

第2節 53年史・JFAの歩み

年	JFAの歩み	フランチャイズ企業・関連団体の動き	法律・行政・社会の動き
1971 昭和46年	(8月23日)第1回JFA設立準備委員会開催。以後、9／3、10／6、10／27、11／15に5回の設立準備委員会を開催 (11月19日)通産省・ボランタリーチェーン協会・JFA設立準備委員会との3者協議開催。活動分野について確認	(4月)ダスキン、「ミスタードーナツ」直営1号店出店(FC1号店は11月) (7月)日本マクドナルド、直営1号店を東京・銀座三越にオープン (9月)日本ケンタッキー・フライド・チキン、FC1号店出店 (12月)ホッコク、「どさん子」500店舗達成	(6月)ねずみ講の第一相互経済研究所が脱税容疑で捜査される (7月)環境庁発足 (8月)ニクソン米大統領がドル防衛策を発表(ニクソン・ショック) (8月)日本政府、円の変動相場制を実施
1972 昭和47年	(1月)JFA設立準備委員会事務所を東京都港区六本木6-8-14に開設 (2月10日)㈳日本フランチャイズ協会設立総会開催。同設立総会で、会長に安田元七氏など役員を選出 (4月)通産大臣より、㈳日本フランチャイズチェーン協会の設立許可が下りる (6月)「フランチャイズ」の定義を策定。これを21日開催のJFA発足記念講演会で発表 (11月)「倫理綱領」を臨時総会で採択。同日開催の「倫理綱領普及講演会」で一般に発表	(3月)「モスバーガー」パイロットショップ1号店出店(6月閉鎖)、6月に直営1号店出店 (3月)丸紅、米デイリークイーン社と合弁会社設立。1号店(FC)を6月に出店 (4月)ドトールコーヒー「カフェコロラド」FC1号店出店 (9月)「ロッテリア」FC1号店出店 (11月)「サンルートホテル」直営1号店開業 (12月)日本初のDIY店「ドイト」が開業。この後、DIYのFCが続出した	(3月)山陽新幹線(新大阪—岡山)開通 (5月)沖縄本土復帰 (8月)ダイエーが三越の売上げを抜いて小売業のトップに *田中角栄著『日本列島改造論』がブームに *地価公示価格の全国平均が1年間で30.9%も急上昇

年	JFAの歩み	フランチャイズ企業・関連団体の動き	法律・行政・社会の動き
1973 昭和48年	（3月）特別セミナー「フランチャイズ契約書とフランチャイズシステム」開催 （5月）第1回通常総会開催（東京商工会議所）。同日開催された創立1周年記念講演会で「フランチャイズ契約の締結にあたってフランチャイザーがフランチャイジーとなる者に開示すべき事項」を一般に発表 （7月）契約指針策定専門部会を設置 （8月）第1回米国フランチャイズ・システム研修視察実施	（4月）「吉野家」FC1号店出店 （9月）三菱商事とキリンフードサービス、米シェーキーズ社と合弁で日本シェーキーズ設立 （11月）「モスバーガー」FC1号店出店 （11月）イトーヨーカ堂、米サウスランド社と契約を結び、ヨークセブン（現セブン–イレブン・ジャパン）設立 （12月）不二家、米バスキン・ロビンス社と合弁会社ビー・アール・ジャパン設立	（5月）中小企業庁、「フランチャイズチェーン実態調査」まとめる （5月）公正取引委員会「フランチャイズチェーンについての独占禁止法上の問題」と題する意見を発表 （9月）中小小売商業振興法施行 （10月）第1次オイルショック （11〜12月）物価急騰し、モノ不足深刻化、買いだめ騒動勃発
1974 昭和49年	（5月）第2回通常総会開催。同日開催された総会記念特別講演会で「フランチャイズ契約書の基本的条項」を発表 （7月）JFAはIFA（国際フランチャイズ協会＝本部ワシントン）の特別会員に、IFAはJFAの名誉会員となる （7月）第1回スーパーバイザー養成セミナーを開催	（3月）ホッコク、米ニューヨークに海外FC1号店出店 （4月）「サーティワンアイスクリーム」FC1号店出店 （5月）「セブン–イレブン」FC1号店出店 （7月）アンデルセン、FC1号店出店	（3月）大規模小売店舗法施行 （3月）中小企業庁、小冊子『フランチャイズチェーンへの加盟の手引き（その1）』を発行 （12月）政府、経済成長優先から安定成長へ路線転換 ＊消費者物価が24.5％、地価も32.4％も急上昇し狂乱物価 ＊景気後退で倒産が急増し史上最悪に

年	JFAの歩み	フランチャイズ企業・関連団体の動き	法律・行政・社会の動き
1975 昭和50年	（**3月**）中小企業庁より委託された研究事業「フランチャイズ事業における指導・教育の在り方」の研究結果を報告。同報告書は中小企業庁の許可を得て会員社に頒布 （**5月**）全フランチャイザーを対象にした第1回FC統計調査の結果を公表 （**5月**）第3回通常総会を開催。同日開催の創立3周年記念講演会で「フランチャイズ契約書作成の指針」を発表	（**2月**）吉野家、米コロラド州デンバーに海外第1号店を出店 （**3月**）パオ、「長崎ちゃんめん」FC1号店出店 （**4月**）「オートバックス」FC1号店出店 （**6月**）「ローソン」1号店出店 （**9月**）山田食品産業、米ニューヨークにラーメン専門店「TARO」出店 （**11月**）「小僧寿し」500店舗達成	（**3月**）中小企業庁、小冊子『フランチャイズチェーンへの加盟の手引き（その2）』を発行 （**3月**）山陽新幹線（岡山―博多）開業 （**10月**）中小企業庁、「フランチャイズチェーンにおける開示事項の実施状況調査」を実施
1976 昭和51年	（**1月**）JFAのシンボルマークを制定 （**2月**）「マニュアル化研究会」を設置。2～8月の間に6回開催 （**9月**）国内の全フランチャイザーをリストアップした名簿を公表（有料頒布） （**11月**）IFAのジェリー・オパック会長を招き、国際シンポジウム「第1回フランチャイズ総合会議」を開催 （**11月**）会員証制定・正会員に授与	（**2月**）日本マクドナルド、ライセンス契約第1号店出店（沖縄） （**3月**）「カギの救急車」FC1号店出店 （**6月**）「ほっかほっか亭」直営1号店出店 （**9月**）「村さ来」FC1号店出店 （**11月**）「明治サンテオレ」FC1号店出店	（**3月**）中小企業庁、小冊子『フランチャイズチェーンへの加盟の手引き（その3）』を発行 （**3月**）㈶流通システム開発センター、中小企業庁委託研究事業「フランチャイズ・パッケージとその対価に関する調査研究」をまとめる （**5月**）通産省、商品・取引先コードをバーコードで統一 （**12月**）「訪問販売等に関する法律」施行 ＊戦後生まれが総人口の半数を突破

年	JFAの歩み	フランチャイズ企業・関連団体の動き	法律・行政・社会の動き
1977 昭和52年	（**4月**）『明日へのフランチャイジング』（第1回フランチャイズ総合会議報告書）刊行 （**4月**）JFA、日本フードサービスチェーン協会、日本ボランタリーチェーン協会との連名で特許庁長官に対し「サービスマークの登録制度確立」の要望書を提出 （**6月**）第1期(昭和52年度)スーパーバイザー学校開講。5回シリーズ計10日間のコース。以後、毎年学校形式で開催	（**2月**）ホッコク、「どさん子」1000店舗達成 （**4月**）日本マクドナルド、初の郊外型独立店舗出店 （**5月**）サンショップヤマザキ（現・デイリーヤマザキ）、「サンエブリー」FC1号店出店 （**6月**）「小僧寿し」1000店舗達成 （**6月**）日本KFCが業界初のドライブスルー型店舗を出店 （**8月**）ダスキン、米ユナイテッドレントオール社と事業提携	（**3月**）中小企業庁、小冊子『フランチャイズ・パッケージとその対価』を発行 （**12月**）独占禁止法改正施行、初の強化改正 ＊企業倒産が3年連続で史上最悪の水準に
1978 昭和53年	（**2月**）倫理綱領を一部改定 （**2月**）国際シンポジウム「第2回フランチャイズ総合会議」をIFAと共催（東京）。テーマは『フランチャイズ躍進の80年代へいかに備うべきか』で、米国から計25人が参加 （**5月**）第6回通常総会で定款を改定し、「会長―理事長制」を採択。会長は安田元七氏再任、初代理事長に藤井和郎氏を選出 （**5月**）「運営規則作成の指針」を公表 （**7月**）フランチャイズ用語の語義策定専門部会設置	（**4月**）ほっかほっか亭総本部、「ほっかほっか亭」FC1号店出店 （**5月**）「ヤマザキデイリーストアー」FC1号店出店 （**8月**）セブン–イレブン、発注端末機を開発・導入 （**8月**）「ファミリーマート」FC1号店出店 （**8月**）「つぼ八」FC1号店出店 （**9月**）「セブン–イレブン」500店舗達成	（**3月**）中小企業庁、「フランチャイズチェーン加盟店の経営意識調査」をまとめる （**3月**）㈶流通システム開発センター、中小企業庁委託研究事業「中小小売業者の連鎖形態に関する研究」をまとめる （**5月**）成田空港開港 （**10月**）東京外為市場で円が急騰、円高不況へ ＊郊外型ファミリーレストランが急増

年	JFAの歩み	フランチャイズ企業・関連団体の動き	法律・行政・社会の動き
1979 昭和54年	（4月）「フランチャイズ」の定義を一部改定 （7月）フィリップ・ザイドマン氏、JFA7月例会で「フランチャイズ―最近の潮流」をテーマに講演	（3月）ロッテリア、POSシステム導入 （9月）セブン-イレブン、専用ネットワークによる総合オンラインシステム始動（実質的なVAN） （10月）セブン-イレブン・ジャパン、東証2部上場 （11月）日本マクドナルド、社員ライセンス制度の第1号店開設 （12月）タカラブネ、大証2部に上場 （12月）ユニーが米ザ・サークルK社とライセンス契約締結	（5月）改正大店法施行、規制の対象が500㎡に強化 ＊米連邦取引委員会（FTC）が「フランチャイズに関する開示規則」施行（10月） （5月）日本電気、PC-8001の発売を発表、パソコンブームの口火となる ＊中国が「改革・開放」政策を推進、経済特区設置
1980 昭和55年	（1月）フランチャイズ協会世界会議（WFC）設立準備会議に駒井茂春氏（ダスキン社長）と松崎来輔専務理事が出席 （5月）第8回通常総会開催。同日「フランチャイズ用語の語義」を発表 （6月）規範委員会の管掌のもとに「独禁研報告対策特別委員会」を設置 （7月）「独禁政策とフランチャイズの理解のためのセミナー」を開催	（4月）ドトールコーヒー、「ドトールコーヒーショップ」FC1号店出店 （4月）「カレーハウスCoCo壱番屋」FC1号店出店 （7月）吉野家、会社更生法の適用を申請 （8月）ロッテリア、POSシステムを全店オンライン化 （9月）サークルケイ・ジャパン、「サークルK」FC1号店出店 （11月）「セブン-イレブン」1000店舗達成 （12月）日本マクドナルド、年商500億円達成	（3月）公正取引委員会、米国へフランチャイズ契約調査団を派遣 （3月）独占禁止法研究会、公正取引委員長に「流通系列化に関する独占禁止法上の取扱い」と題する報告書を提出 （5月）富士通、日本語ワードプロセッサーを発売

年	JFAの歩み	フランチャイズ企業・関連団体の動き	法律・行政・社会の動き
1981 昭和56年	（1月）「独禁研報告"流通系列化に関する独占禁止法上の取扱い"に対する意見」を発表 （2月）JFAとカナダ・フランチャイズ協会（CFA）が相互に名誉会員となる （9月）フランチャイズシステム経営近代化推進協議会（通産省主催）に委員として駒井茂春副理事長、鈴木敏文常任理事、藤井和郎常任理事、松崎来輔専務理事が参画	（4月）「小僧寿し」2000店舗達成 （6月）「ミニストップ」FC 1号店出店 （8月）セブン-イレブン・ジャパン、東証1部に上場 （9月）「住通」FC 1号店出店 （9月）日本KFC、POSシステムを実験導入 （11月）セブン-イレブン、宅配便の取り次ぎサービス開始 （11月）サンクスアンドアソシエイツ、「サンクス」FC 1号店出店	（2月）公正取引委員会、フランチャイザーの実態調査に着手 （3月）公正取引フォーラム、独禁研「流通系列化に関する独占禁止法上の取扱い」に対し産業界の立場からの意見発表 （7月）ファクシミリ通信開始 （9月）通産省、官民合同の「フランチャイズシステム経営近代化推進協議会」を発足 （10月）レコード各社、著作権侵害で貸レコード店の営業停止を訴える
1982 昭和57年	（2月）創立10周年記念「フランチャイズ国際シンポジウム」開催（東京） （2月）「フランチャイズ・ハンドブック」（82年版）発刊 （5月）第10回通常総会開催。同総会で「フランチャイジー募集の広告に関する指針」「フランチャイジー募集担当者に関する指針」「『申込金』に関する指針」の3つの指針を採択 （12月）登録制度の運営を管掌する「登録審議委員会」設置	（4月）「スリーエフ」FC 1号店出店 （9月）ローソン・サンチェーン計1000店舗達成 （9月）「ほっかほっか亭」1000店舗達成 （10月）セブン-イレブン、POSシステム導入（全店導入完了は83年2月） （11月）セブン-イレブン、発注用端末機EOBの導入開始（全店導入完了は83年4月）。ハンディターミナルの先駆けとなる	（1月）公正取引委員会、フランチャイジーの実態調査に着手 （6月）東北新幹線開業 （7月）通産省、フランチャイズシステム経営近代化推進協議会の答申「フランチャイズシステム経営の近代化について」を発表 （11月）上越新幹線開業

221

年	JFAの歩み	フランチャイズ企業・関連団体の動き	法律・行政・社会の動き
1983 昭和58年	（**1月**）臨時総会を開き、「登録事業運営規定」を定める（定款変更） （**3月**）中小企業庁委託研究事業「特定連鎖化事業の紛争事例研究」をまとめる （**4月**）フランチャイズ登録事業がスタート （**5月**）スーパーバイザー学校の卒業生による自主啓発組織「日本スーパーバイジング研究会」が結成 （**8月**）フランチャイズ登録制度普及説明会を8月〜11月に全国8都市で開催	（**3月**）「ニッポンレンタカー」500店舗達成 （**4月**）アレフ、「びっくりドンキー」FC1号店出店 （**5月**）養老乃滝、新業態のND方式店第1号店開業 （**10月**）「サンショップヤマザキ」1000店舗達成 （**11月**）日本KFC、POSシステムを全店に導入、オンラインネットワーク化完了 （**12月**）「一橋ゼミナール」FC1号店出店	（**3月**）中国自動車道が全通 （**9月**）公正取引委員会、「フランチャイズシステムに関する独占禁止法上の考え方について」を発表
1984 昭和59年	（**3月**）昭和58年度中小企業庁委託事業「フランチャイズチェーン加盟に当たっての留意事項に関する調査研究」の報告書をまとめる （**3月**）オートスライド「発展するフランチャイズチェーン」完成 （**4月**）契約の指針策定委員会を設置	（**2月**）ダスキン、米国インターナショナル・マルチフーズから日本におけるミスタードーナツの商標権を含む一切の営業権を買い取り、米社とのFC契約を解消 （**2月**）「セブン–イレブン」2000店舗達成 （**2月**）ほっかほっか亭総本部、ダイエーと広範な業務提携を締結 （**12月**）日本マクドナルド、年商1000億円達成	（**5月**）ビデオソフトのレンタルが著作権法侵害として東京地裁がレンタル業者に対し、貸し出し停止の仮処分を決定 （**6月**）貸しレコード暫定措置法施行 ＊日本人の平均寿命が男74.2歳、女79.78歳で世界一に

年	JFAの歩み	フランチャイズ企業・関連団体の動き	法律・行政・社会の動き
1985 昭和60年	**(3月)** 業種別契約書作成の指針策定委員会「弁当・すし」編をまとめる **(6月)** 研究会員、登録者を対象にした「フランチャイズ研究会」を発足 **(8月)** フランチャイズ・ビジネス経営シリーズ刊行のため監修委員会発足 **(10月)** フランチャイズシステム開発改善研究会発足	**(1月)**「村さ来」500店舗達成 **(2月)** 日本マクドナルド、朝食メニューを導入、以後外食業界で朝食の導入が盛んとなる **(4月)** 日本KFC、500店舗達成 **(8月)** 日本マクドナルド、500店舗達成 **(11月)** モスフードサービス、店頭登録により株式公開 ＊（9月）ワイヒガコーポレーション、米国ドミノピザと提携、直営1号店を出店。これをきっかけに宅配ピザの参入ブームが起こる	**(4月)** 電気通信事業法施行、VAN事業がスタート **(9月)** 標準宅配便約款が制定され一般消費者の宅配便利用が広まる **(10月)** 関越自動車道全通
1986 昭和61年	**(3月)** 業種別契約書作成の指針策定委員会「洋菓子・パン」編をまとめる **(5月)** 飲食店業法（仮称）や大型間接税施行法などに対処するため「法律対策委員会」設置 **(6月)** 経営シリーズ第1巻『フランチャイズ・ビジネスの経営』、第2巻『フランチャイズ・ビジネスの本部機能と役割』刊行 **(9月)** 第1回「フランチャイズ・ビジネス開業フェア」開催（東京）	**(4月)** ローソン・サンチェーン計2000店舗達成 **(7月)** ダイエー、サンチェーンとの提携強化 **(7月)** ロッテリア、台湾に1号店出店 **(8月)**「ミスタードーナツ」500店舗達成 **(12月)**「モスバーガー」500店舗達成	**(4月)** 男女雇用機会均等法施行 **(11月)** 東京地裁、新発売レコードの一定期間貸し出し禁止を認める仮処分を決定 ＊経済構造調整研究会が内需主導型の経済構造への転換を提案した報告書（前川レポート）を首相に提出（4月） ＊ファミコンが大ブームとなる

年	JFAの歩み	フランチャイズ企業・関連団体の動き	法律・行政・社会の動き
1987 昭和62年	（1月）通産大臣宛て「売上税に対する要望」書を提出 （3月）業種別契約書作成の指針策定委員会「レンタル・サービス」編をまとめる （5月）第15回通常総会で定款変更を行い、「会長―理事長制」のうち理事長を廃止 （11月）創立15周年記念式典および国際シンポジウム開催 （11月）「フランチャイズ・ガイドブック」(88年版)を発刊、以後毎年刊行	（2月）「ファミリーマート」1000店舗達成 （3月）吉野家ディー・アンド・シー、会社更生手続き終了 （3月）養老乃滝、米国内のFC1号店を出店 （4月）「セブン–イレブン」3000店舗達成 （4月）「フジカラーパレットプラザ」FC1号店出店 （12月）ファミリーマート、東証2部上場 （12月）B—Rサーティワンアイスクリーム店頭登録により株式公開	（4月）消防法が改正されガソリンスタンドに他業種の営業施設の併設が可能に （4月）国鉄の分割・民営化がスタート （12月）円急騰、1ドル＝122円に ＊大都市における地価が急騰
1988 昭和63年	（3月）新型間接税の問題に対し「税制対策特別委員会」(委員長：藤井和郎不二家社長)を設置 （3月）業種別契約書作成の指針策定委員会「コンビニエンスストア(1)」編をまとめる （5月）会員増強キャンペーンがスタート （12月）通産省を経由し大蔵省に「消費税に対する要望書」提出	（3月）セブン–イレブン、東京ガスの料金収納代行サービス開始。以後、コンビニエンスストアで公共料金の収納代行サービスが広まる （3月）モスフードサービス、東証2部上場 （8月）モスフードサービス、なか卯に資本参加 （9月）サッポロライオン、東証2部に上場 （11月）日本KFCグループ、年商1000億円達成 （11月）ファミリーマート、JR東海と提携、乗車券を発売 （11月）ローソン・サンチェーン計3000店舗達成 （12月）トーカイ、名証2部に上場	（3月）青函トンネル開通 （6月）牛肉・オレンジの日米交渉妥結、輸入自由化は91年4月から実施

224

年	JFAの歩み	フランチャイズ企業・関連団体の動き	法律・行政・社会の動き
1989 平成元年	(1月)「消費税対策特別委員会」および「消費税対策専門部会」を設置 (2月)「消費税の転嫁及び表示の方法」について緊急理事会開催 (2月)消費税に関して表示方法は外税方式をとることを決定し、公正取引委員会に「表示の方法に係わる共同行為」の実施届出を提出 (3月)業種別契約書作成の指針策定委員会「コンビニエンスストア(2)」編をまとめる (6月)2月に実施した「スーパーバイジングに関するアンケート」結果を発表	(2月)ダスキン、「ミスタードーナツ」の太平洋地域11カ国のFC営業権を取得 (3月)ローソンとサンチェーンが対等合併、ダイエーコンビニエンスシステムズ(現・ローソン)設立 (3月)オートバックスセブン、大証2部に上場 (4月)「サンショップヤマザキ」2000店舗達成 (8月)ファミリーマート、東証1部に上場 (8月)西尾レントオール、店頭登録により株式公開 (12月)「ほっかほっか亭」2000店舗達成	(1月7日)昭和天皇崩御 (4月)消費税(3%)が施行 (6月)国税庁、酒類販売免許の認可基準を緩和 (8月)通産省、大店法の運用規制を緩和 (11月)ベルリンの壁崩壊
1990 平成2年	(1月)消費税に関する自民党見直し案への対応について消費税対策特別委員会開催 (5月)第18回通常総会開催。定款変更し、①正会員の資格条件を強化、②会費を固定制からスライド制に改定	(1月)吉野家ディー・アンー・シー、店頭登録により株式公開 (2月)ホッコク、店頭登録により株式公開 (3月)セブン-イレブン・ジャパン、米サウスランド社の経営再建に参画 (6月)「セブン-イレブン」国内4000店舗達成 (8月)日本KFC、東証2部上場 (12月)リーガルコーポレーション、店頭登録により株式公開 (12月)「住通」500店舗達成	(3月)ゴルバチョフ初代ソ連大統領がグラスノスチ(情報公開)とペレストロイカ(改革)を提唱 (5月)通産省、大規模小売店舗法の運用規制を緩和する省令改正や通達を関係機関に通知 *90年の海外渡航日本人の数が1000万人を突破

年	JFAの歩み	フランチャイズ企業・関連団体の動き	法律・行政・社会の動き
1991 平成3年	（2月）サービスマーク登録制度につき特許庁に要望書提出 （3月）業種別契約書作成の指針策定委員会「居酒屋」編をまとめる （5月）第19回通常総会で、正会員の加盟申し込み必要書類に「法定開示書面」を追加。また、環境対策委員会を新設 （6月）環境対策委員会の第1回会合を開催	（1月）セブン−イレブン、カタログショッピング《ショップ・アメリカ》の取り扱い開始、コンビニエンスストア業界における通販の第一歩となる （3月）「モスバーガー」1000店舗達成 （3月）「サークルK」1000店舗達成 （8月）ファミリーマート、店頭で各種チケットの予約販売開始。以後、コンビニエンスストア業界でチケット販売が広まる (10月)アイフルホームテクノロジー、店頭登録により株式公開 (11月)「ブックオフ」FC1号店出店	（4月）バブル経済崩壊 （7月）公正取引委員会が「流通・取引慣行に関するガイドライン」発表 （8月）中小小売商業振興法が一部改正され施行。中小企業庁は「振興指針」を改定 (12月)ソ連邦解体
1992 平成4年	（3月）業種別契約書作成の指針策定委員会が「サブフランチャイズ」編まとめる （5月）第1回防犯対策研究会を開催 （9月）記念ビデオ『21世紀—われらフランチャイズビジネス』制作完了 (10月)JFA設立20周年記念行事開催 (10月)フランチャイズ・ビジネス経営シリーズ第5巻『フランチャイズ・ビジネスの業態開発のコンセプト』刊行、これにより全10巻が揃う	（1月）ローソン、環境保全と身障者に配慮した実験1号店を出店 （2月）「ローソン」4000店舗達成 （3月）珈琲館、台湾の企業とマスターフランチャイズ契約締結。1号店は7月開業 （7月）「ケンタッキーフライドチキン」1000店舗達成 (10月)「不二家」1000店舗達成	（4月）特許庁、サービスマークの登録制度をスタート （6月）環境と開発に関する国連会議（地球サミット）がブラジルのリオデジャネイロで開催 （7月）山形新幹線開業 （8月）東証平均株価が1万5000円を割り込み、6年半ぶりの低水準

年	JFAの歩み	フランチャイズ企業・関連団体の動き	法律・行政・社会の動き
1993 平成5年	（1月）登録制度審議委員会が、登録事業推進のため、運営の簡素化・合理化で「運営規定」の一部改定 （3月）第1回フランチャイズ経営相談会を開催。同相談会は先発の正会員を囲んで経営上の問題点をディスカッションするもの （3月）「JFA設立20周年記念講演録」を刊行 （12月）「JFA環境対策統一行動指針」を理事会で採択、啓蒙活動開始	（7月）ハチバン、店頭登録により株式公開 （7月）ミニストップ、東証2部に上場 （7月）「ほっかほっか亭」の加盟店であるプレナスが店頭登録により株式公開。フランチャイジーとしては日本初 （8月）ドトールコーヒー、店頭登録により株式公開 （9月）オートバックスセブン、東証1部、大証1部に上場 （11月）サークルケイ・ジャパン、米ザ・サークルK社より日本における商標権を含むすべての権利を買い取り	（1月）EC統合市場が発足 （4月）通産省、不正競争防止法の改正案をまとめ、サービスも規制対象に加える （7月）政府、独占禁止法の施行令を一部改正、1産業の市場規模の適用条件を1000億円に引き上げ （11月）環境基本法成立
1994 平成6年	（6月）『フランチャイズチェーン加盟の手引き』を刊行 （10月）通信教育がスタート。第1コースの「フランチャイズ・ビジネス経営講座」が開講 （10月）第1回教育担当者研究会を開催	（3月）「タカラブネ」1000店舗達成 （4月）am／pm、ブルマートの全株式を取得。「ブルマート」は「am／pm」に衣替え （6月）小僧寿し本部、店頭登録により株式公開 （8月）「ローソン」5000店舗達成 （9月）ファミリーマート、ISDNを全店に導入	（2月）酒税法の改正で地ビール解禁へ （5月）通産省、大規模小売店舗法の運用基準を緩和 （6月）ニューヨーク外為市場で1ドル＝99円85銭と100円を切る円高

年	JFAの歩み	フランチャイズ企業・関連団体の動き	法律・行政・社会の動き
1995 平成7年	(5月)第23回通常総会において「スーパーバイザー資格制度」を制定 (6月)通信教育で「フランチャイズ・システム開発講座」「SV能力向上講座」の2コースがスタート (7月)「フランチャイズチェーン統計調査月報（全業種）」の公表が始まる (12月)協会事務局内に「FC相談室」開設	(1月)王将フードサービス、大証2部に上場 (3月)オートバックスセブン、ロンドン証券取引所に上場 (5月)「セブン-イレブン」6000店舗達成 (10月)サークルケイ・ジャパン、名証2部に上場 (11月)パオ、広証に上場	(1月)阪神淡路大震災発生、死者総数6432人 (3月)政府、規制緩和5カ年計画まとめる (4月)中小小売商業振興法が改正・施行 (7月)製造物責任法施行 (11月)新食糧法施行（食糧管理法は廃止） ＊パソコン用基本ソフト「ウインドウズ95」発売
1996 平成8年	(1月)第1回スーパーバイザー士試験実施 (3月)第1回スーパーバイザー士試験合格者17名に認定証授与 (5月)第24回通常総会で「国際委員会」新設 (10月)未成年者の飲酒・喫煙防止キャンペーンをスタート。酒類とたばこの販売に関する研修会を開催	(7月)「ほっかほっか亭」3000店舗達成 (7月)プラザクリエイト、店頭登録により株式公開 (7月)「カスミコンビニ被害者の会」発足、加盟者6人が集団訴訟を起こす (8月)ミニストップ、東証1部に上場 (9月)am／pm、デリバリーサービス開始 (11月)マルシェ、店頭登録により株式公開 (12月)「ローソン」6000店舗達成	(6月)住専処理のため税金投入を行う住専処理法と金融4法が成立 (7月)大阪府堺市の学校給食で病原性大腸菌「O-157」集団食中毒事件発生、その後全国各地で発生

年	JFAの歩み	フランチャイズ企業・関連団体の動き	法律・行政・社会の動き
1997 平成9年	（3月）第2回スーパーバイザー士試験合格者42名に認定証授与 （10月）JFA設立25周年記念行事『ジャパン・フランチャイズ・ウイーク』を開催。15日に記念式典・懇親パーティー、16日に分科会を開催。16〜18日に「'97フランチャイズ・チェーン・ショー」（日本経済新聞社主催、JFA特別協力）を並行開催	（3月）「ミスタードーナツ」1000店舗達成 （4月）明光義塾、店頭登録により株式公開 （6月）「セブン−イレブン」7000店舗達成 （7月）スリーエフ、店頭登録により株式公開 （8月）ファミリーマート、太陽電池や代替フロン活用の環境配慮型店舗を実験 （9月）サークルケイ・ジャパン、東証1部・名証1部に上場 （9月）サンクスアンドアソシエイツ、店頭登録により株式公開 （12月）フーズネット、大証2部に上場 （12月）「セイコーマート」1000店舗達成	（1月）通産省、中小小売商業振興法施行規則を一部改正 （4月）消費税が5％に引き上げ （4月）容器包装リサイクル法部分施行 （7月）香港が英国から中国に返還 （12月）温暖化防止京都会議開幕、京都議定書採択
1998 平成10年	（3月）第3回スーパーバイザー士試験合格者39名に認定証を授与 （6月）新入社員教育講座を26日に大阪、30日に東京で開催	（2月）ファミリーマート、全保有株式を伊藤忠グループに売却 （2月）「ファミリーマート」5000店舗達成 （4月）コンビニエンスストアの加盟店が「コンビニ・FC加盟店全国協議会」を結成 （7月）エイブル、店頭登録により株式公開 （9月）サンクスアンドアソシエイツ、東証2部に上場 （11月）アトム、名証2部に上場 （12月）ガリバーインターナショナル、店頭登録により株式公開	（1月）98年度から始まる新しい規制緩和推進3カ年計画が閣議決定 （4月）金融ビッグバン始動 （4月）酒類販売免許規制緩和 ＊97年度のGDPが実質0.7％減のマイナス成長 ＊携帯電話とPHSの合計が前年より1000万台増え4000万台に

年	JFAの歩み	フランチャイズ企業・関連団体の動き	法律・行政・社会の動き
1999 平成11年	（5月）第27回通常総会において、①契約関係情報の開示について全会員が統一した様式とする「フランチャイズ契約の要点と概説」の記入作成に着手する方針を決定、②契約締結時または締結後の加盟希望者または加盟者からの相談や苦情に対応するため、法律専門家等第三者を加えた中立的相談機関を設置することが決定 （5月）「コンビニエンスストア統計調査月報」の公表がスタート （11月）理事会において第三者を加えた中立の相談機関「フランチャイズ審議会」を設置	（1月）プラザクリエイト、「フジカラーパレットプラザ」1000店舗達成（2月）ポプラ、店頭登録により株式公開（2月）「ローソン」7000店舗達成（3月）am／pm、ATM設置店を出店（4月）パーク24、東証2部に上場（6月）ミニストップ、ファミリア京都と提携（9月）ユニバーサルホーム、店頭登録により株式公開（11月）「セブン-イレブン」8000店舗達成（11月）ニッポンレンタカー、NTTドコモのiモードで予約受付（11月）焼肉屋さかい、店頭登録により株式公開（12月）マルシェ、東証2部・大証2部に上場（12月）なか卯、店頭登録により株式公開	（1月）デビットカードが始動 （3月）医薬品の規制緩和でコンビニエンスストアでもドリンク剤の販売がスタート （11月）東証マザーズ開設 （12月）中小・ベンチャー支援の「中小企業事業活動活性化法」「改正新事業創出促進法」成立 （12月）民事再生法が成立＊98年度のGDPが実質2.0％減と2年連続マイナス成長
2000 平成12年	（3月）JFAおよび日本経済新聞社、北海道新聞社、中国新聞社、西日本新聞社の共催、通産省の後援による『起業・フランチャイズ・フェア』を開催。開催地は東京、大阪、名古屋、広島、福岡、札幌の6都市（3月）全会員社が「フランチャイズ契約の要点と概説」を作成、そのコピーを通商産業省に提出（5月）通産省から委託を受けたフランチャイズ・ビジネスのデータベース『ザ・フランチャイズ』をインターネット上で一般に公開、《http://frn.jfa-fc.or.jp》（5月）協会ホームページ開設《http://jfa.jfa-fc.or.jp》（10月）協会事務局を東京都港区虎ノ門3-6-2（第二秋山ビル）に移転	（2月）セブン-イレブン、NECなど7社とECビジネスの新会社設立、7月サービス開始（2月）サンクスアンドアソシエイツ、東証1部に上場（2月）ポプラ、東証2部に上場（2月）明響社、店頭登録により株式公開（2月）日本マクドナルド、平日半額セール開始（2月）壱番屋、店頭登録により株式公開（4月）カルチュア・コンビニエンス・クラブ、東証マザーズに上場（4月）パーク24、東証1部に上場（7月）ローソン、東証1部・大証1部に上場（7月）スリーエフ、東証2部に上場（10月）ダン（靴下屋）、大証2部に上場（11月）ドトールコーヒー、東証1部に上場（11月）吉野家ディー・アンド・シー、東証1部に上場（11月）ハードオフ、店頭登録により株式公開（12月）レインズインターナショナル、店頭登録により株式公開	（4月）介護保険制度がスタート （4月）容器包装リサイクル法が全面施行 （5月）ナスダックジャパン市場開設、売買開始は6月 （6月）大規模小売店舗法に代わる大規模小売店舗立地法施行 （7月）改正JAS法（日本農林規格・品質表示法）施行 （11月）IT基本法（高度情報通信ネットワーク社会形成基本法）成立 （12月）総務庁、10／1付で実施した国勢調査で、総人口の速報値・1億2691万人と発表

年	JFAの歩み	フランチャイズ企業・関連団体の動き	法律・行政・社会の動き
2001 平成13年	（1月）「酒類の販売管理に関する法律要綱案」に反対するキャンペーンを展開。反対の署名活動では1週間で105万人余を集め、これを政府与党関係者に提出（1月）協会ホームページと正会員社のホームページをリンク（3月）倫理綱領を分かりやすくするため、各項目に見出しをつける（3／29理事会承認）（3月）海外フランチャイズ市場研究会の第1回会合を開催（3月）第1期スーパーバイザー認定者更新研修会開催（5月）第29回通常総会で定款を改定し、地域活動を活発化するため、北海道支部、中部支部、関西・中四国支部、九州支部を新設（7月）第1回「情報開示・本部評価諮問委員会」（委員長：田島義博学習院大学専務理事）を開催	（3月）「TSUTAYA」1000店舗達成（4月）セブン-イレブンとイトーヨーカ堂がアイワイバンク銀行設立。5月開業（7月）日本マクドナルド、店頭登録により株式公開（7月）吉野家、「牛どん（並）」の価格を400円から280円に値下げ（7月）サークルケイ・ジャパンとサンクスアンドアソシエイツ、共同持株会社を設立し経営を統合（9月）セブン-イレブン、弁当・おにぎりなど米飯類への保存料を無添加のものに切り替え（10月）吉野家、ブックオフなど5社が、FC展開を目指すベンチャー企業を対象とした投資ファンドを設立（10月）日本マクドナルド、立地条件に合わせてメニューを変える「脱標準化」戦略導入（11月）センチュリー21・ジャパンがジャスダック市場に上場（12月）吉野家ディー・アンド・シー、1000号店目をニューヨークに開設（12月）カルチュア・コンビニエンス・クラブ、55ステーションと資本・業務提携	（1月）再編省庁スタート、通商産業省は経済産業省に（1月）改正商法施行（3月）大阪高裁、中古ソフトの自由な販売を認める判決下す（4月）消費者契約法施行（6月）特定商取引法（旧・訪問販売法を改正・改称）施行（9月）農水省は、BSE（狂牛病）の疑いのある牛1頭を国内で初めて確認したと発表。この発表以降、外食業界、食品小売業界に多大な影響を与える（9月）米国で同時多発テロ発生。世界経済にも大きな影響を与える（10月）公正取引委員会、コンビニエンスストア各社に情報開示など改善を勧告（12月）NTTドコモの「iモード」の加入者が3000万人突破
2002 平成14年	（2月）情報開示・本部評価諮問委員会が「フランチャイズチェーンの経営品質向上プログラム」を策定、最終答申書が小山周三副委員長（西武文理大学教授）から藤井林太郎JFA会長に手交（2月）JFA、「すぎなみ環境目的税（レジ袋税）」条例化の反対運動を展開（3月）「フランチャイズ・ショー」（日本経済新聞社主催／会場：東京ビッグサイト）に「協会設立30周年記念特別ゾーン」を展示。また3／6には日本経済新聞社と共催で「30周年記念シンポジウム」（会場：東京ビッグサイト）を開催（3月）規範委員会と国際委員会合同で「ユニドロワ法案」を検討（5月）協会設立30周年記念式典および記念講演会開催（6月）JFA、会員フランチャイザーが守るべき情報開示のための「自主基準」策定。これに基づいた書面『フランチャイズ契約の要点と概要』の作り方を説明する会合を東京で6／11、6／24、7／3の3回、7／31の1回、計4回開催（7月）会員社が作成した『フランチャイズ契約の要点と概要』の収集開始	（1月）am／pm、中古家電をインターネットで販売開始（1月）クリーニングの喜久屋、直営店が黒字転換したところでFCオーナーに営業譲渡する「営業委託契約方式」を導入（2月）日本マクドナルド、平日半額セールを終了、新価格体系を導入（2月）日本マクドナルド、英国のサンドイッチ店「プレタ・マンジェ」と提携、日本での展開計画を発表。1号店は年内に開業予定（2月）テンコーポレーション、ジャスダックに株式を上場（3月）カルチュア・コンビニエンス・クラブ、中古ソフトの売上げの2％をソフトメーカーに還元することを提案（4月）クリーニングのきょくとう、ジャスダック市場に上場（4月）ストロベリーコーンズ、店舗や設備を本部が一括して用意する新加盟制度を導入（7月）ケーズデンキ、POSレジのデータを使い、直営店・FCの商品別の売上増減率をサイト上で公表へ（7月）日本マクドナルド、8月5日からハンバーガーを59円に値下げを発表	（3月）東京都杉並区議会が「すぎなみ環境目的税（レジ袋税）条例」を可決。施行日は未定（3月）経済産業省が『中小小売商業振興法施行規則』の改正、4／30に施行（4月）公正取引委員会が「フランチャイズ・システムに関する独占禁止法上の考え方」についてを改訂（4月）最高裁、中古ソフトの自由な販売を認める判決下す（7月）7月5日、自動車リサイクル法が成立、早ければ2004年末にも施行の予定（7月）政府の総合規制改革会議、23日に規制改革の中間答申をまとめる。流通分野では02年度中に対応する項目として、サービス業のフランチャイズシステムの制度整備が取り上げられる ＊2001年度の平均完全失業率は5.2％と過去最悪を記録※5月11日、国内4頭目のBSE感染牛が北海道で発見※01年末現在のインターネット人口は5500万人に（総務省発表）

年	JFAの歩み	フランチャイズ企業・関連団体の動き	法律・行政・社会の動き
2003 平成15年	（3月）CVS「第1次セーフティステーション・トライアル」実施 （3月）中小企業庁委託事業「フランチャイズ苦情相談マニュアル」を作成・報告書提出 （7月）「サービス・フランチャイズ課題検討プロジェクトチーム」を発足 （9月）「改正酒税法」により設置が義務付けられた『酒類販売管理者』の研修実施団体にJFAも指定団体となる （10月）「第2次セーフティステーション・トライアル」実施 （11月）『フランチャイズ・ハンドブック』の全面改訂版を刊行 （12月）CVS部会管掌による「医薬品販売規制緩和に関する消費者意識・ニーズ調査」の結果をマスコミ各社に公表	（1月）ローソン、全店舗に郵便ポストを設置 （3月）ダスキン、介護保険適用外の高齢者向け訪問介護事業のFC展開を開始 （5月）ローソン、弁当や総菜などで保存剤を全廃、添加物の使用総量も規制 （5月）スリーエフ、独立することを前提に契約社員として採用する「独立研修制度」を発足 （7月）壱番屋、1日から全店舗で終日禁煙をスタート （8月）セブン-イレブン、31日に国内で1万店を突破 （9月）サンクスアンドアソシエイツ、米飯類とサンドイッチ、総菜、調理麺の独自商品で保存料と合成着色剤の使用を中止 （12月）ファミリーマート、アジア地区で1万店達成	（2月）経済産業省、「サービス・フランチャイズ研究会」を発足 （4月）日本郵政公社が発足 （5月）健康増進法が施行、公共施設の管理者に受動喫煙対策などを規定 （7月）経済産業省、サービス・フランチャイズ研究会が報告書「サービス業フランチャイズの環境整備の在り方」を提出 （7月）政府、「酒類小売業者の経営の改善に関する緊急措置法」を施行 （12月）米政府はBSEの疑いのある牛発見と発表。日本政府は24日から米国産牛肉を全面的に輸入禁止に
2004 平成16年	（2月）新資格制度「フランチャイズ経営士」の第1回検討会を開催 （4月）「個人情報の保護・利用に関するガイドライン」（コンビニエンスストア版）を公表 （4月）FC経営品質向上委員会が「加盟店からみた本部評価」の項目を決定 （5月）21～26日、第1回「中国フランチャイズ事情視察ツアー」を催行。参加者19名 （7月）「セーフティステーション第3次トライアル」実施 （7月）小売・サービス部会と外食部会合同による第1回「トップ交流会」をモス河口湖ビレッジで開催。参加者19名 （9月）05年4月施行の「個人情報保護法」に関する説明会を開催	（1月）セブン-イレブン、中国政府から出店の認可を取得、合弁会社設立。4月に1号店出店 （2月）モスフードサービス、ファストカジュアル業態「緑モス」の第1号店を出店 （3月）ミニストップ、独自に「FC契約士」制度をスタート （9月）サークルケイ・ジャパン、サンクスアンドアソシエイツ、シーアンドエスの3社が合併、サークルKサンクスが発足 （10月）カルチュア・コンビニエンス・クラブ、DVDのネットレンタル開始 （12月）ローソン、中国に現在200店舗ある直営店の9割をFCに転換へ （12月）日本マクドナルド、オーダーメイド調理システムを全店に導入完了	（1月）国内では79年ぶりに鳥インフルエンザが山口県で発生 （4月）1日から消費税の総額表示方式がスタート （7月）厚生労働省、371品目を医薬部外品に移行、薬局以外の小売店でも販売が可能に （10月）23日に新潟県中越地震発生 （12月）中国政府、流通部門の外資規制緩和策として、フランチャイズ・ビジネスを解禁。日系企業の100％子会社の設立も可能に

年	JFAの歩み	フランチャイズ企業・関連団体の動き	法律・行政・社会の動き
2005 平成17年	（3月）「個人情報保護・利用に関するガイドライン」（全業種版）を策定。説明会も開催 （6月）「セーフティステーション活動」の全国展開スタート。全国4万店の参加規模となる （7月）「法定開示書面の作り方」説明会を開催 （7月）公正取引委員会の担当官を招いて「大規模小売業者による納入業者との取引における特定の不公正な取引方法」の運用基準についての説明会を開催 （10月）外食部会、小売・サービス部会の合同委員会が「セーフティステーション」の実施に向けた検討会をスタート （12月）特許庁の担当官を招き「小売業等のサービスマークとしての保護」をテーマに改正法の説明会を開催	（3月）サークルKサンクス、引出し手数料無料のATMサービス開始 （5月）ローソン、生鮮品も扱う新業態「STORE100」の1号店を出店 （7月）プラザクリエイト、全店で画像修復サービスを開始 （8月）コンビニ11社・外食2社が8都県市の間で「災害時の帰宅困難者支援」協定を締結 （8月）ポプラ、小分けした総菜を30品目取りそろえた「選菜御膳」の実験を開始 （9月）セブン－イレブン、実際に店舗で体験をした上で加盟するか否かを決める新方式の「独立支援派遣」制度を導入 （11月）壱番屋、建築資材を100%近く再利用できる環境配慮型の新型店舗を開発	（2月）16日、地球温暖化防止を定めた京都議定書が発効 （2月）1日、中国のFC法「商業特許経営管理弁法」が施行 （4月）1日付で「個人情報保護法」が完全施行 （7月）農水省、28日に「外食における原産地表示に関するガイドライン」を発表 （12月）政府、BSEの発生で北米産牛肉の輸入を禁止してきたが、12日に輸入解禁を決定
2006 平成18年	（3月）5～8日の4日間、JFAが幹事役となり、東京においてWFCおよびAPFCの年次会議を開催 （5月）相談件数の月次統計を公表開始。第1回目は06年4月度分から。以後、毎月10日前後に発表 （6月）協会としては初めて、メガフランチャイジーとの意見交換を目的とした「フランチャイジー懇談会」を開催 （7月）CVS部会主催のSS活動報告会を全国8カ所で開催 （9月）セミナー「中国でのフランチャイズ経営の成功要件と課題」を開催。参加者23名 （10月）10月31～11月4日、「中国フランチャイズ事情視察ツアー」を実施。参加11名	（2月）サークルKサンクス、生鮮品も扱う新業態「99イチバ」1号店を出店 （3月）ダスキン、三井物産などと組み、フランチャイズファンドを設立 （5月）ハードオフ、「電気用品安全法」に対応した自主検査体制の整備完了 （7月）ローソン、御用聞きや配達サービスなどシニアに優しい新型店出店 （7月）モスフードサービス、モスバーガー全店で持ち帰り用ポリ袋を全廃、紙製に切り替え （12月）セブン－イレブン、廃棄食品を堆肥化するなど循環利用を開始 （12月）バーガーキング・ジャパン、米バーガーキング社とFC契約締結。日本に再上陸	（5月）まちづくり3法のうち、改正都市計画法が24日に、改正中心市街地活性化法が31日に国会で成立 （5月）農林水産省、29日に食品中に残留する農薬等の基準に関わるポジティブリスト制度を施行 （6月）1日から駐車違反取り締まりの民間委託がスタート （6月）改正容器リサイクル法が成立（施行は07年4月1日） （8月）22日、改正中心市街地活性化法を施行 （9月）1日付けで酒類販売への新規参入の規制が撤廃

年	JFAの歩み	フランチャイズ企業・関連団体の動き	法律・行政・社会の動き
2007 平成19年	（3月）「まちづくりへ提携・協力のガイドライン」策定 （5月）「製品の安全性確保に関するガイドライン」策定 （6月）外食部会および小売・サービス部会の有志メンバーによる「セーフティステーション活動」のトライアルを実施 （8月）8月31日〜9月1日の2日間、小売・サービス部会、外食部会、CVS部会の3部会合同による初めてのトップ交流会をモス河口湖ビレッジで開催 （9月）4日〜7日の4日間、『韓国フランチャイズ事情視察団』を催行、参加者7名 （11月）JFA加盟のCVS12社が「レジ袋不要カード」を東京都杉並区など一部の地域の店舗（309店）で実験キャンペーンを展開	（1月）不二家、消費期限切れの牛乳を使ったシュークリームを出荷、全店舗で営業休止 （1月）アルペン、女性向けフィットネスクラブのFC募集開始 （2月）モスフードサービス、農業生産法人を設立 （3月）農業生産法人アルカディア、イチゴ栽培のFCを展開 （5月）サークルKサンクス、ネット通販購入商品の24時間受取サービスを開始 （6月）日本マクドナルド、地域別価格制を導入 （7月）セブン-イレブン、食品残渣を飼料化するリサイクルを都内約1000店舗で開始 （8月）壱番屋、地域別価格制を採用 （10月）ファミリーマート、東池袋駅前店で刺し身の販売を実験	（2月）米で「サブプライムローン」問題が急浮上 （4月）1日から小売等役務商標制度がスタート （4月）1日付で改正容器包装リサイクル法施行 （5月）中国政府、商業特許経営管理条例の細則として、①商業フランチャイズ届出管理弁法および②商業フランチャイズ経営情報開示管理弁法を1日に施行 （6月）7日、「改正消費者契約法」施行 （7月）16日午前、新潟県中越沖地震発生 （7月）米連邦取引委員会が定めた『改正FTCフランチャイズ・ルール』が1日に施行
2008 平成20年	（1月）『JFA35年史』刊行 （2月）第1回「フランチャイズ経営士」として16名を認定 （3月）タイ国のフランチャイズ・ミッション一行29名がJFA事務局に来所 （6月）16日に首相官邸で開催された政府主催の農商工連携サミットにJFAから土方清会長が出席。CVSにおける各県との包括協定について紹介 （6月）22日、地方自治体によるCVSの24時間営業規制の論議に対し、協会としての基本的考え方を内外に発表 （6月）26日に第1回食品品質表示研究会を開催 （11月）7日に労務問題セミナーを開催。テーマは「管理監督者の範囲の適正化と労働時間管理」	（1月）ダスキン、三井物産と共同でFC育成投資事業を行う投資会社を設立 （2月）ローソン、日本郵政（株）と総合的提携で合意書に調印 （3月）デイリーヤマザキ、店舗に「総合エネルギー管理システム」を導入 （8月）セブン＆アイ、アインファーマシーズと業務提携 （9月）ファミリーマート、都内2店舗でOTC薬（一般用医薬品）の実験販売を開始 （9月）プラザクリエイト、欧米でオンラインプリントサービスに乗り出す （10月）ローソン、移動販売車による営業を大阪府枚方市で開始 （12月）いちごHD、カナダの現地企業とFC契約、ピザ宅配店を出店	（6月）14日午前、岩手・宮城で震度6強の岩手・宮城内陸地震発生 （9月）厚生労働省、9日に「名ばかり管理職」問題に対処するため、管理監督者の明確な基準を都道府県労働局長宛通達 （9月）15日（現地時間）、米証券大手リーマン・ブラザーズが経営破綻 （11月）環境省、カーボンオフセット商品やサービスの普及のため、国内版の認証制度「J-VER」を創設 （12月）経済産業省、16日に公表した省エネに関する新たな基準案でFCにもエネルギー管理を義務付け

年	JFAの歩み	フランチャイズ企業・関連団体の動き	法律・行政・社会の動き
2009 平成21年	（5月）5月28日、「社会インフラとしてのコンビニエンスストア宣言」を公表 （8月）「フランチャイズ業界からみた民法（債権法）改正を考える」を開催 （9月）「本部と加盟店のよりよい関係のあり方研究会」（座長：上原征彦氏）を設置、その第1回会合を25日に開催 （10月）7日、「本部と加盟店のよりよい関係のあり方研究会」でまとめられた成果を基に協会としての基本方針を報道関係者に発表 （12月）従来の「フランチャイズ相談室」を大幅増強（相談員、相談日とも約3倍増）し、「フランチャイズ相談センター」として1日に再スタート	（1月）ローソン、都内巡回用に電気自動車1台を実験導入 （3月）吉野家、割箸に替え、樹脂製のリターナブル箸を導入 （4月）モスバーガー、全店舗で時間帯別メニューを採用 （4月）オートバックスセブン、中部エリアの店舗で高校生のインターンシップを受け入れ （6月）サークルKサンクス、「サンクス田町東口店」で一般医薬品の販売を開始 （6月）ダスキン、「緊急駆けつけサービス」を全国でスタート。故障などに2時間以内に対応 （7月）セブン-イレブン、「従業員独立支援制度」と「複数店経営奨励制度」をスタート （8月）ミニストップとスリーエフの両社がカーシェアリング事業に参入	（2月）東京・三鷹市、コンビニで住民票の写しを発行するサービスを今年度中に発足させると発表 （3月）神奈川県、31日に「神奈川県公共的施設における受動喫煙防止条例」を制定・公布 （4月）経済産業省、「社会インフラとしてのコンビニエンスストアのあり方研究会報告」を公表 （4月）1日に改正省エネ法が施行 （5月）政府による省エネ家電の購入支援策「エコポイント」がスタート （6月）改正薬事法が1日より施行 （9月）16日、自由民主党から民主党に政権交代
2010 平成22年	（1月）26日に「振り込め詐欺防止に多大な貢献があった」として警察庁より感謝状が贈られる （6月）7日、「本部と加盟店のよりよい関係のあり方研究会」最終報告と「社会インフラとしてのコンビニエンスストア宣言」の進捗状況に関して記者発表 （7月）22日、セミナー「新興市場におけるフランチャイズの法と契約」を開催 （10月）13日〜15日に韓国ソウル市で開催されたAPFCとWFCの年次総会に土方会長と木村専務理事が出席 （12月）韓国中小企業庁事務官がJFA事務局に来所、FCに関する情報交換を行う	（2月）セブン-イレブン、渋谷区など自治体と提携、住民票と印鑑証明の発行サービス開始 （2月）オートバックス、2店舗に倍速充電設備を実験設置 （4月）モスフードサービス、ミスタードーナツとの業務提携による新業態「MOSDO」1号店を広島県内に出店 （6月）ローソン、太陽光発電とリチウムイオン電池を組み合わせた次世代型創エネ店舗を出店 （7月）王将フードサービス、太陽光発電、高効率給湯システムなどで省エネ効率を向上させる初の店舗を出店 （9月）セブン-イレブン、生鮮野菜の宅配サービスを全国展開 （12月）ファミリーマート、毎日新聞社と共同で大阪府の8店舗で宅配サービスを実験	（1月）消費者庁の「消費者ホットライン」が12日より全国で稼働開始 （2月）厚生労働省、25日付で全国の自治体宛に公共施設での全面禁煙を求める通知を発送 （4月）神奈川県は1日付で「受動喫煙防止条例」を施行 （10月）経済産業省、買い物弱者支援策で、高齢者向け宅配事業者を対象に初期費用を補助 （10月）たばこ税が大幅増税、たばこも値上げに （11月）公正取引委員会、30日に「優越的地位の濫用に関する独占禁止法上の考え方」（新ガイドライン）を正式採用

年	JFAの歩み	フランチャイズ企業・関連団体の動き	法律・行政・社会の動き
2011 平成23年	（1月）27日に『国際財務報告基準』（IFRS）が2012年にも上場会社に適用される見通しから、それに備えるセミナーを開催。参加者は50名 （6月）JFA、22日に日本赤十字社の指導員を招き、AED講習会を開催。参加者20名 （7月）JFA、首都直下地震に備えるため、5日に危機管理経営アナリストの金重凱之先生を招いて『企業における災害対策のポイント』を講習。参加者46名 （9月）15日午後2時30分〜3時30分まで、臨時総会を開催。議案は、一般社団法人への移行に伴う定款・規約等の変更を審議するため	（1月）ファミリーマート、CVS業界では初めてSBIレミット国際送金サービス開始 （4月）ローソン、陸前高田市にユニット式の仮設店舗第1号店を開設 （5月）セブン-イレブン、買い物支援の一環で初の移動販売の運用を開始 （5月）ニコニコレンタカー、格安レンタカーの出店を加速、年内に1000店舗に （7月）セブン-イレブン、災害時用の非常用電話機を都内の1,200店舗に設置 （9月）ローソン、クオールと共同で、調剤薬局併設型CVSにテレビ電話を使って薬剤師に相談できるシステムを導入 （9月）養老乃瀧、蓄電システムを「養老乃瀧錦糸町店」に試験的に導入	（3月）11日、「東日本大震災」発生。また、津波により福島第1原子力発電所が被災、放射能の飛散など新たな災害も加わる。警察庁によると、この震災による死者は1万5,828名、行方不明者は3,760名、全壊・半壊家屋30万余棟 （3月）14日、東京電力が「計画停電」を実施 （5月）政府は13日、今夏の電力の需給見通しから、東京電力管内では一般家庭を含め一律15%の節電を求める （7月）政府は1日、大口需要家に対し、「電力使用制限令」を発令。9月9日に解除
2012 平成24年	（1月）「遵守手帳・独占禁止法ガイドライン説明会」を開催 （3月〜5月）設立40周年記念事業として特別講座を開催。3月は名古屋市で開催。講師は宗次德二氏（壱番屋・創業者特別顧問）。4月は東京で開催。講師は新浪剛史氏（ローソン・代表取締役社長）。5月は大阪市で開催。講師は山本梁介氏（スーパーホテル・代表取締役会長） （5月）「インド市場進出最前線セミナー」を開催 （6月）「開示書面の作り方セミナー」を開催 （7月）「国際フランチャイズ展開と契約実務セミナー」を開催 （8月）『40周年記念誌』を発刊	（1月）カルチュア・コンビニエンス・クラブが、独自制作した電子書籍の配信サービスを開始 （2月）セブン-イレブンが、東京・三鷹市で「税の証明書（市民税・都民税課税非課税証明書）の発行サービスを開始 （3月）ファミリーマートの世界の店舗数が2万店に到達 （3月）物語コーポレーションが、農林水産省主催「優良外食産業表彰」で農林水産大臣賞（新規事業・人材開発部門）を受賞 （10月）モスフードサービスが、国内外食チェーンとして初めて食品安全管理の国際規格ISO22000を取得	（8月）改正労働契約法が成立、5年を超えて同じ職場で働くパートや契約社員について、本人が希望すれば無期限の雇用への切替えを企業に義務づける （8月）消費増税法が成立。現在の5%の消費税率が2014年4月に8%、15年10月に10%に引上げ （8月）「短時間（パート）労働者に対する社会保険の適用拡大」が成立、実施は2016年10月以降 （12月）衆議院議員総選挙の結果、民主党から自由民主党へ政権が交代

年	JFAの歩み	フランチャイズ企業・関連団体の動き	法律・行政・社会の動き
2013 平成25年	（3月）「まちづくりへの連携・協力のガイドライン（改訂版）」を作成 （9月）WFC/APFC総会（マレーシア）に山本会長、伊藤専務理事が出席 （9月）外食、CVS、小売・サービス合同部会（第1回はモスフードサービス本社）を開催 （10月）「新型労務問題・ネット問題対策セミナー」を開催 （10月）JFA特別協力の「新生活産業創業支援フェア2013」（主催/福岡県、22日：於/福岡国際会議場2階多目的ホール）が開催 （11月）「ハラスメント防止対策セミナー」を開催	（1月）壱番屋が、「1週間で最も多く1杯単位で販売されたカレー」のギネス世界記録™を達成（7月）ハードオフコーポレーションが、酒類等の買取・販売を行う新業態「リカーオフ」を開始。第1号店を東京・高円寺に出店（9月）日本サブウェイの世界店舗数が4万店舗を突破（12月）セブン-イレブンが、「SEVEN CAFÉ」累計販売数3億杯を突破（12月）ファミリーマートが、住民基本台帳カードを利用して、店内のマルチコピー機から「住民票の写し」や「印鑑登録証明書」などを発行する自治体証明書交付サービスを、全国の店舗約1万店で展開（12月）ペッパーフードサービスが、炭焼き立ち食いステーキの新業態「いきなり！ステーキ」を東京・銀座に出店	（4月）「新型インフルエンザ等対策特別措置法」施行 （6月）「消費税の円滑かつ適正な転嫁の確保のための消費税の転嫁を阻害する行為の是正等に関する特別措置法案」（略称「消費税転嫁対策特別措置法」）可決 （6月）公正取引委員会「大規模小売業者による買いたたき等の行為の緊急調査の結果について」公表 （9月）2020年夏季五輪・パラリンピック大会の東京開催が決定 （12月）「私的独占の禁止及び公正取引の確保に関する法律の一部を改正する法律」が成立。公正取引委員会が行う審判制度が廃止され、排除措置命令等に係る抗告訴訟は東京地方裁判所の専属管轄となる
2014 平成26年	（3月）韓国フランチャイズ協会のメンバーが来日しJFAと交流を深める （8月）「JFA募金（緑の募金）」を開始 （9月）「最新ブラジル経済・フランチャイズビジネス環境セミナー」を開催 （9月）WFC/APFC総会（台湾）に山本会長と伊藤専務理事が出席 （10月）「スタッフの採用と戦力化の指導ポイントを学ぶセミナー」を開催 （11月）「国際フランチャイズガイド＆欧米フランチャイズビジネストレンド紹介セミナー」を開催 （11・12月）改正景品表示法対応「表示等管理担当者設置・養成セミナー」を開催	（3月）チムニーが東証1部上場（5月）カルチュア・コンビニエンス・クラブが展開する「TSUTAYA」と「蔦屋書店」の2013年度の書籍・雑誌販売額が、過去最高を更新する1157億円（前年同期比104.3％）になった（7月）ローソンが、コンビニエンスストア初の事業所内保育施設（ハッピーローソン保育園）を開園（7月）ファミリーマートが、陸上自衛隊補給統制本部需品部と「大規模災害時物資供給協定」を締結（9月）ローソンが、陸上自衛隊補給統制本部と「大規模災害時における物資の供給要請に関する協定」を締結（9月）ホットランドが東証マザーズ上場（12月）セブン-イレブン・ジャパンが、免税サービスを開始	（4月）消費税8％に増税 （4月）小泉進次郎内閣府大臣政務官兼復興大臣政務官がJFA理事会に出席。JFA加盟のCVS11社に「国民年金保険料納付啓発ポスター」掲示協力を要請 （11月）警視庁生活安全部より、電子マネー詐取事件の被害拡大防止対策への協力に対し、JFAに感謝状

年	JFAの歩み	フランチャイズ企業・関連団体の動き	法律・行政・社会の動き
2015 平成27年	（2月）「マイナンバー制度に関する説明会」を開催 （3月）「経済・社会的役割としてのコンビニエンスストア宣言」を発表 （5月）「改正景品表示法対応『表示等管理担当者』養成セミナー第1部」を開催 （6月）「改正景品表示法対応『表示等管理担当者』養成セミナー第2部」を開催 （9月）FCビジネスに関するeラーニング「JFA WEB SCHOOL」を開設 （9月）「マイナンバー制度導入に伴う企業対応の留意点セミナー」を開催 （10月）WFC/APFC総会（オーストラリア）に山本会長と伊藤専務が出席	（10月）壱番屋が、ハウス食品グループの子会社になった （10月）ダスキンが「ダスキンミュージアム」を大阪府吹田市に開館 （11月）ファミリーマートとユニーグループ・ホールディングスが、経営統合基本合意書を締結 （11月）ダスキンが、経済産業省主催「平成27年度第9回製品安全対策優良企業表彰」で優良賞を受賞 （12月）ファミリーマートとココストアが合併	（3月）農林水産省より、食品ロス削減への貢献でJFAに感謝状 （3月）経済産業省が「経済・社会的役割としてのコンビニエンスストアに関する調査報告書」を発表 （10月）コンビニエンスストアの売上高が、初めて10兆円を超える （12月）訪日外国人が過去最高の年間1973万人となった
2016 平成28年	（1月）「FCチェーンにおける非正規労働者問題の克服セミナー」を開催 （2月）「情報開示書面およびFC契約書の整備・改訂方法セミナー」を開催 （3月）「課徴金制度施行直前 広告チェックの実務と企業の対応セミナー」を開催 （3月）「クラウド時代のマニュアル作成、活用、改定の仕方セミナー」を開催 （4月）拓殖大学との産学連携でフランチャイズ・ビジネスに関する初の「寄付講座」を開講 （8月）熊本地震災害義援金を、日本赤十字社を通じて被災地に寄付 （11月）「アジア4カ国のフランチャイズにおける法制度に関するセミナー」を開催	（1月）ゆで太郎システムが、日本赤十字社の活動を支援する「ゆで太郎夢基金」を設立 （1月）ローソンが、中国最大級のモバイル決済サービス「支付宝（Alipay）」の取り扱いを開始 （2月）養老乃瀧の食品加工センターが、業界初のSQF認証を取得 （3月）ハチバンが、農林水産省優良外食産業表彰で「海外進出・食文化普及部門」大臣賞を受賞 （6月）コメダホールディングスが東証1部上場 （8月）ペッパーフードサービスが、いきなりステーキの提供システムで特許を取得 （9月）串カツ田中が東証マザーズ上場 （11月）コンビニ・ジェトロ連携推進事業「ジャパン・フェア（日本商品販売）」をベトナムのファミリーマート、ミニストップの200店舗で実施	（1月）「マイナンバー制度（社会保障・税番号制度）」運用を開始 （4月）「障害者差別解消法」が施行 （4月）熊本地震発生 （5月）G7伊勢志摩サミットが三重県志摩市で開催 （6月）選挙権年齢を「18歳以上」に引き下げる改正公職選挙法が施行 （11月）消費税率10%への引き上げを2017年4月から19年10月に再延期する税制改正関連法が参議院本会議で可決、成立 （12月）訪日外国人が過去最高の年間2403万人となった

年	JFAの歩み	フランチャイズ企業・関連団体の動き	法律・行政・社会の動き
2017 平成29年	（2月）JFAと高知県が協働で「認知症サポーター養成講座」開催。 （5月）「JFA設立45周年第46回通常総会」開催 （7月）「GO!GO!CVSセーフティステーション活動報告会in宮城」開催 （9月）インドネシア視察団がJFA訪問 （11月）「外食CVS小売・サービス合同部会」開催/日本KFCホールディングスの近藤正樹社長が講演/「GO! GO! CVSセーフティステーション活動報告会in鹿児島」開催 （12月）「北京市食品薬品監督管理局視察訪日団」がJFA訪問	（5月）イートアンドがインドネシア初出店/吉野家ホールディングスが中国・青海（チンハイ）省西寧市初出店/ハードオフコーポレーションがハワイ初出店 （9月）リンガーハットがカンボジア初出店/ファミリーマートの「あなたと、コンビに、ファミリーマート」が「音商標」として特許庁登録	（2月）「プレミアムフライデー」スタート （6月）天皇退位特例法成立/「共謀罪」（テロ等準備罪）法成立 （7月）流通7社（イトーヨーカ堂、イオン、ユニー、セブン-イレブン・ジャパン、ローソン、ファミリーマート、セブン＆アイ・ホールディングス）が初めて内閣総理大臣が指定する災害対策本法における指定公共機関に追加指定/沖ノ島世界文化遺産登録 （12月）カズオ・イシグロがノーベル文学賞受賞
2018 平成30年	（1月）マレーシア視察団がJFA訪問 （3月）「東京都食品ロスもったいないフェスタ」（主催：東京都環境局資源循環推進部）JFAが出展 （7月）「GO! GO! CVSセーフティステーション活動報告会in千葉」開催 （9月）台湾の「日本交流学習参訪団」約50名がJFA訪問 （11月）「GO! GO! CVSセーフティステーション活動報告会in熊本」開催/「外食、CVS、小売・サービス合同部会」開催/B-Rサーティワンアイスクリームの渡辺裕明社長が講演	（1月）セブン-イレブン・ジャパンが国内小売業初の国内店舗数2万店突破 （2月）イートアンドの「羽根つき餃子」が「水無し・油無しで羽根つきの餃子ができる冷凍食品（餃子羽根形成剤）」の特許を取得/日本マクドナルドが遊ばなくなったハッピーセットのおもちゃを全国の店舗で回収・リサイクルする環境省との共同プログラム「ハッピーりぼーん」プロジェクト実施/リフォームスタジオが女性活躍推進企業として厚生労働大臣が認定する制度の"えるぼし認定"最高位三ツ星で取得 （8月）壱番屋がベトナム初出店 （11月）ファミリーマートが11月末日をもって国内全てのサークルK・サンクス店舗のファミリーマートへのブランド統合完了	（6月）成人年齢18歳に引き下げる改正民法「働き方改革関連法」が成立 （7月）参院定数6増とする改正法、受動喫煙対策法、カジノ法が相次いで成立 （10月）豊洲市場が開場。築地市場は83年の歴史に幕 （12月）日本含む6カ国でTPP発効

年	JFAの歩み	フランチャイズ企業・関連団体の動き	法律・行政・社会の動き
2019 平成31年 令和元年	（1月）東京都・町田市合同の「帰宅困難者対策訓練」参加 （6月）CVS合同防犯訓練がスタート。第1回目はローソン世田谷桜新町二丁目店 （11月）「外食、CVS、小売・サービス合同部会」開催／ペッパーフードサービスの一瀬邦夫社長が講演 （12月）令和元年台風第19号災害義援金を日本赤十字社を通じ被災地へ寄付／JFAと高知県警察本部が「まちの安全・安心ステーション高知家」共同宣言式開催	（1月）センチュリー21・ジャパンがエスクロー・エージェント・ジャパンと業務提携契約を締結し不動産FCチェーン向けとして初となる非対面決済サービス「HOURS（アワーズ）」を活用した不動産取引決済開始 （3月）ファミリーマートが主催する「ありがとうの手紙コンテスト」が文部科学省後援事業認定 （4月）NOVA ホールディングスが運営する保育園「NOVA インターナショナルスクール」外国人講師が常駐する認可保育園として開園 （7月）ハチバンの「8番らーめん」がベトナム初店／セブン-イレブン・ジャパンが沖縄県初出店（14店舗同時） （10月）ゴーゴーカレーグループが老舗インド料理「SAMRAT（サムラート）」の製造部門を譲受し「ハラールカレー」が提供可能に／カーブスジャパンが展開する「カーブス」の神奈川県内19 店舗が「未病センター」認証	（5月）新元号「令和」が始まる （6月）G20大阪サミットが開催 （9月）ラグビーW杯日本大会開幕（アジア初） （10月）消費税10%軽減税率スタート （11月）ローマ教皇が38年ぶり来日
2020 令和2年	（2月）東京都・港区合同の「帰宅困難者対策訓練」参加 （5月）小売業の店舗における新型コロナウイルス感染症感染拡大予防ガイドライン」JFAを含む小売業関係団体で策定 （7月）「第49回通常総会」開催。新型コロナ感染症拡大踏まえ5月から7月に延期したもの。場所もJFA会議室となり講演会は中止となった／「JFA正・準会員ロゴボード」JFA受付フロア設置 （10月）JFA加盟のCVS店舗「新型コロナウイルス感染防止対策実施宣言」ステッカー掲示開始	（1月）アルテサロンホールディングス「Ash」LINE上で予約が完結するサービス「LINEミニアプリ」美容業界で初めて導入 （2月）モスフードサービスの「モスバーガー」がフィリピン初出店 （6月）ローソンの「スペースからあげクン」が宇宙航空研究開発機構（JAXA）から「宇宙日本食」の認証取得 （7月）セブン-イレブン・ジャパン、ファミリーマート、ローソンと経済産業省が運行トラック数の減少によるCO_2削減の取組みとして店舗への共同配送の実証実験開始 （8月）壱番屋の「カレーハウスCoCo壱番屋」がインド初出店 （9月）セイコーマートが北海道大学などと共同で食品廃棄問題の解決を目指す「フードロス削減コンソーシアム」設立 （10月）蔦屋書店が中国初出店	（2月）経済産業省「新たなコンビニのあり方検討会」報告書公表 （4月）新型コロナウイルスで緊急事態宣言発令 （7月）「Go To トラベル」開始／レジ袋有料化がスタート （9月）公正取引委員会「コンビニエンスストア本部と加盟店との取引等に関する実態調査報告書」公表

年	JFAの歩み	フランチャイズ企業・関連団体の動き	法律・行政・社会の動き
2021 令和3年	（1月）「第1回フランチャイズビジネスEXPO」開催 （6月）JFA・警視庁・全国銀行協会が「ストップ！ATMでの携帯電話」共同宣言 （9月）東京2020オリンピック・パラリンピックの開催に際しJFA加盟社による各種警察活動への協力に対して警視総監よりJFAに感謝状贈呈 （10月）JFA「コンビニエンスストア相談センター（ADR）」稼働 （12月）「大規模災害対応共同研究会」発足。第1回研究会開催	（2月）アステックペイントが建設業界向けの現場管理アプリ「現場ポケット」塗装メーカーで初めて開発 （3月）世界自然保護基金（WWF）が地球温暖化対策として発足させ世界中に広まったキャンペーン「EARTH HOUR（アースアワー）」に「タリーズコーヒー」「天丼てんや」「びっくりドンキー」が参加 （6月）ソーシャルクリエーションが高齢者施設向け冷凍食材サービス「nico:meal」開始 （8月）セブン-イレブン・ジャパンがカンボジア初出店 （9月）カルチュア・コンビニエンス・クラブの「TSUTAYA BOOKSTORE」が中国・天津初出店 （10月）セブン-イレブン・ジャパンがインド初出店	（3月）「中小小売商業振興法施行規則」改正 （4月）「フランチャイズ・システムに関する独占禁止法上の考え方について」改正 （6月）「プラスチック資源循環法」成立 （7月）東京五輪開幕 （8月）東京パラリンピック開幕 （10月）岸田内閣発足
2022 令和4年	（4月）4月14日JFAが設立50周年迎える （7月）「外食、CVS、サービス合同部会」が2年半ぶり開催／カーブスホールディングスの増本岳代表取締役社長が講演 （11月）シンガポール「フードサービス日本研修団」が情報収集やビジネスマッチングなどを目的に来日しJFAを訪問／「外食、CVS、小売・サービス合同部会」開催／ダイアナの徳田充孝代表取締役社長兼会長が講演 （12月）「てまえどり」が2022年新語・流行語大賞トップ10に選ばれコープこうべ、神戸市、農林水産省と表彰式参加	（3月）養老乃瀧が（一社）日本シングルマザー支援協会との協働プロジェクトとして日本シングルマザー支援協会の会員向け「働くママ笑顔応援プロジェクト」始動 (10月)日本マクドナルドが紙製ストロー・木製スプーン・フォーク・ナイフ・マドラーを全国のマクドナルドにて提供開始／ファミリーマートの地域に根差した食品ロスの削減と食支援への貢献目的とした取組み「ファミマフードドライブ」が環境省・消費者庁が主催する「令和4年度食品ロス削減推進表彰」において「環境事務次官賞」受賞／ローソンがレジに並ぶことなく素早く買い物ができるウォークスルー決済導入店舗「Lawson Go MS GARDEN店」三菱食品株式会社本社にてオープン (11月)セブン‐イレブン・ジャパンが障がい者雇用において特色ある優れた取組みを行う企業として東京都が表彰する「障害者雇用エクセレントカンパニー賞」の東京都知事賞受賞 (12月)ダスキンが「本社ビル」「ダスキンミュージアム」「ダスキンスクール（研修施設）」において世界的な基準で「健康・安全性」評価する国際認証「WELL Health-Safety Rating」取得	（5月）沖縄復帰50周年／スウェーデンとフィンランドがNATO加盟申請 （6月）電力需給逼迫、東京電力管内で初の注意報発令／香港返還25年 （9月）西九州新幹線開業 （11月）サッカーW杯カタール大会で日本がドイツに歴史的勝利

第2節　53年史・JFAの歩み

241

年	JFAの歩み	フランチャイズ企業・関連団体の動き	法律・行政・社会の動き
2023 令和5年	（1月）CVS部会の下に「酒類・たばこの年齢確認に関するデジタル認証検討会」設置。酒類・たばこ購入時のデジタルでの年齢確認方法を示した業界ガイドライン「デジタル技術を活用した酒類・たばこ年齢確認ガイドライン」策定 （3月）「外食、CVS、小売・サービス合同部会」開催/やる気スイッチグループの高橋直司代表取締役社長が講演 （6月）デジタル庁と「コンビニエンスストアにおけるマイナンバーカード活用に関する協定」締結 （7月）「外食、CVS、小売・サービス合同部会」開催/グロービート・ジャパンの北条晋一代表取締役社長が講演 （10月）消費者庁・農林水産省・環境省の3省庁と連携し食品ロス削減の取り組みとして協会加盟のコンビニエンスストア6社にて「てまえどり」実施 （12月）「外食、CVS、小売・サービス合同部会」開催/ファミリーマートの細見研介代表取締役社長、島田奈奈執行役員商品本部長、岩崎浩執行役員サステナビリティ推進部長が講演	（1月）セブン-イレブン・ジャパンがイスラエルのテルアビブ初出店 （5月）ダスキンの「ミスタードーナツJunction 8ショップ」がシンガポール初出店 （6月）ミニストップがプラスチック削減の取り組みで店内で販売しているソフトクリームの提供時に添えるスプーンを使い捨てプラスチックから「食べるスプーン」に変更 （7月）カーブスジャパンと宮城県石巻市が「健康づくりの推進に係る包括連携協定」締結 （9月）セブン-イレブン・ジャパンがラオスのヴィエンチャン初出店 （11月）モスフードサービスが長年の環境への取り組みが認められ第24回グリーン購入大賞の優秀賞（農林水産特別部門）受賞/ファミリーマートがSDGsを軸としたRE-CONVENIENCE店舗「ファミマ!!麻布台ヒルズ店」開店/ダスキンが創業60周年迎え記念サイト開設	（4月）「こども家庭庁」が発足/世界人口が初めて80億人突破 （5月）/新型コロナがインフルと同等の5類移行/広島でG7サミット開催 （6月）LGBT理解増進法が成立・施行 （10月）消費税のインボイス制度開始

日本フランチャイズチェーン協会歴代会長一覧（敬称略）

就任順	氏　名	会　社　名	就任期間
初代	安田元七	商工中金	1972.4〜1987.5
第2代	駒井茂春	（株）ダスキン	1987.5〜1989.5
第3代	鈴木敏文	（株）セブン-イレブン・ジャパン	1989.5〜1991.5
第4代	沖　正一郎	（株）ファミリーマート	1991.5〜1993.5
第5代	嘉澤脩成	（株）サンルートホテルシステム	1993.5〜1995.5
第6代	黒川孝雄	明治サンテオレ（株）	1995.5〜1997.5
第7代	後藤　茂	（株）ファミリーマート	1997.5〜2001.5
第8代	藤井林太郎	（株）不二家	2001.5〜2003.5
第9代	松岡康雄	（株）ローソン	2003.5〜2005.5
第10代	加藤　充	（株）ユニバーサルホーム	2005.5〜2008.5
第11代	土方　清	（株）サークルKサンクス	2008.5〜2011.5
第12代	櫻田　厚	（株）モスフードサービス	2011.5〜2013.5
第13代	山本善政	（株）ハードオフコーポレーション	2013.5〜2017.5
第14代	中山　勇	（株）ファミリーマート	2017.5〜2019.5
第15代	渡辺裕明	B-Rサーティワンアイスクリーム（株）	2019.5〜2021.5
第16代	増本　岳	（株）カーブスホールディングス	2021.5〜現在

第5部

フランチャイズ用語集

用語解説

ア行

荒利益

売上高から売上原価を控除した後の利益で、粗利益、粗利、売上総利益とも称される（企業会計原則）。コンビニエンスストアにおいては、ロイヤルティはこの荒利益に対して一定率を乗じて徴収される仕組みが多いが、フランチャイズ契約では、その際の「荒利益」は廃棄ロス原価や棚卸ロス原価を「売上原価」に含めずに計算されることが合意されることがある。このため、用語の定義、計算方法、仕組み採用の目的や趣旨などについて、加盟店に対してフランチャイズ本部から契約締結時に十分情報開示が行われ、説明がなされる必要がある。

荒利分配方式

コンビニエンスストアなどのフランチャイズ・システムで用いられるロイヤルティ算出のための計算方法。チェーンによって計算方法が異なる場合もあるが、基本的な例としては、「売上高－売上原価＝荒利益高」とし、この荒利益高に一定率を乗じたものがロイヤルティとして加盟店（フランチャイジー）からフランチャイズ本部（フランチャイザー）に支払われる。なお、フランチャイズ契約では、ロイヤルティを算出する荒利益高には、廃棄ロス原価や棚卸ロス原価を売上原価に含めないことが合意されることがある。

意匠・意匠権

意匠とは、「物品の形状、模様若しくは色彩又はこれらの結合であって、視覚を通じて美感を起させるもの」と定義される（意匠法第2条第1項）。フランチャイズにおいても、意匠は例えば営業のシンボルとして統一的に使用される店頭看板のデザインなどに見られる。意匠のうち工業的な物のデザインは、特許庁に出願、登録することで知的財産権の一つである意匠権として独占的に使用できる権利を獲得し、法的保護の対象となる。意匠登録を受けられる意匠には、新しさ（新規性）や容易に創作できないこと（創作非容易性）、工業上利用することができる意匠であることなどの要件が求められる。
参照：「知的財産権」

イニシャルフィー

フランチャイズへ加盟する際、フランチャイジーがフランチャイズ本部に対して支払う金銭の総称。

居抜き物件

以前に営業していた店舗の什器・備品や厨房機器などが残されたままとなっている店舗の

こと。居抜き物件を活用することにより、初期投資が抑えられたり、開業までの期間を短く抑えることができるメリットもあるが、什器・備品や厨房設備が経年劣化している場合があったり、廃業した前の店の店舗イメージを引きずってしまうというデメリットもある。また、居抜き物件の活用により初期投資が抑えられると、もてはやされた時代があったが、店内の動線を考えた店舗設計などにフランチャイズ・ノウハウが詰まっているわけであり、居抜き物件で投資額が低いから成功するわけではない。フランチャイズ・システムはプロトタイプの確立が大前提であり、それをおろそかにすることは、案外高い投資になることがある。

イメージの統一

フランチャイズ店舗の規模とレイアウトを標準化し、看板、内外装、使用什器・備品などを同じデザインとカラーコーディネートで統一することによって顧客が受けるイメージを統一すること。これは、ハード面だけでなくソフト面においても行われ、営業様式、ユニホーム、品揃えやサービスの方法などにおいても行われる。加盟店が新規開業すると同時に営業が成り立つのは、顧客から見てイメージの統一がなされており、すぐにどこのチェーンかを識別できるところにある。この統一されたイメージが、顧客に対して商品・サービスの質、価格水準および出所を保証しているといえる。イメージの統一については、法定開示書面で「店舗の構造・内外装に関する特別義務の有無」として開示項目になっている。

違約金

債務不履行（契約違反）の場合に、違反者が支払うべきことが契約により定められている金銭をいう。損害賠償との関係では、民法ではこれを損害賠償額の予定と推定する（同法第420条3項）。

ウォークインケース

冷蔵機能だけではなく、裏側に飲料などの商品の在庫スペースを兼備した陳列什器。温度管理が必要な商品を適温状態で保管し、容易に補充することができるため、多くのコンビニエンスストアで設置されている。商品補充が来店客の妨げにならない、補充の際に庫内温度が上がらないなどの利点もある。単にウォークインともいう。
参照：「リーチインケース」

売上総利益

参照：「荒利益」

売上（高）予測

フランチャイズ本部が、新規出店に際して立地と商圏調査を行った結果に基づき売上高・収益を査定した計算根拠と予測値のこと。フランチャイザーが既存店データをベースにさ

245

まざまな統計手法を用いて予測するが、加盟希望者も独自に商圏調査をする努力が要求される。なお、中小小売商業振興法では、売上高・収益予測はフランチャイズ本部が事前に提案・説明すべき事項ではないが、事前開示する場合には合理的な算定根拠・算定方法に基づく売上高・収益予測である必要がある。この点、公正取引委員会のフランチャイズ・ガイドラインは、「予想売上げ又は予想収益の額を提示する場合、その額の算定根拠又は算定方法が合理性を欠くものでないか。また、実際には達成できない額又は達成困難である額を予想額として示していないか」が、ぎまん的顧客誘引に該当するかどうかの判断の一要素となる、とする。
参照：「ぎまん的顧客誘引」

運営委託方式

店舗や事業所の経営・運営を委託する方式のこと。委託する側を運営委託者、任されて経営・営業の任に当たる者を運営受託者と呼ぶ。委託契約方式とも呼ばれる。フランチャイズにおいては、フランチャイズ本部が直営店を自社の社員に運営委託させ、一定の期間が経過した時点でフランチャイズ契約を結んで独立させ、加盟店オーナーにさせる方式がある。また、加盟店の不採算店をフランチャイズ本部が運営受託して、直営店としててこ入れするケースもある。いずれも店舗や事業所の所有と経営が分離している点に特徴があり、その方式・条件はさまざまである。

FLコスト

Food Labor Costの意味で外食事業における商品原価と人件費を合計したコストのことである。特に、外食事業における経営管理上の重要な指標とされており、いかにこの2つのコストを管理するかが利益確保のポイントとなる。

エリアディベロッパー

一定の地域において、一定の期間内にフランチャイザーの有する商標、サービスマーク、標識および経営ノウハウを利用し、1以上の自ら運営する店舗を開店する権利をフランチャイザーから付与された者をいう。契約で特段の定めがない限り、エリアディベロッパーは、第三者に対して、フランチャイザーの有する商標、標識および経営ノウハウを利用し、店舗を開店する権利を付与することはできない。

エリアディベロップメント契約

ある事業者（フランチャイザー）が、特定の事業者（エリアディベロッパー）に対して、一定の地域において、一定の期間内に、フランチャイザーの有する商標、標識および経営ノウハウを利用し、エリアディベロッパーの運営する店舗を1以上開店する権利を与える事業展開方式。マスターフランチャイズの場合と異なり、エリアディベロッパーは、契約で特に認められない限り、許諾された地域内にエリアディベロッパー自らが運営する店舗しか出店することができず、サブフランチャイジーを募集する権利を有さない。

エリアフランチャイズ契約

マスターフランチャイズ契約の別の呼称。マスターフランチャイズ契約におけるマスターフランチャイジーを、エリアフランチャイザーということがあり、エリアフランチャイザーとフランチャイズ契約を締結する者のことをエリアフランチャイジーと称する場合もあり、チェーンによって、用語の使い方は一律ではない。
参照：「マスターフランチャイズ契約」

OJT、OFF-JT

OJT（On the Job Training）とは、実際の業務を通じて、上司や先輩が部下に仕事を教える育成・指導の方法をいう。最も効果が高い教育訓練手法であるといわれており、計画的・継続的に行うことで効果が上がる。加盟店の開業指導などがこれに該当する。OFF-JT（Off the Job Training）は、現場を離れた社外での研修などによる教育・訓練をいう。実務的な能力よりも一般的な知識や技術を学ぶ。経営理念などを座学で最初に学ぶケースも多い。OJTの補完的役割を持つものとして、組み合わせにより計画的に行うことで効果が上がる。フランチャイズでは、加盟店は本部のトレーニングセンターでOFF-JTを受けた後に直営店でのOJTを受ける仕組みが一般的である。

オープン・アカウント（制度）

コンビニエンスストアなどのフランチャイズ・システムで、フランチャイズ本部と加盟店の間に発生する日々の取引から生じる債権・債務を継続的に相殺処理し、一定期間ごとに決済するために設定される商法上の「交互計算」の勘定または類似の自動貸借勘定。フランチャイズ本部が支払いを代行した場合の商品仕入代金、水道光熱費などの公共料金、従業員給与と加盟店がフランチャイズ本部に送金する売上金などが経理上相殺される。

カ行

開業（開店）指導料

開業（開店）指導料（オープン指導料）とは、開店時にフランチャイズ本部が加盟店に派遣する指導員による指導援助の対価などを指す。開業（開店）指導料が加盟金に含まれている場合もあるが、そうでない場合には、開業（開店）指導料が何の対価（指導援助の日数、派遣人員、援助の方法、販売促進費が含まれるかどうか、指導員の交通費や宿泊料などの負担の有無など）であるかを契約上明確にし、本部としてすべきことをきちんと実行することが必要である。

開業前研修（費）

開業する前に加盟店がフランチャイズ本部の店舗、研修施設などを利用して行う研修をいう。開業前研修は、座学とオペレーション指導に分かれる。通常座学は、フランチャイズ本部または研修施設で行われ、オペレーション指導は直営店舗を利用するケースが多い。

247

開業前研修はオーナー研修と店長研修に分かれている場合がある。研修に際しての交通費や宿泊費の実費は加盟店が負担するのが大半である。研修期間は、サービスFCで1週間以内に終了する場合が多い。外食FCでは1、2ヵ月など長期にわたることもある。開業前研修は、フランチャイズ本部として事前にカリキュラムを定め、計画的な研修を行うこと、そして研修費は加盟金に含まれるか否かを契約上明確にしておくことが必要である。

開示制度

フランチャイズ本部が加盟希望者に対して、事前に契約内容などを書面で開示し説明しなければならないという制度。その書面を法定開示書面、情報開示書面という。中小小売商業振興法では、特定連鎖化事業（フランチャイズ・チェーン）を行う者に対して、フランチャイズ本部の事業規模、財務状況、主な契約条件の内容など23項目を記載した書面を事前に交付し、説明することを義務付けている。また、公正取引委員会も「フランチャイズ・システムに関する独占禁止法上の考え方について」において、契約前に開示することが望ましい項目として8項目を示している。なお、日本フランチャイズ・チェーン協会（JFA）は、フランチャイズ契約の締結に当たって加盟希望者がその内容を理解した上で締結できるように法定開示項目に独自の開示項目を加えたJFA開示自主基準を定め、会員に対して開示書面「フランチャイズ契約の要点と概説」の作成を義務付けている。

解約金

契約期間中に、中途解約の申し入れにより契約を終了させる場合に、申し出た側が相手方に支払う金銭のこと。通常は、フランチャイズ契約書の中途解約条項に中途解約の条件と解約金額が定められている。

加盟金

フランチャイズ本部と加盟者が契約した際に、加盟者がフランチャイズ本部に支払う金銭のことをいう。開業時の一時的なノウハウ開示の対価、商標の使用に対する対価、店舗の内外装のデザイン、企画に対する対価、開業準備支援の対価、その他にも立地調査料や開業前研修費用、開店に必要な備品などの調達費用など、加盟金は幾つかの性質を併せ持っている。この点、開業前研修費用などを別途徴収する場合には、契約書でその旨明確にしておく必要がある。なお、加盟金には、契約時に不返還特約を付するのが一般的である。

機会ロス

品揃えしていれば売れたはずの売り逃しから生じる損失（ロス）。発注上のミスによる売り切れや在庫切れから発生する機会ロス、売れ残りを恐れ、発注を控えた場合に発生する機会ロス、そして消費者ニーズに合致した商品開発ができていないことからくる機会ロスなどがある。

ぎまん的顧客誘引

独占禁止法の不公正な取引方法の一般指定第8項で禁止された行為で、「自己の供給する商品又は役務の内容又は取引条件その他これらの取引に関する事項について、実際のもの又は競争者に係るものよりも著しく優良又は有利であると顧客に誤認させることにより、競争者の顧客を自己と取引するように不当に誘引すること」。公正取引委員会のフランチャイズ・ガイドラインでは、次のような具体例を挙げている。

⑴　予想売上げ、予想収益の額の算定根拠または算定方法が合理性を欠いていないか。また実際には達成できない額または達成困難である額を予想額として示していないか。

⑵　ロイヤルティの算定方法に関し、ロイヤルティが実際よりも低い金額であるかのように開示していないか（例えば、オープンアカウント制の場合は、その説明の方法）。

⑶　自社のフランチャイズ・システムの内容と他社の内容を、客観的でない基準により比較し、自社が優良または有利であるかのように開示していないか（例えば、徴収するロイヤルティの額の比較）。

⑷　フランチャイズ契約を中途解約する場合、高額の違約金を徴収することを開示しているか。または徴収されないかのように開示していないか。

参照：「フランチャイズ・ガイドライン」

競業避止義務（競業禁止）

加盟者が加盟者として行っていた事業と競合する事業を行うことを禁止すること。競業避止義務の範囲は合理的なものでなければならず、加盟店であった者の営業の自由を不当に制限することはできないので、フランチャイズ契約で契約終了後の競業避止義務を定める場合、少なくとも一定の禁止期間を設けなければならない。公正取引委員会のフランチャイズ・ガイドラインは、契約終了後の競業避止義務についてフランチャイズ本部の商権の維持、加盟店に開示したノウハウなどの保護などに必要な競業避止の範囲（地域・期間・内容）でない場合には、独占禁止法が禁止する優越的地位の濫用として問題となる場合がある、とする。

参照：「フランチャイズ・ガイドライン」

クーリング・オフ

消費者は一定期間内であれば、契約を解除する旨の書面を発することにより、無条件に契約を解除できる制度で、マルチ商法と業務提供誘引販売取引（内職、モニター商法など）は20日間、その他は8日間と定められている（特定商取引に関する法律第9条、第48条、第58条）。近年、クーリングオフ制度をフランチャイズ・ビジネスにも取り入れるべきだとする考えがあり、フランチャイズ本部によっては自主的に本制度を取り入れているところもある。

経営理念

企業が経営を進めるに当たって前提としている信念、信条のこと。経営の目的、社会にお

ける役割、従業員の貢献などについて定めたものを指す。チェーン運営に際しても重要で、フランチャイザー、フランチャイジー双方が共通の認識を持ち、同じ価値観の下で経営を実践するための基盤にもなる。

契約タイプ

コンビニエンスストアなどのフランチャイズ本部では、加盟者によって幾つかの異なった契約タイプ（「経営タイプ」ともいう）を設定している例が多い。代表的な例として、店舗投資が加盟者側の負担となる契約タイプと、フランチャイズ本部側の負担によって店舗物件が用意され、加盟者にその使用権を認める形の契約タイプとがある。呼称はチェーンによって異なるが、両タイプの投資額の違いは、ロイヤルティ率の差に反映され、前者に比較して後者のタイプでは高率になる。

系列店・代理店・特約店

流通チャネルのリーダーが特定のブランドの商品や役務の流通経路を1つのシステムに構築することを流通系列化といい、これに加入する販売店を系列店、代理店、特約店などという。これらは法律上の用語ではなく、系列店というのは学界やジャーナリズムでよく使われ、代理店、特約店というのは業界でしばしば使われる言葉である。代理店といっても、法律上の代理商でもなく、また「代理権」もないことが圧倒的に多い。系列店を登録しておくとき登録店ということもある。流通系列化とフランチャイズ・システムとの差異は、前者にあってはチャネルのリーダーは、販売店に商品の販売や役務の提供をしてもらうことを主眼としているのに対し、後者にあっては、フランチャイザーはフランチャイジーに商売をするためのパッケージを提供していることにある。ただ、国によっては、代理店、系列店もフランチャイズにカテゴライズされることもある。

合意解約

フランチャイズ契約を締結した両当事者が合意の上で契約を解約すること。フランチャイズ本部と加盟店の双方にとって、フランチャイズ契約を継続することが利益にならないような事情が発生した場合に行われることが多い。この場合は、閉店処理や原状復帰、看板・標章・商標の撤去、フランチャイズ本部貸与物件やマニュアルの返還などは契約内容に従って処理されるのが原則であるが、別途合意解約とともにこれらの処理について定められることもある。

広告分担金

加盟店の売上増進やチェーンのイメージアップを図るための販売促進および広告の費用のうち、加盟店が負担する費用のことを広告分担金と呼ぶ。負担する金額は契約によって定められるが、一般的に売上高歩合（例えば3％など）や、一律の金額（例えば月額5万円など）の徴収などが多い。マーケティング費や販促費などという場合もある。

250

拘束条件付取引

相手方との取引内容や事業活動を不当に拘束する条件を付ける取引をいい、不公正な取引方法として、独占禁止法第2条第9項第4号と一般指定第12項で禁止される。独禁法上、公正競争を阻害するおそれがあるものとして不当性が認められる場合に不公正な取引方法と認められるが、不当か否かは、行為者の地位、拘束の相手方の事業者間の競争に及ぼす効果、指定先の事業者間の競争に及ぼす効果等を総合勘案して判断される。フランチャイズ・ビジネスでは、加盟店に対して行う商品・原材料の業者指定、商品・サービスの価格指定などの取引条件が不当な拘束条件付取引に該当するかどうかが問題となるが、チェーンのイメージの統一、競合他社との差別化、システムの維持統一、加盟店の適正な収益の確保などのフランチャイズ固有の合理的な理由があれば不当な拘束条件付取引として独占禁止法に抵触する可能性は少ないと考えられる。
参照：「フランチャイズ・ガイドライン」

コンバージョン・フランチャイズ

フランチャイズ本部が同業者とフランチャイズ契約を結ぶことで、自己のネットワークを広めるフランチャイジング手法であり、「転換型フランチャイズ」ともいう。これに参加する同業者は、ネットワークの持つブランドと知名度・信用とシステムを利用できるとともに、自社の企業名も利用して事業ができるという利点を持つ。

サ行

最低保証制度

コンビニエンスストアなどで実施されている加盟店に対して一定の総収入（最低保証額）を保証する制度。加盟店の年間総収入がフランチャイズ本部の保証する総収入に達しない場合、一定の総収入から加盟店の年間総収入を差し引いた不足額をフランチャイズ本部が加盟店に補填する。加盟店の経営安定を図ることを目的とした制度である。

再販売価格の拘束（再販売価格維持）

自己の供給する商品を購入する相手方（たとえば卸売業者）に対し、当該商品の販売価格（再販売価格という）を定めてそれを維持させるなど、相手方のもつ当該商品の販売価格を定める自由を制限する行為。相手方に再販売価格を維持させる場合も含まれる。再販売価格の維持ともいい、不公正な取引方法として独占禁止法第2条第9項第4号で禁止される。正当な理由があれば独占禁止法に抵触しないが、フランチャイズ・ガイドラインは、フランチャイザーがフランチャイジーに対して商品を供給している場合、本部が加盟店の販売価格を拘束することは原則として独占禁止法第2条第9項第4号に該当する、としていることに注意する必要がある。フランチャイズ本部は、推奨価格、希望価格などとするなど、再販売価格の拘束にならないように注意する必要がある。
参照：「フランチャイズ・ガイドライン」

サブフランチャイジー

フランチャイザーとマスターフランチャイジー間のマスターフランチャイズ契約に基づいて、マスターフランチャイジーから、フランチャイズ契約に基づいて営業する権利を付与された者。

サブフランチャイズ（システム）

フランチャイザーとマスターフランチャイジー間のマスターフランチャイズ契約に基づいて、マスターフランチャイジーが、他の事業者（サブフランチャイジー）に対して、フランチャイズを付与すること。

サブリース

本来の意味は転貸、又貸しのことをいう。フランチャイズ・ビジネスにおいては、不動産所有者が有する建物をフランチャイズ本部が一括賃借し、加盟店に転貸する店舗開発の手法。地主にとっては、店舗の建設資金をフランチャイズ本部が建設協力金の名目で出してくれる場合があるので、遊休地の転用がしやすくなる。また大手のフランチャイズ本部が賃貸借契約の契約主になってくれるので安心でもある。フランチャイズ本部にとっても、資金力はないが、オペレーションに優れた能力を持っていると思われる加盟希望者へ再リースすることにより、店舗開発が進むというメリットがある。

JFA開示自主基準

日本フランチャイズ・チェーン協会（JFA）が1999年に定めた「フランチャイジー希望者への情報開示と説明等に関する自主開示」の略称。JFA開示自主基準は、中小小売商業振興法の適用対象とならないフランチャイズ本部も対象となる他、開示事項も、同法の開示事項に加えて、経常利益、税引後利益、役員一覧、売上高・出店数の4年間の推移（直営・加盟の別）などが追加されている。

社員独立制度

フランチャイズ本部の社員が、退職してフランチャイジーとして独立して事業主となることを支援する制度。社員の将来設計支援と、チェーン・システムに精通した加盟店の増加によるチェーン・オペレーションシステムの基盤強化の2つの側面がある。従業員期間中の在籍年数や貢献度に応じて、加盟金の一部などを免除する制度を有するチェーンもある。

収納代行

お客さまが事業者のECサイトなどで購入になった商品等の代金や、電気・ガス・水道代等の公共料金や一部の税金を支払いできる決済サービス。

熟考期間

加盟希望者がフランチャイズ本部から契約条件などの説明を受けた後に、熟慮した上で加

盟を決断し、契約を締結してもらうために設けられる検討期間。説明後直ちに契約を行う
ことは、双方に誤解などが生じ、後々トラブルが発生することも多く、避けることが望ま
しい。日本フランチャイズ・チェーン協会では、契約書に基づく説明の終了から契約の締
結までに7日間以上の熟考期間を置くことを自主基準として定めている。
参照：「JFA開示自主基準」

商圏

ある店舗が顧客を吸引できる地理的範囲のこと。業種・業態により顧客の対象が異なるので、
商圏の広がりも異なる。おおむね、全顧客の60〜70％をカバーする範囲を1次商圏、その
外側で顧客の15〜25％をカバーする範囲を2次商圏というように区分される。

商圏調査

商圏内の居住者の人口、世帯数、年齢、職業、所得、それぞれの実態および増減率などを
調査すること。主な情報源・調査方法としては、①官公庁などで発刊する「市政要覧」な
どの資料、②交通量調査や来街者調査などの実態調査、③ライリーの法則やハフモデルな
どの理論的アプローチによる調査がある。

商圏分析

新規出店計画、既存店評価、競合店分析、販売促進など戦略策定に際し、必要な情報を収
集・加工し、商圏を評価すること。収集・加工の対象となる基礎情報は、住民基本台帳、
国勢調査、商業統計、家計調査などから引き出される。

商号

商号とは商人が営業上の活動において自己を表章する名称である。商法第1編「総則」、
第4章「商号」（第11条〜第18条）は、商号の採用、商号に関する不正競争の防止、名板貸
責任、営業譲渡と商号との関係、商号の廃止などについて定める。商人は、その氏、氏名
その他の名称をもって商号とすることができる（商法第11条）。会社の商号には、その種
類を示す文字（合名会社、合資会社、株式会社または合同会社）を用いなければならない
（会社法第6条）。商号の登記を受けるには、日本文字をもって表示しなければならない。
商号の登記については、商業登記法に詳細が定められている。

商標・商標権

商標とは、商品またはサービスの出所を識別するために使用される標章（文字、図形、記号、
立体的形状若しくは色彩又はこれらの結合、音その他政令で定めるもの）（商標法第2条第
1項）をいう。商標は、自社の商品・サービスと他社の商品・サービスとを区別するため
に使用され、商品やサービスの出所表示機能、品質保証機能および広告機能を持つ。商標
には、商品に使用する商品商標と役務（サービス）に使用する役務商標があり、後者をサ
ービスマークという。商標は、特許庁に出願、登録することで知的財産権の一つである「商

253

標権」として独占的に使用できる権利など、一定の権利が与えられる。フランチャイズ・ビジネスでは、フランチャイズ本部は加盟店に本部の商標などを使って営業を行う権利を付与するのが通常であるため、商標はフランチャイズ・パッケージにおいて重要な構成要素となっている。このためフランチャイズ本部はフランチャイズ事業に使用する商標を登録しておく必要がある。

初期投資回収期間

加盟者が、最初に投下した資金を、事業で得られた収益で回収できるまでに要する期間のことである。投資回収期間の計算方法は、フランチャイズ本部によってさまざまであるが、「投資金額÷キャッシュフロー」の計算方法が一番利用されている。投資金額は、次の金額の合計である。加盟金、研修費、店舗物件の保証金、敷金、礼金、手数料、内外装工事代、設備費、店舗設計費、什器備品、開業までの前家賃や従業員の給料までを含んだ投資額。ただし、返還が確実な店舗物件の保証金、フランチャイズ本部に支払う保証金、開業時の販促費は除く。キャッシュフローとは、税引後利益に減価償却費を加えた金額である。

スーパーバイザー

加盟店の経営指導を行うフランチャイズ本部の従業員のこと。チェーンによってはフィールドカウンセラー、オペレーションフィールドカウンセラー、ストアアドバイザーなどと呼んでいる。

スーパーバイザー学校

フランチャイズ・チェーンの加盟店指導を行う人材（スーパーバイザー）の育成を目的に、日本フランチャイズチェーン協会によって、1977年より運営されているスーパーバイザーの教育制度である。そのカリキュラムはフランチャイズ・ビジネスに関する知識、加盟店とのコミュニケーションづくり、関係する法律、計数管理などの理論学習と店舗診断実習により構成されている。

スーパーバイザー士

フランチャイズ・ビジネスにおけるフランチャイジー指導業務を担うスーパーバイザーとして、必要な学識を有するかなど、その資質を判定するために設けられた資格制度に基づく日本フランチャイズ・チェーン協会の認定資格。1977年よりスーパーバイザー学校がスタートし、同学校を卒業したスーパーバイザー士が各チェーンで活躍している。

製造物責任

欠陥製品によって、消費者またはユーザーに身体傷害、死亡または財産損害をもたらした場合に、その製品の製造者または販売者が被害者に対して負う民事賠償責任をいう。英語では「プロダクト・ライアビリティ」（Product Liability）という。製品安全規制に対応して、「製品責任」ともいわれる。日本における製造物責任は、製造物責任法（平成6年法律85号）

に定められている。フランチャイズ事業においては、フランチャイジーが製造販売した欠陥製品によって損害を受けた消費者がフランチャイザーに対して損害賠償の訴えを提起した場合に、フランチャイザーが責任を負うかどうか、フランチャイザーが責任を負う場合には、フランチャイジーに対する求償権が認められるかどうかが問題となる。このような事態に対処するため、フランチャイズ契約にはフランチャイザーとフランチャイジーの責任関係について周到な規定を設けなければならない。また、フランチャイザーは、すべてのフランチャイジーを包含する十分な保険のプランを立てる必要がある。プロダクト・ライアビリティ訴訟事件が非常に多いアメリカの諸州では、フランチャイジーの製品の欠陥についてフランチャイザーに責任を課すようになっている。

製品・商標型フランチャイズ

フランチャイザーがフランチャイジーに製品や原材料などを供給するとともに、それらの商標や標章の使用権を与えるタイプのフランチャイズ・システムである。アメリカで、飲料のボトリング事業などを中心に1920年代から30年代に確立され、伝統的フランチャイズともいう。

全店売上高

フランチャイズ・システムの全体売上高（直営店と加盟店の合計売上高）を表す言葉である。英語でシステムワイドセールスという。フランチャイズ本部の会計上では、通常「直営店売上高＋ロイヤルティ＋加盟金など＋加盟店に販売した原材料代など」の合計金額を売上高とする。しかし、この会計上の売上高では、その業界のシェア、支配力などが明確でないため、全店売上高をもって示すことが多い。例えば、日経MJの「日本の飲食業調査」「コンビニエンスストア調査」では、全店売上高でチェーンの実態を表している。

セントラル・キッチン

レストラン・チェーンや特定の調理済み食材をレストランに供給する中央集約調理施設で、食材品質の画一化と味の標準化とともに大量加工による経済性ならびに単店レベルでの調理簡素化を目的とした厨房システムをいう。ファストフード・サービスなどでは、これによってメニューの規格化と大幅な供食時間の短縮化が実現した。セントラル・キッチンでの調理加工は、優れた調理長の監督の下にマニュアル処理されるが、供食時における料理の鮮度、客層によって異なる味を重視する必要から、セントラル・キッチンで加工供給される調理品は、半加工の状態のものかソース、カレー、シチュー、ドレッシング類といったものが多い。

タ行

ターンキー

フランチャイズ本部が、店舗工事監理、什器備品の手配、商品・品揃え、従業員訓練、販

促などの開業準備業務一切を行い、開店できる状態にして加盟者に引き渡すことをいう。フランチャイズ本部が全面的に開店準備を行う場合をフル・ターン・キー型、一部を加盟者が行う場合をセミ・ターン・キー型という。

対価

他人に財産・労力などを提供した報酬として受け取る財産上の利益。フランチャイズにおいては、商標などのマークやフランチャイズ本部が開示するノウハウの使用許諾、フランチャイズ・パッケージの開示や継続的に経営指導を受ける見返りとして、フランチャイジーが対価を支払う。金銭の種類は、加盟金や頭金、保証金、研修費、ロイヤルティ、広告分担金、キャンペーン費用分担金、新システム導入費など、支払う時期や内容が異なる。また同じ名称でもフランチャイズ本部ごとに内容が変わるので注意が必要である。

代理店

流通チャネルのリーダーが、特定のブランドの商品や役務の流通経路を1つのシステムに構築することを流通系列化といい、これに加入する販売店を代理店という。系列店や特約店という言葉も代理店と同意である。代理店といっても法律上の代理商（一定の商人のために、継続してその営業の部類に属する取引の代理または媒介することを営業している商人）ではなく、ほとんどの場合が代理権を持たないのが常である。

抱き合わせ販売

独占禁止法が、公正な競争を阻害するおそれがある場合として禁止する不公正な取引方法の一つで、「相手方に対し、不当に、商品又は役務の供給に併せて他の商品又は役務を自己又は自己の指定する事業者から購入させ、その他自己又は自己の指定する事業者と取引するように強制すること。」（一般指定第10項）をいう。独占禁止法上、公正競争を阻害するおそれがあるものとして「不当性」が認められる場合に不公正な取引方法と認められるが、取引の内容や合理的理由、行為者の地位、行為の範囲、相手方の数・規模、程度などを総合勘案して判断される。フランチャイズ・ビジネスでは、本部が加盟者に対して、自己や自己の指定する事業者から商品、原材料などの供給を受けさせるようにすることが不当な抱き合わせ販売などに該当するかどうかが問題となるが、フランチャイズ固有の合理的な理由があれば不当な抱き合わせ販売などとして独占禁止法に抵触する可能性は少ないと考えられる。フランチャイズ本部がこれを行う理由には、以下のようなものがある。

(1) 顧客の立場に立った商品、メニュー、サービスレベルの品質の維持統一
(2) チェーン全体で使用することによるマスメリットとコストダウン
(3) その品質と特殊性がノウハウを形成している
(4) フランチャイズ本部独自の調達先からの調達品であり他社では供給できない
(5) デリバリー機能も充実統一されており、配送コストも安く加盟店にメリットがある
(6) 商品、原材料の下加工が行われており、加盟店段階での扱いが楽で、加盟店のオペレーションコストを引き下げる要因にもなっている。

参照：「フランチャイズ・ガイドライン」

知的財産権

知的財産基本法第2条は、知的財産権を「特許権、実用新案権、育成者権、意匠権、著作権、商標権その他の知的財産に関して法令により定められた権利又は法律上保護される利益に係る権利をいう」と定義する。知的所有権または無体財産権ともいう。知的財産権は、特許権や著作権など知的創造物についての権利と、商標権や商号などの営業上の標識についての権利に大別される。フランチャイズ・ビジネスでは、商標には商標権、営業秘密や経営ノウハウを記した著作物には著作権が関わってくるが、フランチャイズ本部は自己の知的財産権の法的保護や漏えい防止に留意し、第三者の知的財産権にも配慮する必要がある。

チャージ

コンビニエンスストア業界において、ロイヤルティのことをチャージという場合がある。

中小小売商業振興法

中小小売商業者の経営の近代化と合理化を促し支援するための法律。1973年に成立し、1991年に重要な改正がなされた。同法では中小小売商業活性化のために、①共同でのコンピュータ利用による経営管理の合理化、②店舗のチェーン化、③店舗の建物としての集団化や商店街の整備の3つの種類の高度化事業の支援を挙げている。中小小売商業振興法では、フランチャイズ本部は、加盟希望者と契約を締結する場合に経済産業省令で定める事項を記載した書類（法定開示書面）を交付し、その記載事項について説明をしなければならないことが定められている。2002年にはこの法定開示書面の記載項目、内容を拡充・強化する改正が行われ、2021年に同法施行規則の一部を改正する省令が公布され、法定開示書面の記載事項が追加された。

中途解約

契約期間中に、フランチャイザーおよびフランチャイジー双方またはいずれかの意思により解約をすること。基本的には、契約期間は遵守されなければならないが、傷病や経営不振などの理由により中途解約せざるを得ないこともあり、契約上であらかじめその権利を定めていることが多い。中途解約時には、解約金が発生することもある。

著作権

書物、言語、音楽、絵画、建築、図形、映画、コンピュータプログラムなどの表現形式によって自らの思想・感情を創作的に表現した著作物に成立する著作者の権利。著作者の権利には、人格的な権利である著作者人格権と財産的な権利である（狭義の）著作権とがあり、両者を合わせて（広義の）著作権と呼ぶ場合がある。著作権は、特許権や商標権にならぶ知的財産権の一つとして位置付けられている。
参照：「知的財産権」

ディスクロージャー

開示を意味する英語で、企業が財務状態、経営方針、営業実態・契約内容などに関する情報を公開することの意味で用いられる。また、証券取引上、株式や社債を発行する会社が一定の情報を目論見書などによって投資者に知らせるのがディスクロージャーである。

アメリカ連邦取引委員会（Federal Trade Commission）の開示規則やカリフォルニア州のフランチャイズ投資保護法その他いくつかの州のフランチャイズ規制法は、証券取引法に倣って「ディスクロージャー・フィロソフィ」（Disclosure Philosophy）を採用し、フランチャイジーとなろうとする投資者を保護するため、フランチャイズ事業者にその事業内容を開示する義務を課している。わが国でも、中小小売商業振興法第11条により特定連鎖化事業を行う者に対し、一定の項目について開示を義務付けている。

手付金

契約の締結に際して、一方の当事者から他方の当事者に交付される金銭をいう。手付金はさまざまな目的をもって交付されるが、主要なものの第1は「証約手付」（成約手付）と呼ばれるもので、契約が成立したことの証拠として交付する金銭である。第2は「解約手付」であって、契約の成立にもかかわらず両当事者は解除権を持ち、手付金を交付した者が解除権を行使したときは、その者は手付金の返還を求め得ず、手付金を受け取った者が解除権を行使したときは、手付金の倍額を返還する。第3は「違約手付」である。違約金の性質を持ち、手付金を交付した者が債務を履行しないと返還を請求することができない。

フランチャイズ契約締結時に手付金が交付される場合、契約締結後に加盟金等に充当されることが多い。

テリトリー制

フランチャイザーがフランチャイジー対して、その販売地域を指定する制度をいう。テリトリー内に、フランチャイジーを1社しか設置しないものをクローズド・テリトリー（Closed Territory）または排他的テリトリーといい、複数設置するものをオープン・テリトリー（Open Territory）という。これに対して、販売の地域は指定しないがフランチャイジーの店舗の設置場所を一定の地点または地域内に限定するものをロケーション制という。

特定連鎖化事業

中小小売商業振興法に定められた用語であり、「連鎖化事業であって、当該連鎖化事業に係る約款に、当該連鎖化事業に加盟する者（「加盟者」という。）に特定の商標、商号その他の表示を使用させる旨及び加盟者から加盟に際し加盟金、保証金その他の金銭を徴収する旨の定めのあるもの」（同法第11条）をいう。

参照：「連鎖化事業」

ドミナント戦略

1社の店舗を集中的に出店することでその地域でより高い市場占有率を奪おうとする地域戦略。すでに優位を獲得している地域を単にドミナントと呼ぶ場合もある。特にフランチャイズ・ビジネスにおいては、特定のエリアに出店した個々の店舗の商圏が連続して広がる範囲をいい、出店密度が高いほうが物流面や店舗オペレーションの面で戦略効果が高いと考えられている。

ナ行

名板貸

自己の氏、氏名または商号を使用して営業をなすことを他人に許諾することをいい、許諾する者を名板貸人、許諾を得た者を名板借人という。会社法第9条は、「自己の商号を使用して事業又は営業を行うことを他人に許諾した会社は、当該会社が当該事業を行うものと誤認して当該他人と取引をした者に対し、当該他人と連帯して、当該取引によって生じた債務を弁済する責任を負う」と名板貸責任を規定し、商法も第14条に同様の規定を置いている。フランチャイズ事業では、フランチャイジーが行った取引についてフランチャイザーが名板貸責任を負わせられる可能性があるので注意する必要がある。名板貸責任の要件は、①名板借人が名板貸人の商号を使用して営業または事業を行っていること。この場合、名板借人の事業は名板貸人の事業と同種であること、②名板貸人が、名板借人に対して自己の商号の使用を許諾していること、③第三者が名板貸人の営業または事業であると誤認したこと。ただし誤認したことについて第三者に重大な過失がないこと、である。
参照:「商標・商標権」

ノウハウ

ノウハウの明確な定義はないが、長年にわたり開発し積み重ねてきた経営・販売・製造・サービス上の他社にはない独自の知識、技術、手法のことをいう。フランチャイズ・ビジネスにおけるノウハウは、フランチャイズ本部が過去に知恵と工夫やアイデアで蓄積してきたものが多いが、フランチャイズ契約では一般的に加盟者に開示されるフランチャイズ本部のノウハウには加盟者に守秘義務が課せられる。"know-how"の語は、アメリカで作られたといわれるが、起源ははっきりしない。ノウハウの語は、第二次世界大戦後、世界の全ての工業国において技術取引の用語として用いられるようになった。

暖簾分け

長年勤めた従業員がその店と同じ屋号を使って独立することをいう。開店資金の援助や得意先を分けたりするしきたりがある。フランチャイズ・チェーンの中には、この制度を広義に捉え、従業員の独立制度として扱っている例もある。この場合、フランチャイズ本部と従業員は契約を結び、従業員はフランチャイズ本部の直営店を譲り受けたり、オーナーとして独立したりする。対象となる従業員は、勤続年数、年齢、自己資金、能力などの要

件を満たす必要がある。

ハ行

廃棄ロス

主に商品の賞味期限切れや売れ残りなどによって廃棄されることによる損失のことである。コンビニエンスストアでは特に惣菜、弁当の廃棄ロスの管理が重要となる。商品構成や棚割りと密接に関わっているもので、収益確保のために廃棄ロスの削減が求められる。また、外食業でも生ものを扱っているので廃棄ロスを出さない努力が求められるし、小売業でも残品が出れば全て廃棄ロスとなる。

バイ・バック

売り主がいったん売却した物品を買い戻すこと。または売り主が買い戻す権利を留保して売買契約をすることをいう。本部がある一定の条件下で、フランチャイズ権をフランチャイジーから買い戻す場合に用いる言葉である。

ビジネスフォーマット型フランチャイズ

フランチャイズ・システムをライセンス内容により類別した場合の一類型で、フランチャイザーが商品や商標だけではなく、フランチャイザーが開発したビジネスの方法をそっくりライセンスするフランチャイズをいう。すなわちフランチャイザーが店舗経営のコンセプトを設計した上、これを具体化したマニュアルを交付し、研修や訓練を行ってノウハウを身に付けさせ、スーパーバイザーを派遣して実地に指導を行い、商品の仕入れ、製造、品質、販売、財務、人事など、業務全般の指導・管理を行う。現在、ファストフード、コンビニエンスストアなどのわが国の代表的なフランチャイズ・システムはこの類型に当たる。この類型では、フランチャイザーは商品供給による売上げよりも、ビジネスコンセプトを使用する対価としてのロイヤルティ収入に依存する。

標章

英語のmarkに相当する語。商標法上は、「文字、図形、記号、立体的形状若しくは色彩又はこれらの結合、音その他政令で定めるもの」を「標章」という（商標法第2条第1項）。標章には、識別力を備えて商標登録を受けることができるものも、識別力がないため商標登録不適格なものも含まれる。
参照：「商標・商標権」

ビルイン

繁華街や駅前などの、商業ビル、オフィスビル、ホテルなどの施設内店舗のこと。周辺の施設やビル自体の持つ集客力を享受できるメリットがある半面、管理規約で営業日数や営業時間の制約を受ける場合もある。

不正競争防止法

他人の商号、商標、商品形態などと類似あるいは模倣した商品の販売、営業秘密の不正取得、ドメイン名の不正取得など不正な手段による商行為を取り締まる法律。現行法は、不正競争となる15の個別類型を列挙し、差止請求権、損害賠償請求権などを認めている（同法第2条以下）。2005年6月の法改正では、模倣品・海賊版対策の強化、営業秘密の国外での使用・開示処罰や退職者に対する秘密漏えいの処罰が導入され、2006年6月の法改正では、実効性を高めるために法人への罰金刑の上限が3億円へと引き上げられた。

プライベート・ブランド

卸売業者または小売業者が、自ら開発し販売する商品のことで、通常PB商品と略している。またストア・ブランド（SB商品）ともいう。プライベート・ブランドには、自社で企画した仕様書によるものとメーカー商品に自社ブランドを付けて販売するものがある。フランチャイズにおいては、このプライベート・ブランドの開発が、フランチャイズ・パッケージの商品力を高めるといえる。

フランチャイザー

フランチャイズにおいて、自己の商標、トレードネームその他の営業の象徴となる標識および経営ノウハウの使用をフランチャイジーに許諾する側の事業者をいう。わが国においては、フランチャイザーをフランチャイズ本部（あるいは単に本部）または本部企業と呼ぶ場合が多い。

フランチャイジー

フランチャイズにおいて、フランチャイザーの商標、トレードネームその他の営業の象徴となる標識および経営ノウハウの使用を許諾された事業者をいう。わが国においては、フランチャイジーをしばしば加盟者または加盟店と呼んでいる。

フランチャイジング

フランチャイズを付与すること。

フランチャイズ

フランチャイズとは、事業者（「フランチャイザー」と呼ぶ）が他の事業者（「フランチャイジー」と呼ぶ）との間に契約を結び、自己の商標、サービスマーク、トレードネームその他の営業の象徴となる標識、および経営ノウハウを用いて、同一のイメージの下に商品の販売その他の事業を行う権利を与え、一方、フランチャイジーはその見返りとして一定の対価を支払い、事業に必要な資金を投下してフランチャイザーの指導および援助の下に事業を行う両者の継続的関係をいう。

(注)　日本フランチャイズ・チェーン協会（以下「協会」と呼ぶ）の定義：1972年5月策定、1979年4月改訂。

〔参考〕

1　franchiseという言葉の一般的意味は、特権または特許である。英語などでは、これを動詞として特権または特許を与えるという意味でも用いる。日本語で、動詞として上と同じ意味を表現する場合は、フランチャイズを与える、または付与するというのが通常である。

2　定義でいうフランチャイズは、フランチャイズ契約、フランチャイズ・システム、フランチャイズ・チェーン、フランチャイズ事業などに関連して用いられる事業経営上の技術用語である。

3　フランチャイズは、2つ以上の独立した自然人または法人の間の契約によって設定された事業上の継続的関係であるが、次のものはフランチャイズではない。

⑴　雇用者と従業員との関係

⑵　株主間または出資者間の関係

⑶　協同組合などにおける組合員の関係

⑷　ライセンサーとライセンシーの関係のうち、両者の間の契約にライセンサーのサービスマークまたはトレードネームの使用を許諾すること、または、ライセンサーがライセンシーの事業運営の全般について指導または管理を行うことが、内容として含まれていないもの。

　（注）　フランチャイザー、フランチャイジーは全てそれぞれライセンサー、ライセンシーであるが、全てのライセンサー、ライセンシーはフランチャイザー、フランチャイジーではない。フランチャイズ契約、フランチャイザー、フランチャイジーと呼ぶ代わりにライセンス契約、ライセンサー、ライセンシーと呼んでいる場合が少なくない。協会の会員にも、ライセンサー、ライセンシーの言葉を用いているフランチャイズが幾つかある。ライセンサーはライセンシーに特許、実用新案、意匠商標、ノウハウなどの使用を許諾するだけであって、上の3⑷に述べた内容を含まない契約のライセンスはフランチャイズではない。

⑸　代理店、特約店、専売店またはいわゆる系列店が、自己の事業の標識に製造業、卸売業、小売業またはサービス業を営む他の事業者（ここで「取引先」と呼ぶ）の商標、サービスマーク、またはトレードネームを用いること、「取引先」から事業運営の全般について指導または管理を受けること、およびそれらに対する見返りとして一定の対価を支払うことを内容とする明示的な契約を結んでいない代理店、特約店、専売店またはいわゆる系列店と「取引先」との関係。

⑹　ジョイントベンチャーにおけるベンチャー間の関係。

⑺　マルチ商法は、形式的には商品販売を目的としているものの、その実態は商品販売よりも商取引に不慣れな無店舗個人を順次マルチ商法の組織に加盟させることによる利益を追求しており、いわばねずみ講に商品販売を組み合わせたようなもので、商品またはサービスの販売そのものを目的とするフランチャイズとは違う。

4　判例：東京地方裁判所判決（昭和47年11月27日）原告：北国商事株式会社、被告：栄光商事⑭・筒井常男、標章使用差止請求事件（判例時報710号76頁）。本判決は、不正競

争防止法第1条第1項第2号を適用して、フランチャイジーでない被告の使用していた標章が、フランチャイザーたる原告の表示を侵害するものだとして、使用の差止めを命じたものである。

「フランチャイジー自体は、独立の営業主体であって、それらの営業主体が前記のような看板、たれ幕、提燈等を使用することは、それが直接に原告のみの営業たることを示す表示を使用することに該当するとはいえないが、そのような看板、たれ幕、提燈等を使用してサッポロラーメンの販売をする者は、外観上一つの企業組織に包摂せられてその販売を行うものであると見られ得るのであり、実際にも、原告が本部（フランチャイザー）となって独立の各営業主体にある程度の統制を及ぼし、本件標章を用いて営業的組織としての結合を維持させているのであり、その限りでは、フランチャイズ組織の供与者としての原告および加盟員（フランチャイジー）によって一種の団体ないし結合が構成せられ、その団体ないし結合があたかも原告のさん下に一つの独立した営業主体のごとく機能しているのであるから、右のような看板、たれ幕、提燈等は、なお本部（フランチャイザー）たる原告の営業たることを示す表示であるということができる。」

フランチャイズ・ガイドライン

公正取引委員会が策定、公表した「フランチャイズ・システムに関する独占禁止法上の考え方について」の通称である。1983年9月20日に公表され、その後2002年4月、2010年1月、2011年6月、2021年4月に改訂されて現在に至っている。同ガイドラインの策定趣旨は、「本部と加盟者の取引において、どのような行為が独占禁止法上問題となるかについて具体的に明らかにすることにより、本部の独占禁止法違反行為の未然防止とその適切な事業活動の展開に役立てる」ことにある。

フランチャイズ契約

フランチャイズシステムはフランチャイザーが開発した「成功のノウハウ」をパッケージにしてフランチャイジーに提供することであるが、パッケージの提供方法、条件について本部と加盟者が約束することがフランチャイズ契約である。提供するフランチャイズパッケージの内容を文書にした契約書を作成し、「ザー」と「ジー」の権利と義務を明示する。

フランチャイズ・システム

フランチャイザーが、フランチャイジーと契約を結び、フランチャイジーに対して、自己の商標、トレードネームその他の営業の象徴となる標識および経営のノウハウを用いて、同一のイメージの下に事業を行う権利を与えるとともに経営に関する指導を行い、その見返りとしてフランチャイジーから契約金、ロイヤルティなど一定の対価を徴するフランチャイズの関係を組織的・体系的に用いて行う事業の方法である。

フランチャイズ・チェーン

同じ標識を用い、同種の商品またはサービスを販売して事業を行うフランチャイザーと全

てのフランチャイジーが構成する事業上の集団をいう。

〔参考〕

1　フランチャイザーとフランチャイジーは、法律的にはそれぞれ別個の事業者であるが、事業活動の観点からすれば、フランチャイザーおよび同フランチャイザーと契約を結んだ全てのフランチャイジーは、あたかもチェーン・ストアと同様な外見および組織的特徴を持った1個の事業体を形成する。すなわち、フランチャイザーの直営店および全てのフランチャイズ店は、事業の標識、店舗の外見、営業方式などを統一し、同種の商品またはサービスを販売する。事業活動の上では、フランチャイザーは通常フランチャイズ・チェーンの本部として、事業方針の決定、計画、フランチャイジーの募集と選択、店舗立地の選定、管理統制、マーチャンダイジング、フランチャイジーの指導などの機能を担当し、フランチャイジーは販売、サービスおよびこれに付帯する日常の業務に専念する。このようにフランチャイザーと全てのフランチャイジーは、経営の諸機能を分担し合い、助け合い、フランチャイザーは分業を有機的に統合しながら一体としての事業活動を推進する。

2　ボランタリー・チェーンも互いに異なる事業者によって構成される1個の事業組織体であるが、そのフランチャイズ・チェーンと異なる主な点は次のとおりである。

⑴　フランチャイズ・チェーンは、フランチャイザーとフランチャイジー個々との契約が集積ないし結合して形成する事業上の集団であるが、ボランタリー・チェーンは、加盟者が団体の規約または定款によってつくる団体ないし組織である。ボランタリー・チェーンにおいては、全ての加盟店は本部ともども組織の構成員として、お互いが水平に直接つながるいわば横の関係にある。フランチャイズ・チェーンにおいては、フランチャイジーは他のフランチャイジーと直接横につながる関係はなく、全てがフランチャイザーと縦につながる関係にある。

⑵　フランチャイズ・チェーンにおける、本部の運営およびチェーンの事業に関する意思決定は、フランチャイザーが独自で行い、フランチャイジーがそれに直接関与することはない（間接的には、フランチャイジーの意見もその意思決定に反映される）。ボランタリー・チェーンにおいては、本部の運営およびチェーンの事業に関する意思決定に、加盟店が参画する。

⑶　フランチャイズ・チェーンにおいては、フランチャイザーがフランチャイジーに対価を得て提供するだけの価値ある商標その他の事業上の標識、経営のノウハウ、フランチャイジーに対する指導・援助能力などを現実に持っていることが、その存立の本質的な要件である。ボランタリー・チェーンの組織をつくる本質的な要件は加盟する小売業者の共同化の意思であって、組織形成時においては、本部が成功の実績に裏付けられた販売商品、店舗経営のノウハウ、よく知られたトレードネームまたは商標などを持っていることを必ずしも不可欠な要件としない。

フランチャイズ店

フランチャイズ本部とのフランチャイズ契約に基づき、フランチャイジーが経営する店舗

をいう。1人で2店舗以上を経営するフランチャイジーも少なくない。フランチャイズ店に対し、フランチャイザーが経営する店舗は直営店と呼ばれる。

フランチャイズ・パッケージ

フランチャイズ本部がフランチャイズ契約に基づきフランチャイジーに対して提供する事業の経営・運営の仕組みの総称。具体的には、①フランチャイザーの商標の使用、②フランチャイズ本部が開発した販売・製造ノウハウとサービスの方法、マニュアル、独自の商品・原材料、特殊な機器、情報システムの利用、③フランチャイズ本部による経営・営業指導、援助などの要素が有機的に組み合わされたものをいう。パッケージの内容は、フランチャイズ本部ごとに異なる。

フランチャイズ・フィー

フランチャイジーがフランチャイザーから受けるフランチャイズ・パッケージの見返りとしてフランチャイザーに支払わなければならない金銭を総称してフランチャイズ・フィーあるいはフランチャイズ料という。フランチャイズ・フィーは、徴収の時点によって大きく2つに分けられる。1つは契約締結時に支払われるものであり、通常、契約金、加盟金、加盟料またはイニシャル・フランチャイズ・フィー（Initial Franchise Fee）と呼ばれる。もう1つは契約期間中に継続的に支払われるもので、通常はロイヤルティと呼ばれ、一定期間の売上高その他の営業実績に一定の比率を乗じた額を徴する場合が多い。しかしフランチャイズ・チェーンによっては、一定期間ごとにチェーン会費または加盟料などの名称で定額のフランチャイズ・フィーを徴しているところもある。フランチャイズ・フィーの呼称と内容は、フランチャイズ・チェーンによって、契約金、加盟金、加盟料、ロイヤルティその他まちまちである。フランチャイザーは、中小小売商業振興法の規定に従い、フランチャイジーから徴する金銭については、その金額または算定方法、金銭の性質、徴収の時期、徴収の方法およびその金銭が返還されるものであるときはその条件を書面に記載し、加盟希望者に対して、契約締結前にその書面を示し、記載事項について説明しなければならない。

プロトタイプ店

プロトタイプ店とはフランチャイズ・システムの模範型となる店舗のことである。チェーン展開の基本コンセプトに基づき決定されるモデルであり、具体的には店舗構成、主要設備、レイアウト、各種デザインが確立されており、標準となる投資金額、商品政策、サービス方法、売上高、客数、荒利益率、荒利益高、経費、利益、返済・回収計画などを実現できる店舗でなければならない。

法定開示書面

中小小売商業振興法第11条第1項の規定により、フランチャイズ契約を締結するときに、フランチャイズ本部が加盟希望者に対してあらかじめ交付し、その記載事項について説明

しなければならないとされている書面。記載すべき事項は、加盟金、保証金、商品の販売条件、経営指導、使用させる商標、契約期間、ロイヤルティなどであり、具体的には同条項および同法施行規則第10条、第11条に定められている。
参照：「開示制度」、「中小小売商業振興法」

保証金

一定の債務の担保として、債務者（将来の債務者を含む）が債権者に交付しておく金銭をいう。債権者はこの金銭の所有権を取得し、担保の必要のなくなったときに返金する。

ボランタリー・チェーン

一般社団法人日本ボランタリーチェーン協会では、次のとおり定義している。「ボランタリー・チェーンとは、各地に散在する多数の小売商が（卸商が参加することもある）小売商の近代化を目的として、それぞれの独立性を尊重しながら、永続的なチェーン・システムを志向し、加盟小売店の意思決定によって運営される協同組織である」
〔参考〕
アメリカ商務省は、卸売業主宰チェーンをすなわちボランタリー・チェーンとし、別に小売店コオペラティブ・チェーンを分け、次のとおり定義している。「卸売業者主宰チェーンまたはボランタリー・チェーンとは卸売業者によって組織され、かつ小売店はその卸売業者から取り扱い商品の全部または大部分の仕入れを行うとともに、その見返りとして特定のサービスを受ける独立小売店のグループである」「小売店コオペラティブ・チェーンとは、小売店自身が卸売機関を所有し、かつそれを経営する独立小売店のグループである」
（注）　流通経済研究所「中小小売業者の連鎖形態に関する研究」32頁から引用

POSシステム

Point of Sales System（販売時点情報管理システム）の略で、販売された時点でその商品の販売に関するデータをコンピュータ処理するシステムのこと。値札に付けられているバーコードをPOS端末に読み取らせて情報を送る。レジ作業が簡便で確実になるだけでなく、色、サイズ、素材、仕入価格・小売価格など単品ごとの情報が即座に蓄積されるので、売れ筋商品を把握することができ、品揃え計画や販売戦略にも活用されている。

マ行

マスターフランチャイジー

ある事業について商標、標識および経営ノウハウなどを有する事業者（フランチャイザー）から、一定の地域において、一定の期間内に、当該商標、標識および経営ノウハウなどを用いて、自らの運営する店舗を開店し、運営する権利を与えられるとともに、係る一定の地域において、あたかもその地域のフランチャイザーとして、他の事業者（サブフランチャイジー）に対して当該商標、標識および経営ノウハウなどの利用を許諾する権利をフラ

ンチャイザーから与えられ、同時にサブフランチャイジーに店舗を開店させ運営させる義務を負った者をいう。エリアフランチャイザー、サブフランチャイザーなどと表記される場合もある。

マスターフランチャイズ契約

ある事業者（フランチャイザー）が、特定の事業者（マスターフランチャイジー）に対して、一定の地域において、一定の期間内に、フランチャイザーの有する商標、標識および経営ノウハウを利用し、マスターフランチャイジーの運営する店舗を1以上開店する権利を与えるとともに、その地域において、別の事業者（サブフランチャイジー）に対してフランチャイザーから利用を許諾された商標、標識および経営ノウハウを利用して店舗を開店し、運営する権利を与えるとともに、サブフランチャイジーに店舗を開店させ運営させる義務を負うことを内容とする方式の契約をいう。わが国においては、エリアフランチャイズ契約と表記される場合もある。

マニュアル

加盟店のオペレーションレベルを一定の水準に保つために、商品の製造方法、飲食物の調理方法、サービスの提供方法、接客方法など、その具体的手段や手順を記載したもの。フランチャイズ本部の加盟店に対する経営ノウハウの提供の形態でもあり、このマニュアルをベースにしてフランチャイズ本部による継続的な経営・運営指導が行われる。フランチャイズ契約書では、加盟店にはマニュアルを遵守すべき義務が定められる。一般的には小冊子、便覧、必携、手引きなどのことをいう。フランチャイザーは、店舗運営マニュアル、商品管理マニュアル、接客マニュアル、製造（加工）マニュアル等々のマニュアルをフランチャイジーに提供する。これらのマニュアルは契約書の一部である運営規則や運営規程とは異なり、そのフランチャイズ・システムにおける一つの道具である。フランチャイザーがフランチャイジーに貸与その他の形で提供するマニュアルは、フランチャイジーおよびその従業員がそれを読み、または見て、フランチャイズ事業運営上の作業、動作、事務その他の仕事をそのフランチャイズ・システムが定めるまたは期待する標準に沿って、正確、確実かつ効率的に実施するために、仕事を行うための基本的・基礎的な手順、手続き、方法などを具体的・実際的に記載したもので、その表現方法、形式および体裁はフランチャイジーおよびその従業員が実際に活用しやすいことを旨として作られる。

無店舗販売

店舗を構えずに販売する営業様式。屋台、通信販売、巡回・訪問販売、カタログ販売、インターネット販売などがこれに当たる。特約店、代理店方式によるチャネル拡大が多く、フランチャイズ事業方式として加盟店を募集する場合には、サービス業フランチャイズに見られ、投資額が少ないというメリットがある。

モデル収支

フランチャイズ本部が加盟希望者に事業の収益性を説明する際に提示する、収入と支出の標準的な例のことである。加盟を判断するための情報の一つであるが、実際は規模も立地も人材の質も個々に違うから、モデル収支どおりになることはない。あくまでも目安であることを肝に銘じていただきたい。なお、モデル収支を示さないフランチャイズ本部もある。

ヤ行

屋号

商店の呼び名や俳優の家の呼び名。江戸時代の商人は、自己の氏や姓を称することを認められていなかったため、所在地名、出身地名、先祖名、家印などにちなんだ屋号を用いて営業を表章して取引を行った。商法第11条の下で、商人はその氏、氏名その他の名称をもって商号とすることを認められることから、屋号も商号とすることができる。

優越的地位の濫用

取引上の地位が優越している者が、その優越的地位を利用して取引の相手方に対し、正常な商慣習に照らしても不当といえる不利益を与える行為をいい、独占禁止法は不公正な取引方法の一つとしてこれを禁止している（同法第2条9項5号）。公正取引委員会のフランチャイズ・ガイドラインでは、優越的地位の濫用に該当するおそれがある契約条件・行為として、取引先の制限、仕入数量の強制、見切り販売の制限、契約締結後の契約内容の変更、契約終了後の競業禁止などを例示している。またフランチャイズ本部が優越的地位にある場合とは、加盟店にとってフランチャイズ本部との取引の継続が困難になることが事業経営上大きな支障を来たすため、本部の要請が自己にとって著しく不利益なものであっても、これを受け入れざるを得ないような場合であり、その判断に当たっては、加盟店の本部に対する取引依存度（本部による経営指導等への依存度、商品及び原材料等の本部又は本部推奨先からの仕入割合等）、本部の市場における地位、加盟者の取引先の変更可能性（初期投資の額、中途解約権の有無及びその内容、違約金の有無及びその金額、契約期間等）、本部及び加盟者間の事業規模格差等を総合的に考慮する、とされている。
参照：「フランチャイズ・ガイドライン」

ラ行

ライセンス

特許、ノウハウ、商標などの所有者がその特許の技術、ノウハウ、商標などの使用を一定期間他人に許諾すること。ライセンスを与える者（法人を含む）をライセンサー、ライセンスを受ける者をライセンシーと呼ぶ。単なるライセンス契約においては、ライセンサーはライセンシーの事業全体を指導、統制または管理することはしない。

ラインフランチャイズ契約

エリアフランチャイズ契約の一種であるが、鉄道会社が契約当事者となる場合、地域（エリア）ではなく路線（ライン）を単位とすることから、ラインフランチャイズ契約を結ぶ場合が多い。エリアディベロップメント契約の一種ということもできる。

リーチインケース

壁面にビルトインされ、冷蔵機能を備えた飲料などの商品陳列棚のこと。ショーケースとしての役割も果たし、コンビニエンスストアでは店奥のマグネット（来店客を引き付ける）として設置される場合が多かったが、現在はウォークインに代替されている。単にリーチインともいう。

立地調査

わが国のフランチャイズ・ビジネスはビジネスフォーマット型を基本としており、物販業・外食業・一部サービス業などでは店舗そのものがフォーマットを構成する主要な要素となっている。従ってそれぞれの業種やフランチャイズ本部がそのフォーマットに応じた「適した立地」を想定している。立地調査は、フランチャイズ本部が想定する「適した立地」であるかどうかを判別するための調査である。調査内容としては、商圏規模、交通動態、店前通行量、店舗形状、視認性、競合店など多岐にわたっており、その評価基準もフランチャイズ本部ごとに異なっている。

レギュラー・チェーン

単一の法人格の下で直営店を多店舗展開する組織形態のことである。通常、チェーンストアといえばレギュラー・チェーンを意味する。フランチャイズ・チェーンやボランタリー・チェーンと区別する際に使用する用語である。同一法人の会社組織であることからコーポレート・チェーン（Corporate Chain）とも呼ぶ。

連鎖化事業

中小小売商業振興法第4条は、「主として中小小売商業者に対し、定型的な約款による契約に基づき継続的に、商品を販売し、又は販売をあっせんし、かつ、経営に関する指導を行う事業をいう。」と規定している。

ロイヤルティ

特許、商標、ノウハウ、著作権、経営指導などを目的とする種々のライセンス契約やフランチャイズ契約においてライセンシーまたはフランチャイジーが支払う対価をいう。特許やノウハウのライセンスにおいては「実施料」、商標や著作権のライセンスにおいては「使用料」ともいう。著作物の出版において出版社が著者に支払ういわゆる「印税」は、ロイヤルティである。「ロイヤルティ」の語は、ライセンスやフランチャイズの他に資源開発契約やその他の場合にも使われることがある。

[編者紹介]

　一般社団法人日本フランチャイズチェーン協会（Japan Franchise Association＝JFA）は、フランチャイズ・システムの健全な発展を図ることを目的として、1972年に通商産業省（現・経済産業省）の認可を受けて設立されました。

　会員はフランチャイザーおよびフランチャイズ・ビジネスに関心を持ち、本協会の趣旨に賛同する企業によって構成されています。

　本協会はフランチャイズ・システムに関する教育研修、調査研究、規範制定、広報、相談など多角的な活動を行い、常にフランチャイズ業界の中枢としての役割を果たしています。

フランチャイズハンドブック（第4版）

2025年4月1日　第4版第1刷発行

編　者	一般社団法人日本フランチャイズチェーン協会
発行者	石井淳蔵
発行所	㈱碩学舎
	〒101-0052　東京都千代田区神田小川町2-1　木村ビル10F
	TEL 0120-778-079　FAX 03-5577-4624
	E-mail info@sekigakusha.com
	URL https://www.sekigakusha.com
発売元	㈱中央経済グループパブリッシング
	〒101-0051 東京都千代田区神田神保町1-35
	TEL 03-3293-3381　FAX 03-3291-4437
印刷・製本	文唱堂印刷㈱

Ⓒ 2025　Printed in Japan

＊落丁、乱丁本は、送料発売元負担にてお取り替えいたします。

ISBN978-4-502-52381-6　C3034

JCOPY〈出版者著作権管理機構委託出版物〉本書を無断で複写複製（コピー）することは、著作権法上の例外を除き、禁じられています。本書をコピーされる場合は事前に出版者著作権管理機構（JCOPY）の許諾を受けてください。

　JCOPY〈https://www.jcopy.or.jp　eメール：info@jcopy.or.jp〉